Johannes Volkelt

Ästhetische Zeitfragen - Vorträge

Johannes Volkelt

Ästhetische Zeitfragen - Vorträge

ISBN/EAN: 9783744682527

Hergestellt in Europa, USA, Kanada, Australien, Japan

Cover: Foto ©ninafisch / pixelio.de

Weitere Bücher finden Sie auf **www.hansebooks.com**

Ästhetische Zeitfragen

Vorträge

von

Johannes Volkelt
Professor der Philosophie an der Universität zu Leipzig

München 1895
C. H. Beck'sche Verlagsbuchhandlung
Oskar Beck

Alle Rechte vorbehalten.

Druck von Fischer & Wittig in Leipzig.

Vorwort.

Von den folgenden sechs Vorträgen habe ich die fünf ersten im Januar und Februar dieses Jahres am Freien Deutschen Hochstift zu Frankfurt a. M. gehalten. Freilich erfuhren sie bei der Durcharbeitung, die ich nochmals mit ihnen vornahm, beträchtliche Veränderungen und sehr starke Erweiterungen. Diesen Frankfurter Vorträgen habe ich an sechster Stelle die Antrittsvorlesung hinzugefügt, mit der ich gegen Ende April dieses Jahres meine Lehrthätigkeit an der Leipziger Universität eröffnete. Einige Punkte, die ich in der Antrittsvorlesung nur andeuten konnte, erhielten eine etwas weitere Ausführung. Mancherlei, was ich nicht ungesagt sein lassen wollte, was aber die Vorträge selbst allzusehr belastet hätte, habe ich ihnen in Form von Anmerkungen beigegeben.

Ich habe schon öfters den Tadel hören müssen, daß meine Ansichten nicht entschieden genug seien, daß ich meinen Behauptungen zu viel Wenn und Zwar und Aber hinzufüge. Es ist ja immer so: die Erkenntnis des vielfältigen, beziehungsreichen, einschränkungsvollen Zusammenhanges der Fragen erscheint den Einseitigen, den blind Konsequenten naturgemäß als Ausdruck einer schwankenden Stellung zu ihnen. Solchen Tadlern gegenüber erkläre ich ein für allemal: ich schreibe nicht für die Radikalen, die alles durch ein Entweder=Oder, geradlinig, stoßartig entschieden sehen wollen. Ich habe bei meiner schriftstellerischen Thätigkeit Leser von weiterem und gerechterem Intellekt vor Augen, Leser, die da wissen, daß die Dinge erstaunlich vielseitig und Recht und Unrecht, Wahrheit und Irrtum mannigfaltig ineinander verwickelt sind. Ohne Zweifel: man soll affektvoll Partei zu ergreifen imstande sein und im Kampfe des Lebens zuweilen sogar den Mut der Ungerechtigkeit besitzen. Doch sollen wir auch Stunden haben, in denen wir, auf hoher Warte über den Parteien stehend, unseren Blick für die Schranken und Schwächen dessen, was uns lieb ist, und für das Anerkennenswerte in den uns befremdlichen und widerstrebenden Erscheinungen schärfen.

Leipzig, den 4. November 1894.

Johannes Volkelt.

Übersicht des Inhalts.

Erster Vortrag: Kunst und Moral . . . . S. 1

Die naturalistische Bewegung und die Ästhetik S. 3 — Kunst und Moral S. 4 — Moralisierende Tendenz der modernen Dichter S. 5 — Moralische Jämmerlichkeit als Gegenstand der modernen Dichtung S. 6 — Die Moral als höchster Maßstab der Kunst S. 6 — Eintracht zwischen den Zielen der Kunst und denen der sittlichen Entwicklung S. 7 — Weitherzige Auffassung des Sittlichen S. 8 — Wie über das Ausgehen moralisch schädigender Wirkungen von Kunstwerken zu urteilen ist S. 10 — Beurteilung unmoralischer Tendenzen S. 13 — Moral und Polizei S. 14 — Der Gegenstand der Kunst: das Menschlich-Bedeutungsvolle S. 15 — Das Menschlich-Bedeutungsvolle reicht weiter als das Moralische S. 17 — Das moralisch Verwerfliche als Gegenstand der Kunst S. 19 — Berechtigung pessimistischer Dichtungen S. 20 — Das Menschlich-Bedeutungsvolle und die Ideale S. 23 — Störung des ästhetischen Betrachtens durch Unlustgefühle S. 24 — Ästhetische Antinomie S. 25 — Neue Frage S. 26 — Moralische Besserung und Abschreckung S. 27 — Moralische Gefühle im ästhetischen Eindruck S. 28 — Das Unstoffliche des ästhetischen Betrachtens S. 29 — Verhältnis des ästhetischen Betrachtens zu Begehren und Wollen S. 29 — Das Überindividuelle des ästhetischen Betrachtens S. 31 — Die moralischen Gefühle im ästhetischen Eindruck entbehren der Zuspitzung auf Vorsatz und Handeln S. 32 — Der Künstler als sittlicher Reformator S. 34 — Schlußfrage S. 34 — Die Moral des Zwiespaltes von Natur und Geist S. 35 — Die schöne Sittlichkeit S. 36 — Die Förderung der schönen Sittlichkeit durch die Kunst S. 37 — Schillers Überzeugungen von dem Verhältnis zwischen Kunst und schöner Sittlichkeit S. 38 — Moralische Tendenz in Zeitverhältnissen begründet S. 40.

Zweiter Vortrag: Kunst und Nachahmung der Natur . . . S. 43

Das Schlagwort der Wahrheit S. 45 — Die Wahrheit im Sinne der Nachahmung der Wirklichkeit S. 46 — Die prinzipiellen Abweichungen der Kunst von der Wirklichkeit S. 48 — Die Kunstwerke haben kein Leben S. 49 — Die Kunstgestalten sind großenteils unbewegt S. 50 — Die Kunst als Oberflächendarstellung S. 50 — Abweichungen der Kunst von der Wirklichkeit infolge der Eigentümlichkeit ihrer Darstellungsmittel S. 51 — Die Kunst eine Abbreviatur der Wirklichkeit S. 55 — Die Kunst als Komposition der Wirklichkeit S. 57 — Umformung der Wirklichkeit durch die Individualität des Künstlers S. 59 — Die Kunst ist Umformung der Natur S. 61 — Indirekter Beweis der Verkehrtheit der Nachahmungstheorie S. 62 — Neue Frage: inwiefern ist die Kunst an die Wirklichkeit gebunden? S. 65 — Der Schein des Wirklichen S. 66 — Wie wird der Schein der Wirklichkeit vom Künstler hervorgebracht? S. 67 — Die Unabsichtlichkeit des Kunstwerkes S. 68 — Das Hervorwachsen der Kunstwerke aus ihrem eigenen Gegenstande S. 69 — Die Kunstgestalten als natürlich emporgewachsen aus der Thatsachenwelt S. 71 — Ein Geheimnis des künstlerischen Könnens S. 72 — Baukunst und Musik widerlegen die Nachahmungstheorie S. 73 — Die Kunst als Wiederholung der Natur wäre überflüssig S. 74.

Dritter Vortrag: Die Kunst als Schöpferin einer zweiten Welt .. S. 77

Schillers Gedicht „Das Ideal und das Leben" S. 79 — Die Kunst als reine Form S. 80 — Die reine Form als Freiheit von Stoff S. 80 — Die Stofflosigkeit der Kunst in einem zweiten Sinn S. 84 — Die Kunst als Phantasieschein S. 85 — Verhältnis von Wahrnehmung und Phantasie im künstlerischen Betrachten S. 86 — Weitere Begründung des Phantasiescheines: die Seele der Kunstwerke ist eine Scheinseele S. 87 — Zusammenfassung S. 90 — Überlegungen über den Fortgang unserer Betrachtungen S. 90 — Die Kunst als schauendes Verhalten zur Welt S. 91 — Das künstlerische Schauen setzt materiale Umformung der Welt voraus S. 93 — Das künstlerische Schauen setzt die formale Umformung der Welt voraus S. 94 — Die Kunst als Belebung und Entlastung der Gefühle S. 95 — Belebung S. 96 — Entlastung S. 97 — Die reine Form als Bedingung der entlastenden Wirkung der Kunst S. 98 — Materiale Umformung als Bedingung der entlastenden Wirkung der Kunst S. 99 — Die Kunst als Darstellung der inneren Wahrheit des Lebens S. 100 — Die organische Einheit der verschiedenen Ziele der Kunst S. 102 — Materiale und formale Umformung ist gefordert, wenn die Kunst die Bedeutung des Lebens darstellen soll S. 104 — Die Kunst als Offenbarerin der Individualität des Künstlers S. 105 — Die Kunst als freie Phantasiegestaltung S. 106 — Noch einmal die materiale und formale Umformung S. 109 — Zusammenfassung S. 109.

Vierter Vortrag: Die Stile in der Kunst . . . . S. 111

Verschiedene Bedeutung des Ausdruckes „Stil" S. 113 — Das Gemeinsame aller Bedeutungen von „Stil" S. 113 — Stil als Wertbegriff S. 114 — Stil als Thatsachenbegriff S. 116 — Abgrenzung der Aufgabe S. 117 — Der Stil als geschichtlicher Begriff S. 117 — Stil als ein durch die Gliederung der Künste gegebener Begriff S. 117 — Die prinzipiellsten Stilunterschiede (Idealismus und Realismus) S. 118 — Der potenzierende Stil S. 120 — Der Thatsachenstil S. 124 — Berechtigung beider Stile S. 126 — Eine ästhetische Antinomie S. 128 — Das Fließende dieses Stilunterschiedes S. 130 — Ausartungen beider Stile S. 131 — Ein zweiter Stilgegensatz: typisierender und individualisierender Stil S. 132 — Erste Grundlage dieses Stilgegensatzes S. 132 — Erste Bedeutung des typisierenden und individualisierenden Stils S. 134 — Die erste Bedeutung dieses Stilgegensatzes wird erweitert S. 135 — Eine zweite Grundlage für diesen Stilgegensatz S. 137 — Eine neue Bedeutung dieses Stilgegensatzes S. 138 — Die mehrfache Bedeutung dieses Stilgegensatzes S. 139 — Das Berechtigte des typisierenden Stils S. 141 — Wieder eine ästhetische Antinomie S. 142 — Ausartungen dieser beiden Stile S. 143 — Das Verschmelzen der Charakterzüge S. 145 — Zwei Arten im Auftragen der individuellen Züge S. 146 — Vereinigung beider Stile S. 147 — Beweglichkeit der ästhetischen Gesichtspunkte S. 147.

Fünfter Vortrag: Der Naturalismus . . . . S. 149

Der Naturalismus als ästhetischer und als geschichtlicher Begriff S. 151 — Naturalismus und Neuidealismus S. 152 — Die Forderung des Modernen als Grundlage des Naturalismus S. 153 — Aufgabe S. 156 — Die naturwissenschaftliche Tendenz des Naturalismus S. 157 — Der geschärfte Wirklichkeitssinn der Gegenwart S. 158 — Einfluß des geschärften Wirklichkeitssinnes auf die Kunst S. 160 — Überanschaulichkeit S. 162 — Intimismus S. 163 — Trivialisierung S. 166 — Die Bevorzugung des Charakteristischen S. 168 — Verhäßlichung der Welt S. 169 — Der Naturalismus entnimmt seine Stoffe dem Leben der Gegenwart S. 171 — Das Milieu im Naturalismus S. 173 — Der soziale und sozialistische

Charakter des Naturalismus S. 176 — Objektiver und subjektiver Naturalismus S. 177 — Der moderne Individualismus S. 178 — Das Betonen und Überschätzen der eigenartigen Künstlerindividualität S. 180 — Das Überschätzen der Technik S. 181 — Forderung der inneren Wahrhaftigkeit im künstlerischen Darstellen S. 182 — Der ethische Individualismus in der modernen Dichtung S. 184 — Die neuesten phantastischen und mystischen Richtungen in der Kunst S. 188 — Hervorbrechen der Phantasie S. 190 — Die Weltgefühle der neuesten Richtungen S. 190 — Ausartungen der Gefühlsschwelgerei S. 192 — Symbolismus S. 192.

Sechster Vortrag: Die gegenwärtigen Aufgaben der Ästhetik . S. 195
Vorurteile gegen die Ästhetik S. 197 — Der Naturalismus ist ein Anstoß zur Erwägung der Aufgaben der Ästhetik S. 199 — Die Ästhetik als psychologische Wissenschaft S. 200 — Einwurf des naiven Menschen S. 202 — Die objektive Betrachtungsweise der Ästhetik S. 204 — Wichtige psychologische Aufgaben der Ästhetik S. 204 — Der gegenwärtige psychologische Betrieb der Ästhetik S. 205 — Beschreibende und normative Ästhetik S. 206 — Begründung des normativen Charakters der Ästhetik S. 207 — Die ästhetischen Normen in der normenlosen Ästhetik S. 210 — Das Relative der ästhetischen Normen S. 212 — Der Begriff des ästhetisch relativ Befriedigenden S. 214 — Der Begriff der ästhetischen Antinomie S. 215 — Die ästhetische Antinomie zwischen der Harmonie des Inhalts und dem Menschlich-Bedeutungsvollen S. 216 — Die Antinomie zwischen der sinnlich wohlthuenden und der möglichst individuellen Form der ästhetischen Erscheinung S. 218 — Nutzen der ästhetischen Antinomie S. 220 — Die Metaphysik der Ästhetik S. 221.

Anmerkungen . S. 223

# Erster Vortrag:
Kunst und Moral.

Volkelt, Ästhetische Zeitfragen.

Die naturalistische Bewegung der Gegenwart hat neben manchem anderen Guten auch den Vorteil im Gefolge, daß die Fragen der Ästhetik in einen lebhafteren Fluß der Erörterung gebracht werden. Es ist klar: wenn eine Richtung in der Kunst sich zu den bisher in Geltung gewesenen Gesetzen und Zielen in revolutionären Gegensatz stellt, so werden beide Parteien: die Vorkämpfer der neuen und die Anhänger der alten Ideale, ihren Grundsätzen durch Theorie und Beweis eine Stütze zu geben versuchen. Die ästhetischen Revolutionäre nehmen die Waffen der Theorie zu Hilfe, um die Anhänger des Alten von dem Engen und Überlebten ihrer Ideale zu überzeugen, und die Anhänger des Alten greifen natürlich gleichfalls zu Begriff und Beweis, um den Umstürzlern das Unreife und Anmaßende ihres Beginnens deutlich zu machen. Und so nehmen wir denn wirklich in unserer Zeitschriften= und Broschürenlitteratur ein ungeheures Anschwellen der ästhetischen Betrachtungen und Verhandlungen wahr. Freilich ist das meiste in dieser ästhetischen Tageslitteratur enger Leidenschaft, verworrener Sehnsucht und blinder Meinung entsprungen: es fehlt sowohl an Weitherzigkeit des Betrachtens als auch an kritischer Schärfe; man hat es zumeist mit einem ästhetischen Dilettantismus zu thun, der den vielseitigen, beziehungsreichen Fragen auch nicht ent=

fernt gewachsen ist. Ganz besonders aber werden diese ästhetischen Tagesleistungen in ihrem wissenschaftlichen Werte dadurch geschädigt, daß in vielen Fällen von vornherein der Wille, gerecht zu sein, fehlt. Namentlich den Vorwärtsstürmern in der Kunst geht die Lust am Schroffen, Waghalsigen, unerhört Neuen so sehr über alles, daß auch ihre theoretischen Betrachtungen weit mehr unter der Herrschaft dieses Triebes als des reinen Wahrheitsstrebens stehen. So wird denn diktatorisch abgesprochen, statt gerecht erwogen; die Knoten werden durchhauen, statt daß den Verschlingungen mit Geduld nachgegangen würde.[1]) Doch trotz allen diesen Mängeln ist die ästhetische Bewegung, von der sich die Tageskritik ergriffen zeigt, freudig zu begrüßen. Denn schon dies ist von hohem Wert, daß sich überhaupt das Bedürfnis in weiteren Kreisen regt, sich über grundlegende Fragen der Ästhetik Rechenschaft zu geben und insbesondere die Ziele der Kunst zum Gegenstande des Nachdenkens zu machen. Noch mehr aber fällt ins Gewicht, daß die wissenschaftliche Ästhetik in der That etwas Wichtiges von der ästhetischen Tageskritik lernen kann. Die Ästhetik nämlich — die bisher überhaupt viel zu einseitig nur nach Maßgabe der sogenannten klassischen Kunstwerke ihre Theorien gebildet hat — wird weit mehr, als es bis jetzt geschehen ist, auf die neuen Wege, welche die Kunst der Gegenwart eingeschlagen hat, Rücksicht zu nehmen haben. Ich stehe nicht an, anzuerkennen, daß die naturalistische Bewegung in manchen wichtigen Beziehungen die Mittel und Ziele der Kunst bereichert und erweitert hat. Dementsprechend wird auch die Ästhetik ihre Begriffe und Normen zu bereichern und zu erweitern haben.

Kunst und Moral.

Ich habe die Absicht, vor Ihnen einige von den grundsätzlichen ästhetischen Fragen zu besprechen, deren Erörterung durch die modernen Kunstrichtungen weiten Kreisen nahegelegt wird. Zahlreiche Fragen der Ästhetik werden durch die emporkommenden neuen Richtungen kaum berührt; andere dagegen lassen, angesichts der modernen Kunstbewegung, eine erneute Prüfung als bringend nötig erscheinen. Zu diesen ästhetischen Fragen der Gegenwart gehört auch das **Verhältnis von Kunst und Moral**. Über dieses Verhältnis wollen wir uns heute zu verständigen suchen.

Insbesondere durch die neuen Richtungen in der **Dichtkunst** werden wir zu einer Prüfung dieses Verhältnisses aufgefordert. Und zwar in **doppelter Hinsicht**. Erstens scheint es gegenwärtig beinahe, als ob der Dichter ein moralischer Aufrüttler und Abschrecker sein müßte. Die Lust am Fabulieren, das sinnreiche Spielen mit den Gegenständen, das lächelnde Auffangen und Abspiegeln der Welt in einem hochgestimmten heiteren Geiste wird mißachtet; ja es gilt auch nahezu als altmodisch, wenn der Dichter neben dem Verworfenen, Gemeinen und Nächtlichen auch das Gute, Tüchtige, Sonnige der menschlichen Charaktere und Schicksale mit freudigem Nachdruck schildert. Den Vorzug des Modernen erwirbt sich der Dichter in den Augen vieler erst dadurch, daß er in seinen Dichtungen mit tendenziösem Betonen an der gegenwärtigen Gesellschaft das Feige und pharisäisch Selbstgerechte, das scheinbar Mitleidvolle und doch Hartherzige, das Gedankenlose und Verfaulte schildert und so den Leser zur Empörung, zum Aufschrei gegen alles, was üblichermaßen als unantastbar und heilig gilt, und zum brennenden Verlangen nach einer reineren und wahreren Menschlichkeit nötigt. Der Dichter soll scharfe moralische Stacheln in das Herz des Lesers drücken, er soll indirekt, nämlich durch Abschreckung, moralisch wirken. Wer sich

<small>Moralisierende Tendenz der modernen Dichter.</small>

Tolstoi, Kjelland, Ibsen, Bourget, unter den Deutschen Hauptmann und Sudermann vergegenwärtigt, dem wird für das eben Gesagte eine Fülle von Belegen herbeiströmen. Man sieht: es ist durch diese Erscheinungen die Dichtkunst mit der Moral in engste Beziehung gebracht; dem Dichter wird die Aufgabe des indirekt [2]) wirkenden sittlichen Erweckers und Befreiers zugeschrieben.

Moralische Jämmerlichkeit als Gegenstand der modernen Dichtung.

Doch noch von einer zweiten Seite aus werden wir durch die neuen Strömungen in der Dichtkunst zu der Frage nach dem Verhältnis von Kunst und Moral gedrängt. Es kann nicht zweifelhaft sein, daß die gegenwärtige schöne Litteratur mit Vorliebe in die moralische Jämmerlichkeit hinabgreift. Es ist nicht das Böse in großem Stil, sondern das Unmoralische in der Form des Verkommenen, Zerfressenen, Verkümmerten, was uns mit besonderer Breite vorgeführt wird. Viele moderne Dichter scheinen eine besonders gewürzte Lust daran zu empfinden, mit wahrhaft virtuos entwickelter Nase an den verschiedenen Arten und Nüancen des moralisch Stinkenden herumzuschnüffeln. Dostojewskijs Roman Raskolnikow, in mancher Hinsicht ein fesselndes Meisterwerk, ist für diese nichts erlassende Breite in der Vorführung des moralisch Zerfressenen typisch. In Deutschland kann uns Hauptmanns Friedensfest oder Hermann Bahrs Gute Schule zeigen, bis zu welchem Grad peinigender Widerlichkeit uns talentvolle Dichter in die üblen Dünste moralischer Entartung einzutauchen wagen. Auch von dieser Seite aus sehen wir uns vor die Frage gestellt, wie das Verhältnis von Kunst und Moral zu bestimmen sei.

Die Moral als höchster Maßstab der Kunst.

Soll in dieses Verhältnis Klarheit kommen, so wird zuerst folgende Feststellung zu machen sein. Nach meiner Überzeugung giebt es kein Gebiet menschlicher Thätigkeit, für welches das Moralische nicht höchster Maßstab wäre. Um welchen Bethätigungskreis es sich auch handle: überall soll sich das menschliche Streben und Arbeiten in den Dienst des Guten stellen. Förderung und Verwirklichung des Guten ist das gemeinsame Ziel, dem sämtliche Richtungen menschlicher Thätigkeit unterthan sind. Ein menschlicher Thätigkeitszweig, zu dessen Natur es gehörte, die Menschheit zu moralischer Entwürdigung zu führen, würde sich ebendamit als unberechtigt und als wert, ausgetilgt zu werden, erklären. Auch die Kunst bildet keine Ausnahme. Auch die Kunst ist höchsten Endes dazu da, die Menschheit auf ihrem Wege zum Guten zu fördern. Auch der Künstler soll sich mit dem Gefühl erfüllen, daß sein Schaffen sich in die sittliche Entwicklung der Menschheit einzugliedern habe. Der Künstler soll es nicht als seiner unwürdig, als kleinlich und hausbacken ansehen, wenn ihm zugemutet wird, die sittlichen Ideale als auch für ihn geltend anzuerkennen. Wollte die Kunst sich dessen weigern, so wäre damit die Moral überhaupt als abgesetzt erklärt. Für die Moral steht die Sache so: entweder ist ihr das menschliche Leben in allen seinen Bethätigungen unterworfen, oder sie hat überhaupt ihre Herrschaft eingebüßt. Kant pflegte in seinen Vorlesungen zu sagen, daß die Moralität die Hauptsache sei und sich alles auf sie beziehe.*) Und ähnlich sagt Friedrich Vischer im Auch Einer: das Moralische versteht sich immer von selbst.†)

Aber ist nicht doch, wenn man die Kunst unter das Gesetz des Moralischen stellt, eine Verkürzung und Einzwängung ihres eigenen Wesens und Lebens eingeführt? Wie grausam schlimm erging es nicht der Kunst bei Plato, der in der Anlegung des moralischen Maßstabes an die verschiedenen Künste einen bewundernswert unerschrockenen sitt-

Eintracht zwischen den Zielen der Kunst und denen der sittlichen Entwicklung.

lichen Idealismus bethätigte! Mir scheint diese Gefahr nicht zu drohen. Die sittlichen Ideale sind für die Kunst kein lästiger Zügel, geschweige denn eine Zuchtrute. Mag sich nur die Kunst froh und ungezwungen nach ihren eigenen Bedürfnissen ausleben! Sie darf dann sicher sein, auch letzten Endes im Dienste des Sittlichen zu wirken. Ihre Begründung freilich wird diese Auffassung von der zwischen beiden Gebieten naturgemäß bestehenden Eintracht erst weiterhin erhalten.⁵) Hier will ich nur auf folgendes hindeuten. Ich werde das Menschlich-Bedeutungsvolle als den alleinigen Gegenstand der Kunst hinstellen. Geht die Kunst überall mit hingegebenem Sinne darauf aus, das Menschlich-Bedeutungsvolle zur Darstellung zu bringen, uns in Sinn und Tiefe des Lebens, in sein schicksalsvolles Gewebe, in seine charakteristischen Zusammenhänge blicken zu lassen, so liegt darin zugleich, daß die Kunst den Menschen zur Sammlung führen, vertiefen und befreien will. Es liegt im Wesen der Kunst, uns vom Tand und Quark des Daseins, von dem Zerstreuenden und Verwirrenden, was die Oberfläche des Lebens darbietet, abzulenken und das Leben in einfacheren und eindrucksvolleren Zügen erscheinen zu lassen. Hiermit ist aber der Verinnerlichung und Ausreifung des Menschlichen ein unschätzbarer Dienst erwiesen. Noch von anderen Seiten aus wird sich weiterhin die naturgemäße Eintracht zwischen den Zielen der Kunst und denen der sittlichen Entwicklung ergeben.

Weitherzige Auffassung des Sittlichen. Allerdings darf man diese Eingliederung des künstlerischen Strebens in die sittliche Entwicklung der Menschheit nicht in engherzigem oder gar schulmeisterlichem Sinne auffassen. Die sittlichen Ideale würden als höchster Maßstab der Kunst für diese zur Zwangsjacke werden, wenn man sie als starre, unduldsame, hochmütige Normen nähme. Würde die moralische Zensur etwa nach dem Maßstab der Anstands=moral, der Moral der sogenannten guten Gesellschaft aus= geübt, so würde es der Dichtung schlimm ergehen. Dann müßten selbst Shakespeares Romeo und Julie, Goethes Wilhelm Meister, ja vielleicht auch Schillers Kabale und Liebe gebrandmarkt werden. Vielmehr wird das Moralische in einem freien und unerschrockenen Geiste zu nehmen sein, d. h. so, wie es von der hohen, weit hinausschauenden Warte einer jeden Zeit aus gesehen sich darstellt. Man wird sich an die vorurteilsfreien und zugleich menschlich umfassenden Geister, welche die Mannigfaltigkeit der Richtungen und Ent= wicklungen des Sittlichen nicht als Unglück, sondern geradezu als wünschenswert betrachten, halten müssen, um zu erfahren, in wie weitem Umfang das Sittliche genommen werden müsse.

Wer sich auf solche Höhe gestellt hat, dem erscheint das Sittliche nicht als ein katechismusartiger Kodex, als ein kategorischer Imperativ mit unveränderlichem Inhalt, als ein Inbegriff von Normen, der eintönig über alle Zeiten und Völker herrscht; er weiß vielmehr, daß das moralische Fühlen, Glauben und Urteilen, im Zusammenhang mit den anderen Seiten des kulturgeschichtlichen Lebens, seine vielgestaltige Entwicklung hat, und daß diese Entwicklung der sittlichen Maßstäbe und Ideale kein Unglück ist, sondern zu der Natur des strebenden, ringenden Menschengeistes stimmt. Und ist man so weit, dies anzuerkennen, so wird man auch weiter zugeben, daß die sittliche Entwicklung durch mannigfache Ein= seitigkeiten und Gefahren hindurch ihren Weg nehmen muß, daß zur sittlichen Entwicklung auch gegensätzliche moralische Auffassungen gehören. So zeigt denn in der That sogar das sittliche Fühlen und Glauben **derselben Zeit** — man denke nur an die unsrige — starke Abweichungen in den grundsätzlichen Wertschätzungen, ein Auseinandergehen der sittlichen Ideale nach mannigfaltigen Richtungen. Und wer die sittlichen Fragen mit weitem Blicke betrachtet, wird sich auch nicht zutrauen, in den sittlichen Kämpfen der Gegenwart durchgehends eindeutige Entscheidungen zu treffen; sondern er wird zugestehen, daß es für den denkenden Menschen unserer Tage in den sittlichen Dingen viel schwankende und fragliche Punkte gebe.

<small>Wie über das Ausgehen moralisch schädigender Wirkungen von Kunstwerken zu urteilen ist.</small> Wenn wir mit solchen Anschauungen die Kunst betrachten, so werden wir aus der Thatsache, daß von einem Kunstwerk oder einer künstlerischen Richtung sittlich schädigende Wirkungen ausgehen, nicht ohne weiteres ein verwerfendes Urteil ableiten. Wenn freilich ein Künstler in seinem Schaffen es mit den sittlichen Idealen leicht nimmt, sie gar als verlachenswert hinstellt und die Beschauer oder Leser ins Gemeine herabzerren will, so fügt er seinen Schöpfungen nicht nur einen sittlichen, sondern auch einen schweren ästhetischen Mangel zu. Denn es kommt nun einmal — so haben wir gesehen — der Kunst keine Ausnahmsstellung zu; auch sie hat sich der sittlichen Entwicklung der Menschheit einzuordnen; setzt sie sich über diese Zugehörigkeit hinweg, so hat sie damit auch ihren Kunstcharakter entstellt. Dagegen darf man diesen verwerfenden Schluß noch nicht aus dem Umstande ziehen, daß ein Kunstwerk in sittlicher Beziehung schädliche Wirkungen auszuüben geeignet ist.

Denn vor allem hat man sich vor Augen zu halten, daß es sich hierbei um eine zwar einseitige, aber doch gewissermaßen unentbehrliche sittliche Richtung handeln kann, d. h. um eine Richtung, die, bei aller Einseitigkeit, zu der sittlichen Entwicklung der Menschheit einer bestimmten Zeit wesentlich gehört, die in den sittlichen Kämpfen einer Zeit eine bestimmte Aufgabe zu erfüllen hat. Unter dieser Beleuchtung erscheinen mir Ibsen und Tolstoi. Ich glaube, daß in ihnen derartige einseitige sittliche Richtungen, die Förderndes und Gefährliches eng verbunden zeigen, zum Ausdrucke gelangen. Man mag gewisse sittliche Richtungen beklagen und als gefährlich bekämpfen und wird doch zugestehen müssen, daß, da sie nun einmal zu der sittlichen Entwicklung einer Zeit notwendig gehören, sie auch in der Kunst dieser Zeit zu Tage treten müssen. Die sittlichen Gegensätze einer bestimmten Kulturstufe werden sich daran nicht hindern lassen, auch in die Kunstwerke, die dieser Stufe entspringen, einzudringen. Man wird häufig in die Lage kommen zu sagen, daß von gewissen Richtungen und Kunstwerken eine nicht geringe sittliche Gefahr ausgehe, und daß es eine ernste Aufgabe sei, in Wort und Schrift diesen Gefahren entgegenzuarbeiten; und doch wird das Einnehmen einer solchen Stellung kein ästhetisches Verwerfen oder gar Brandmarken bedeuten. Und um so weniger darf dies der Fall sein, je mehr es dem Künstler, der einseitige und gefährliche sittliche Ideale verkündigt, hiermit heiliger Ernst ist, und je mehr diese Ideale solche Fragen betreffen, in denen gerade zur Zeit ein starkes Ringen nach neuen Wertschätzungen, ein unaufhaltsamer Drang nach „Umwertung" der alten Werte stattfindet. Dahin gehören die sozialen Fragen. So wird man einem Dichter, wie Bruno Wille, wenn man auch keineswegs über das Einseitige, ja vielfach Verkehrte des von ihm herbeigesehnten Umsturzes der sozialen Verhältnisse hinwegsehen wird, dennoch alle soeben angedeuteten günstigen Gesichtspunkte zu gute kommen lassen.⁶)

Auch darf man nicht vergessen, daß — um nur von

der Dichtkunst zu reden — Dichtungen, die etwas moralisch
Schädigendes an sich haben, zuweilen eine Art von Mensch=
lichkeit zur Darstellung bringen, die in anderer Beziehung
etwas Erfreuendes besitzt. So kann es vorkommen, daß ein
Dichter das Menschliche nach der Seite des Geschlechtlichen
in moralisch gefährlicher Weise schildert, und daß doch eben
dieselbe Art und Weise des Menschlichen, in ihrem größeren
Zusammenhange betrachtet, etwas Ergötzliches, Heiteres
oder vielleicht Kühnes an sich trägt. Dies muß man vor
Augen haben, wenn etwa an Boccaccios Decamerone oder
Heinses Ardinghello oder an einigen von Goethes Römischen
Elegien getadelt wird, daß sie moralisch schädigend zu wirken
geeignet sind. Dieser Tadel ist nicht unberechtigt, nur darf
darüber — ganz abgesehen von der Formvollendung — nicht der
bedeutungsvolle menschliche Zusammenhang übersehen werden,
in den von diesen Dichtern die Sinnlichkeit, mag sie sich
naiv und froh oder dithyrambisch schwelgend gebärden, ge=
stellt wird. Man wird daher derartigen Dichtungen gegen=
über sogar in den Fall kommen können, zu sagen: freilich sei
es ein Mangel an ihnen, daß sie moralisch auflockernd,
moralisch verführend wirken können; allein auf der anderen
Seite gehe von ihnen in überwiegendem oder doch reichlichem
Maße eine frohstimmende, die Seele zu Spiel und Lächeln
und Gleichgewicht befreiende Wirkung aus, so daß wir uns
freuen müssen, solche Dichtungen zu besitzen. Boccaccio ist
reich an verletzenden, ja anwidernden Szenen. Und doch wird
selbst dieser stark abstoßende Eindruck dadurch erheblich ge=
mildert, daß uns der Dichter durch seine Darstellungskunst
ein Dasein vorzaubert, wo das Geschlechtliche in so naiver
und selbstverständlicher Weise als ein Tummelplatz anmutigen
Spielens übermütiger Intrigen und lustiger Abenteuer er=

scheint, daß sich angesichts dieser aufrichtig heiteren Welt das strenge Sittengesetz lächelnd und unverletzt zurückzieht.

Und noch etwas Weiteres darf nicht übersehen werden. Bei jedem Buch ist ein bestimmter Reifegrad für das volle Verständnis vorausgesetzt. Die Litteratur ist nicht vom Standpunkt achtzehnjähriger Mädchen und eben ins Leben eintretender Studenten zu beurteilen. Ohne Zweifel hat selbst Goethe mit seinem Wilhelm Meister und seinen Wahlverwandtschaften in manchem jungen Gemüt moralische Schwankungen und Trübungen hervorgerufen. Allein es ist eben Sache der Eltern, Lehrer und Ratgeber, dafür zu sorgen, daß gewisse Bücher nicht in allzu unrechte Hände fallen. Auch darf man sittliche Zweifel, Störungen und Umkippungen nicht ohne weiteres als verderblich ansehen. Man wird nicht selten dem Bekenntnis begegnen, daß sittliche Verwirrungen und Kämpfe, die durch den Einfluß von Büchern hervorgerufen wurden, das sittliche Erstarken und Reifen mächtig gefördert haben.

Doch so sehr wir uns auch zu bestreben haben, nach *Beurteilung unmoralischer Tendenzen.* allen diesen Richtungen im Beurteilen der Kunstwerke unter moralischem Gesichtspunkte weitherzig zu sein, so bleibt es doch dabei, daß das Gute das höchste Ziel ist, dem das künstlerische Schaffen zu dienen hat. Es wird daher mit unnachsichtlicher Strenge über solche Erzeugnisse zu urteilen sein, aus denen deutlich herauszulesen ist: der Urheber will den Betrachter oder Leser zuchtlos machen, in Aufgeregtheit und Verwilderung versetzen, er hat seine Freude daran, begehrlich zu stimmen, zu erhitzen, Pflichtgefühl und Vernunft um ihre Herrschaft zu bringen. Und besonders hart wird dieser Vorwurf zu erheben sein, wenn es nicht die niedrigen Gebiete der Kunst, wie etwa Operette, Schwank, Posse, sondern ihre ernsteren, edleren Reiche sind, wo sich diese unwürdigen Absichten hervorwagen. Ich möchte Heinrich Heine keineswegs ganz oder auch nur in überwiegender Weise unter diesen Gesichtspunkt gestellt sehen; aber manchen seiner Dichtungen wird ein dahin gerichteter Vorwurf nicht zu ersparen sein.⁷) Leider muß ich hervorheben, daß auch die jüngste Dichterschule in Deutschland reich an solchen Hervorbringungen ist, denen man die freche Freude des Dichters, den Leser begehrlich und gemein zu machen, anmerkt. Schlägt man z. B. den Modernen Musenalmanach auf, so begegnet man einer nicht geringen Anzahl von Gedichten, die das Bemühen des Dichters fühlen lassen, uns müde und doch gierig, angeekelt und doch üppig lechzend und zudem noch unbegründet anspruchsvoll und wüst revolutionär zu stimmen.⁸) Kaum irgendwo indessen ist mir die Schamlosigkeit, mit der sich sittliche Verkommenheit zur Schau trägt, so grell entgegengetreten wie in Strindbergs Roman „Die Beichte eines Thoren."⁹)

Moral und Polizei. Ich brauche kaum hinzuzufügen, daß mit der moralischen Verurteilung einer Dichtung noch nicht das Verbieten und Konfiszieren als empfehlenswert bezeichnet ist. Die Frage, wie Staatsanwalt und Polizei sich zu moralisch schädlichen Dichtungen zu verhalten haben, will ich nicht erörtern. Nur kann ich die Bemerkung nicht unterdrücken, daß das Vorgehen in dieser Frage mir häufig als unglaublich verkehrt erscheint. Während zotenreiche, stinkende, mit allem Moralischen ihr freches Spiel treibende Schwänke und Possen, die in nicht gefestigten Gemütern wahre Verheerungen anrichten können, auf allen Bühnen ohne Anstand gegeben werden, sehen sich Stücke, die mit ernstem und strengem Sinn schwere Probleme des menschlichen Strebens und Kämpfens behandeln, wie die Sklavin von Fulda oder die Weber von Hauptmann, von kurzsichtigen Verboten betroffen.

Jetzt bitte ich Sie, mit mir einen Schritt weiter zu thun. Das Moralische erschien uns als höchster Maßstab der künstlerischen Thätigkeit. Die Kunst soll sich letzten Endes als im Dienste des Guten stehend fühlen; Untergrabung und Zerstörung des sittlichen Kernes im Menschen ist für die Kunst gerade so wie für jede andere Bethätigung ein unbedingt Verbotenes. Jetzt dagegen sage ich: der Gegenstand, der Inhalt, der unmittelbare Zweck der Kunst liegt nicht im Moralischen, nicht im Guten. Die Kunst hat einen viel weiteren, reicheren Zweck, als nur das Moralische oder Gute zur Darstellung zu bringen. Ich will diesen umfassenderen Zweck durch das Schlagwort des Menschlich-Bedeutungsvollen bezeichnen und sage sonach: der unmittelbare Zweck der Kunst besteht in der allseitigen, erschöpfenden Darstellung des Menschlich-Bedeutungsvollen.[10]

Der Gegenstand der Kunst: das Menschlich-Bedeutungsvolle.

Lassen Sie mich Ihnen zunächst verdeutlichen, was ich unter diesem Ausdruck, den ich noch sehr oft gebrauchen werde, verstehe. Der Mensch hat das Bedürfnis, den Sinn des menschlichen Lebens und Strebens anschaulicher, unverhüllter, reiner, als er im wirklichen Leben hervortritt, dargestellt zu sehen. Das menschliche Leben enthält so viel Gleichgiltiges, Triviales, Kümmerliches, so viel durch Zufall Zerstückeltes und Entstelltes, so viel Absonderliches und Launenhaftes, daß dadurch Bedeutung und Wert, Eigenart und inneres Gesetz des Menschendaseins verdunkelt und überwuchert wird. Und doch sehnt sich der Mensch danach, das Menschliche nach dem, was darin typisch und gewichtvoll ist, ergreifend und sprechend sich vor Augen gestellt zu sehen.

Diesem Bedürfen und Sehnen bietet nun die Kunst Befriedigung. Die Kunst bringt das Menschliche in seinen wesentlichen Formen und Stufen, nach seiner Leistungsfähigkeit und seinen Schranken, nach seinen heil= und unheilvollen Kräften, nach seinen Kämpfen und Versöhnungen zusammengefaßter und ausgeprägter zur Darstellung, als es uns das gewöhnliche Leben zeigt. Auch wo uns die Kunst nur ein unscheinbares Winkelchen des menschlichen Getriebes beleuchtet, will sie uns doch von irgend einer Seite her vor Augen führen, was es heiße, Mensch sein, als Mensch sich freuen, kämpfen und leiden. Mag die Kunst sich Anmutiges oder Furchtbares zum Gegenstand nehmen, überall will sie uns das Menschenschicksal nach irgend einer interessanten, auf die großen Züge des Lebens bedeutsam hinweisenden Seite anschaulich machen. Dies ungefähr soll es heißen, wenn ich ausspreche, daß die unmittelbare Aufgabe der Kunst in der Darstellung des Menschlich=Bedeutungsvollen besteht. Man kann Goethe zustimmen, wenn er sagt: „Im Grunde bleibt kein realer Gegenstand unpoetisch, sobald der Dichter ihn gehörig zu gebrauchen weiß." [11]) Unter dem „Gehörig Gebrauchen" wird eben vorzugsweise das Erheben ins Menschlich=Bedeutungsvolle zu verstehen sein.

Wiewohl diese mehr gefühlsmäßige Erläuterung hier genügen würde, so will ich doch auch in Kürze sagen, worin der begriffliche Sinn dieser Forderung besteht. Unter dem Menschlich=Bedeutungsvollen verstehe ich nicht die naturgesetzlichen Verknüpfungen des geistigen Lebens. Diese Kausalität, die im Gegensatze zu aller Teleologie als „mechanisch" im allgemeinsten Sinne bezeichnet werden kann, herrscht zwischen allen aufeinander folgenden einzelnen Ereignissen des menschlichen Lebens; sie zeigt sich in der Spreu und dem

Kehricht des Lebens genau ebensosehr wie in seinen bewundernswertesten Äußerungen. Auf dieser Naturgesetzlichkeit des Menschlichen kann daher keine Auslese der Gegenstände von Seite der Kunst beruhen. Ihr nachzuspüren ist Sache des Psychologen. Was ich dagegen unter dem Menschlich=Bedeutungsvollen verstehe, dies liegt nach der Seite des **Zweckes** und **Wertes** des menschlichen Daseins. Ich fasse unter jenem Ausdruck alle die Züge des Lebens zusammen, die für unser Urteil über seinen Zweck und Wert in fühlbarem Grade bestimmend sind. Hierbei ist Zweck und Wert in weitester Bedeutung zu nehmen: in eudämonistischem, ethischem und metaphysischem Sinne. Menschlich=bedeutungsvoll ist sonach alles, wodurch auf die Stellung von Freude und Leid, von gut und böse, von Vernunft und Unvernunft im Leben ein Licht fällt.[12])

Auf diese Weise ist ein weit reicherer Inhalt als das Moralische oder Gute für die Kunst gewonnen. Denn **erstlich** erhält das menschliche Leben seine Bedeutung durch gar vielerlei, was überhaupt nicht unter den Gesichtspunkt des Moralischen fällt, was ganz außerhalb des Gegensatzes von gut und böse liegt. Wieviel **widerfährt** nicht dem Menschen, bricht über ihn herein, ohne sein Dazuthun, ohne daß er daran Schuld trüge! Und aus diesen Schicksalen entwickeln sich Freuden und Leiden, Heil und Verderben. Alle diese Gemütsbewegungen liegen zum größten Teil außerhalb der moralischen Kraftsphäre, und doch ist von ihnen Gepräge und Wert des Lebens in hohem Grade abhängig. Wer den Inhalt der Kunst nur in das Sittliche setzte, würde alle diese unfreiwilligen Geschicke der Menschen mit der ganzen ungeheuren Masse von Gefühlswirkungen aus ihr ausschließen.

Das Menschlich=Bedeutungsvolle reicht weiter als das Moralische.

Noch in einer zweiten Richtung reicht das Menschlich=Bedeutungsvolle weit über den Umfang des Moralischen hinaus. Denn auch die naiven Äußerungen des Menschen liegen außerhalb des Gegensatzes von gut und böse. Selbst in dem rationalisiertesten Menschen ist etwas vom Kinde, etwas Ursprüngliches und Augenblickliches zurückgeblieben. Fast jeder Mensch hat seine leichteren Stunden, wo er von seiner frohen Laune, von seiner Aufgelegtheit zu Scherz und Humor seine Eingebungen empfängt. Und bei wieviel Menschen ist nicht dieses Triebartige, Spielende, Unwillkürliche das Überwiegende, dem gegenüber das moralisch Erarbeitete zurücktritt! Jedermann weiß, daß das Reizende des weiblichen Geschlechts ganz besonders von diesem naturartigen Charakter seines Wesens abhängt. Sie merken, wie groß dieses Gebiet des Naiven ist, und Sie fühlen auch sofort, in wie hohem Grade dieser Zusammenhang des Menschen mit dem frischen Naturleben für das Gepräge des Menschendaseins charakteristisch ist. Auch dieses weite Reich würde für die Kunst in Wegfall kommen, wenn ihr Gegenstand lediglich im Moralischen bestünde.

Das meiste Interesse indessen für uns hat der dritte Punkt, der das Menschlich=Bedeutungsvolle umfassender macht, als es das Gute ist. Es wäre oberflächlichster Optimismus, zu meinen, daß der Sinn des menschlichen Lebens nur in dem Siege des Guten liege. Versteht man hierunter den inneren, moralischen Sieg des Guten, so besteht hierin ohne Zweifel das Ideal, dem alles Menschliche zustreben soll. Allein unter dem Sinn des Lebens ist nicht nur das letzte Ideal alles Menschlichen, sondern vorwiegend der Inbegriff alles dessen zu verstehen, was für den Wert des menschlichen Lebens, wie es thatsächlich verläuft, charakteristisch ist.

Und dazu gehören ebensosehr die moralischen Niederlagen des Menschen. Das thatsächliche Wesen des Menschen umfaßt leider nur allzusehr auch seine moralische Schwäche, sein Herabsinken zu Gemeinheit und Niedertracht, zu Verfall und Zerissenheit. Menschliches Leben auf sich nehmen heißt: in moralisch höchst gefahrvolle Bedingungen eintreten und mit der Möglichkeit rechnen, daß man ihnen erliege.

Wollte man aber gar den Sieg des Guten in dem äußerlicheren Sinne verstehen, daß mit der Tugend auch Glück und Macht verbunden sei, so ist damit erst recht nicht das durchgängige Gepräge des Lebens bezeichnet. Man braucht nicht Anhänger von Schopenhauer zu sein, um zu gestehen, daß dem edlen Kämpfer nur zu oft eine Dornenkrone geflochten wird. Es gehört zum Leben, wie es nun einmal ist, daß gar oft reine und gute Menschen verbluten, verkümmern oder durch andere mit in den Abgrund gerissen werden. Der Menschheit ganzer Jammer kann uns darüber erfassen. Und doch wäre es feige, wenn wir die Kunst nur dazu benutzen wollten, daß sie uns über die schreckensvollen Risse und Abgründe des Lebens hinwegtäuschen solle.

So sehen Sie also: die Kunst wird nicht davor zurückschrecken dürfen, Willensschwäche und Gemeinheit, moralische Verwilderung und Zersetzung, grauenhafte Ausartungen und Verödungen des menschlichen Gemütes, das Unterdrücken und Zertreten des Guten und Gerechten unter ihre Gegenstände aufzunehmen. Nur ist dabei niemals der grundsätzliche Gesichtspunkt zu vergessen, daß durch diese schlimmen und grauenhaften Seiten des menschlichen Lebens uns der Sinn des Lebensrätsels irgendwie näher gerückt werde. Wenn die modernen Richtungen der Kunst in der Hereinziehung des Grauen und Nächtlichen im Menschenleben kühner geworden

Das moralisch Verwerfliche als Gegenstand der Kunst.

sind, so wäre dies daher an sich durchaus kein Tadel. Es kommt nur darauf an, daß dabei die Richtschnur des Menschlich-Bedeutungsvollen nicht vergessen werde. Dichtungen wie Dostojewskijs Raskolnikow, Zolas Germinal, Ibsens Gespenster, Hauptmanns Einsame Menschen[13]) enthalten wahrlich nicht wenig Widriges, Erschreckendes, Quälendes. Und doch wird man nicht leugnen können, daß uns diese Dichtungen, indem sie uns das Gefahrvolle, Wunde und Grauenhafte des Lebens zeigen, nach dem Grunde des Lebensrätsels hin blicken lassen. Doch sind in der neuesten Dichtung zweifellos Werke anderer Art viel zahlreicher, Werke, die uns moralischen Jammer unbarmherzig vorführen, ohne daß darin das Leben nach bedeutungsschweren Seiten hin offenbart würde. Kaum irgendwo ist mir dies so hart und verletzend entgegengetreten wie bei Strindberg. Die scheußlichen Ausgeburten seiner Phantasie, wie sie uns z. B. die Stücke Der Vater, Fräulein Julie, Herbstzeichen, Vor dem Tode zeigen, scheinen mir jeder sachlichen Notwendigkeit zu entbehren. Es mag wohl hier und da einmal derartigen moralischen Auswurf geben, wie Laura und Julie es sind; aber ich bestreite, daß sich in diesen Naturen das gegenwärtige soziale Leben, wie Strindberg meint, in typischer Weise darstelle.[14]) Auf die Versündigungen gegen die Forderung des Menschlich-Bedeutungsvollen werde ich noch öfter zu sprechen kommen.

<small>Berechtigung pessimistischer Dichtungen.</small> Man hört nicht selten, wenn von der Bedeutung des Unmoralischen in der Kunst die Rede ist, die Formel gebrauchen, daß das Unmoralische nur insoweit in der Kunst vorkommen dürfe, als es einen Durchgangspunkt auf dem Wege zum Guten, ein Mittel zum Triumphe des Guten bilde. Man würde damit der Stellung des Unmoralischen in der Kunst nicht gerecht werden. Es gehört leider zum

Gepräge des Menschendaseins, daß häufig edle Anlagen zerbröckeln und entarten, verheißende Entwicklungen ein schreckenvolles Ende finden und vornehme Seelen in Not und Unseligkeit untergehen, ohne daß auch nur eine milde Abendröte ihren Untergang verklärt. Wollte man jene Formel ernsthaft anwenden, also Frevel und Greuel nur insoweit zulassen, als ihnen die Bedeutung eines durch das Gute überwundenen Widerstandes zukommt, so würde man nicht etwa nur moderne naturalistische Erzeugnisse, sondern z. B. auch das Nibelungenlied verwerfen müssen. Liest man die letzten Gesänge, so starrt uns von allen Seiten erschreckende Schuldbeladenheit entgegen, und das wechselseitige Hinschlachten ist nur das notwendige Ergebnis der ungeheuren Verknäuelung des allseitigen Frevels. Nirgends zeigt sich eine That siegender Güte, nirgends ein Hinwenden des Bösen ins Gute. Die Niederdrückung des Gemüts erreicht einen furchtbaren Grad. Auch Hebbels Nibelungentragödie schließt mit dem Eindruck, daß der Last von Missethat kaum irgend ein Gegengewicht gegeben ist. Wir werden eben Dichtungen beiderlei Art gelten lassen müssen: erstens solche, durch die das Gute mit siegreich strahlender Macht hindurchgeht, so daß es auch durch das Herbe und Bittere reinigend durchschlägt, und zweitens Dichtungen, die uns mit dem trüben Eindruck von der überwiegenden Macht des Willensschwachen und Gemeinen, des Bösen und Abgrundartigen entlassen. Nur die Dichtungen der ersten Art freilich geben uns Erquickung, mutige, freie, beflügelte Stimmung. Wenn wir von Homers Ilias oder von dem wunderbar herrlichen, vielfach homerisch gemahnenden Epos des Mickiewicz „Herr Thaddäus",[15]) von Scotts Waverley oder Eliots Adam Bede herkommen, so haben wir das Gefühl, daß trotz allen Finsternissen und Schrecken

dennoch gute, heilvolle, sonnige Mächte den Grundton des
Lebens bestimmen. Und wenn Shakespeares Coriolan oder
Macbeth, Goethes Faust oder Schillers Wallenstein auch einen
Eindruck hervorbringen, in dem das Furchtbare weit stärker
hervortritt, so wird uns doch auch hier das befreiende und
ermutigende Gefühl zu teil, daß eine hohe und weise Ge=
rechtigkeit im Lauf der Dinge walte, und daß das irdische
Leben ein Boden sei, auf dem das Große und Emporragende
sich auch als solches zu bewähren vermöge. Aber darum
werden wir die Dichtungen der zweiten, pessimistischen Art
nicht aus dem Bereiche echt künstlerischer Wirkung ausschließen
dürfen. Die Kunst würde einseitig verfahren, wenn sie nicht
auch das Sinnlose, Rohe und Grausame der Lebensmächte
in seiner unbarmherzigen Auswirkung darstellte. Wer nur
Dichtungen der ersten Art billigte, müßte selbst Balzac und
Turgenjeff, Prosper Mérimées Carmen und Thackerays
Eitelkeitsmarkt von sich weisen. Man muß von vornherein
den Standpunkt aufgeben, als ob in der Kunst nur solche
Darstellungen zu dulden wären, die durch ihren Inhalt labend
und ermutigend wirken.

Sie sehen: das Verhältnis von Kunst und Moral läßt
sich nicht durch eine einfache Formel, nicht radikal weder
nach rechts, noch nach links, entscheiden. Es bedarf mannig=
facher Erwägungen und Abgrenzungen, wenn eine besonnene
Entscheidung herbeigeführt werden soll.[16]) Und so bitte ich
Sie denn, sich noch zwei Punkte gefallen zu lassen, die be=
rücksichtigt werden müssen, wenn die Stellung des Unmora=
lischen in der Kunst richtig bestimmt werden soll. Es gilt,
das, was ich soeben über die Berechtigung der moralisch
niederdrückenden Kunstwerke grundsätzlich ausgesprochen habe,
nach zwei Seiten hin einzuschränken.

Das Menschlich-Bedeutungsvolle soll der Maßstab sein, nach dem die Berechtigung des Unmoralischen in der Kunst zu beurteilen ist. Dabei ist nun zu bedenken, daß der Sinn des menschlichen Daseins keineswegs nur in dem liegt, was es **thatsächlich** ist, sondern auch in dem, was es **sein soll**: in dem Wünschens- und Erstrebenswerten, in den Zielen und Idealen des Lebens. Die Beurteilung des menschlichen Lebens und Strebens ist dadurch wesentlich bestimmt, daß auch die Ideale zu den treibenden Mächten gehören, und daß die Ideale sich auch bis zu gewissem Grade verwirklichen. Hieraus scheint mir zu folgen, daß ein Dichter, der uns nur oder fast nur Willensohnmacht und Willensverderbtheit zeigt und das Gute überall oder fast überall zu äußerer und innerer Niederlage führt, der Bedeutung des menschlichen Lebens **nicht in dem Grade** gerecht wird wie ein Dichter, der auch die Macht des Idealen in seinen Dichtungen zum Ausdruck bringt. Allerdings können auch dort, wo graue Trostlosigkeit über einer Dichtung lagert, grundwesentliche Seiten an dem Sinn des Lebens dargestellt sein. Allein da hierbei doch die Macht des Ideals, die Bedeutung des Sollens vom Dichter ganz beiseite gelassen ist, so liegt hier eine **einseitigere** Darstellung des Menschlichen vor als dort, wo bei aller Herbheit und Unerbittlichkeit in der Ausgestaltung des Gemeinen und Bösen doch zugleich das Menschliche nach seinen großen, gehaltreichen und wertvollen Seiten geschildert wird. Wie bricht nicht in Shakespeares Lear, mag auch Bosheit, Verhärtung, Wut und Jammer noch so verheerend um sich greifen, doch der Glanz der Unschuld, Treue und Hochherzigkeit strahlend und rührend hindurch! In der modernen Dichtung dagegen besteht der Zug, das moralisch Schwache und Kranke ohne ein

Das Menschlich-Bedeutungsvolle und die Ideale.

derartiges Gegengewicht zur Darstellung zu bringen. Schon bei Turgenjeff ist dies vielfach der Fall. In seinem Roman „Die neue Generation" sind die Personen teils Schwächlinge ohne Rückgrat, teils besitzen sie einen zwar kraftvollen, aber sich voll Verblendung und Kurzsichtigkeit in verkehrte Ziele verbohrenden Willen. Aus der naturalistischen Litteratur strömen von allen Seiten Beispiele zu. So führen uns Ibsen in der Wildente und im Baumeister Solneß, Strindberg im Vater und in Fräulein Julie, Hauptmann im Friedensfest[17]) und in den Webern, Johannes Schlaf im Meister Ölze, Max Halbe im Eisgang fast nur sittlich Verkrüppeltes und Verdrehtes vor. Wenn ich nun auch voraussetze, daß in diesen Dichtungen die moralische Versumpfung und Verdrehtheit — wiewohl dies sicherlich nicht in ihnen allen der Fall ist — für menschliches Leben und Schicksal typisch und bedeutsam sei, so würde ihnen doch dies als ein Mangel anhaften, daß der Macht und Verwirklichung des Idealen kaum oder gar nicht Raum gegönnt ist.

Störung des ästhetischen Betrachtens durch Unlustgefühle.

Und nun der zweite Punkt! Das ästhetische Betrachten kommt vollkommen nur dann zustande, wenn der dargestellte Inhalt das Gemüt, wenn auch nicht durchweg, so doch endgiltig mit Befriedigung erfüllt. Zum ästhetischen Betrachten gehört ein gewisses leichtes Schweben über dem Gegenstand, und daher ein gleichgewichtsvolles, stachelfreies Verhalten, eine Stimmung, die zu dem Gegenstand in einem angenehmen, befreundeten Verhältnis steht. Soll ein Gegenstand künstlerisch auf uns wirken, so müssen wir ihm mit Freiheit, mit Ablösung gegenüberstehen. Soll dies aber in vollem Maße möglich werden, so darf uns der Gegenstand nicht in endgiltiger Weise beunruhigen und aufwühlen, schmerzvoll hin- und herzerren, nicht eine dumpfe Last auf das Gemüt wälzen.

Besteht das Endergebnis der Gefühle, die ein Kunstwerk in uns erweckt, in Angst, Folter, Niederdrückung, Beklemmung oder gar in Ekel, so wird das künstlerische Betrachten in seinen Lebensbedingungen mehr oder weniger gehemmt. Tönt der künstlerische Eindruck mit Entschiedenheit in Mißbehagen und Schmerz aus, so ist dies eine derartige Störung des seelischen Gleichgewichts, eine derartige Aufstachelung des Gemütes, eine derart intim stoffliche Verwicklung mit dem Gegenstand, daß sich das künstlerische Schauen und Genießen nur unvollkommen entwickeln kann. Das künstlerische Verhalten bedarf zum Elemente seines Gedeihens eine in der Hauptsache freudige Gemütsbelebung.

Diese Überlegung ist für uns wichtig. Denn es folgt aus ihr, daß dort, wo moralische Jämmerlichkeit und Zertretung des Guten und Reinen den überwiegenden oder alleinigen Gegenstand einer Dichtung bildet, das ästhetische Betrachten sich nur unvollkommen in seiner Eigentümlichkeit entfalten kann. Fühlt man sich, wie etwa durch Dostojewskijs Romane — man denke an „Erniedrigte und Beleidigte", an Raskolnikow u. s. w. — in allen seinen Fasern zerweicht, wund gerieben, zerquetscht: woher soll dann der Grad von Freiheit und Gleichgewicht kommen, der für das ästhetische Betrachten das Lebenselement bildet? Auch aus diesem Grunde stehen solche Kunstwerke, die uns nur oder fast nur moralische Verwüstung zeigen, an ästhetischem Werte zurück, auch wenn sie die Forderung des Menschlich=Bedeutungsvollen in hohem Maße erfüllen.

Doch soll man hieraus nicht folgern, daß alle Kunst= *Ästhetische* werke von abschließend niederdrückendem oder erschreckendem *Antinomie.* Eindrucke geradewegs zu verwerfen seien. Die Forderung, daß uns Sinn und Bedeutung des Menschlichen dargestellt werde, soll erschöpfend erfüllt werden; zum Sinne menschlichen Lebens gehört aber auch moralische Verwilderung, Zermalmung des Großen und Guten. Also soll der Dichter auch nicht unbedingt vor Gegenständen dieser Art zurückweichen. Wir stehen hier vor einer wichtigen ästhetischen Antinomie. Die Forderung des Menschlich-Bedeutungsvollen verlangt, daß auch solche Stoffe behandelt werden, die uns ihrem Inhalt nach mit vorwiegend unlustvollen Gefühlen erfüllen. Und doch ist anderseits das ästhetische Betrachten nur dann ein vollkommenes, wenn der dargestellte Inhalt endgiltig das Gemüt in Gleichgewicht und Befriedigung versetzt. Diese Antinomie läßt sich nicht wegschaffen, sondern nur auf ein möglichst geringes Maß zurückführen. Man wird auch solche Kunstwerke als berechtigt anerkennen müssen, die, weil sie das Menschlich-Bedeutungsvolle nach der düsteren Seite hin zur Darstellung bringen, gegen die Forderung des Lustvollen mehr oder weniger verstoßen. Ich halte die Einsicht in diese ästhetische Antinomie für etwas gerade in den grundlegenden Fragen der Ästhetik überaus Wichtiges und Erleuchtendes.[18])

Neue Frage. Eine wesentliche Seite an dem Verhältnis von Kunst und Moral ist bis jetzt unerörtert geblieben. Wir haben gesehen: die Kunst soll sich letzten Endes als im Dienste des Guten stehend, als Mitarbeiterin an der sittlichen Vertiefung und Läuterung der Menschheit fühlen. Es fragt sich jetzt: soll die Kunst **unmittelbar** moralische Wirkungen ausüben? Ist es unmittelbare Aufgabe der Kunst, den Menschen moralisch zu bessern, zur Tugend anzufeuern, vom Laster abzuschrecken? Gehört zum künstlerischen Eindruck wesentlich auch dies, daß wir zu bestimmten sittlichen Aufgaben ermutigt, in unseren guten Vorsätzen und Bestrebungen bestärkt, vielleicht zu einer höheren Stufe der Sittlichkeit hingeleitet werden? Allgemein gesprochen: in welchem Verhältnis steht der künstlerische Eindruck zu den moralischen Gefühlen und Strebungen?

Im siebzehnten Jahrhundert und in den zwei ersten Dritteln des achtzehnten wurde in Deutschland der Dichtkunst fast allgemein der Zweck des moralischen Belehrens und Besserns gegeben. Nicht alle Dichter haben so moralpredigerhaft wie etwa Brockes zur Tugend verleiten wollen, der in einem seiner aus Plumpheit und Zierlichkeit gemischten Gedichte singt:

Moralische Besserung und Abschreckung.

„Laß der Lilien und Jasminen
Unbefleckten Silberschein,
Seele, dir zu Folge dienen!
Suche dich, von Lastern rein,
In der Unschuld weiße Seiden,
Voller Sanftmut, einzukleiden." [19]

Und nicht alle Theoretiker der Dichtkunst haben so philisterhaft wie Gottsched ihr einen platt moralischen Zweck zugewiesen. Gottsched giebt folgendes Rezept: zuerst wähle man sich einen lehrreichen moralischen Satz, z. B. daß Ungerechtigkeit und Gewaltthätigkeit ein abscheuliches Laster sei; hierzu ersinne man sich eine ganz allgemeine Begebenheit, worin jener erwählte Lehrsatz sehr augenscheinlich in die Sinne falle, und hierauf suche man diesem allgemeinen Entwurf individuelle Gestalt zu geben. [20] Nicht überall, wie gesagt, wird so hausbacken moralisch verfahren. Aber selbst Lessing ist von einer moralistischen Auffassung der Dichtung nicht frei. Noch in der Hamburger Dramaturgie sagt er: allen Charakteren der Dichtung müsse die Absicht zu Grunde liegen, uns zu unterrichten, was wir zu thun oder zu lassen haben, und uns mit den Merkmalen des Guten und Bösen, des Anständigen und Lächerlichen bekannt zu machen. [21]

Und in unserer Zeit ist, wie ich schon zu Beginn bemerkte, die moralistische Ansicht von der Dichtkunst wiederum zur Geltung gekommen. Freilich ist es nicht mehr Spießbürgermoral, sondern eher Moral der freien, kühnen Geister, wozu die modernen Stürmer aufrufen; und sie suchen diese höhere Sittlichkeit vorwiegend nicht auf direktem Wege, sondern indirekt, auf dem Umwege der Abschreckung vor dem Gegenteil, vor der nichtswürdigen Moral der herrschenden Klassen, zu entfachen. Aber moralistisch bleibt auch in dieser veränderten Form die Auffassung von der Aufgabe der Dichtkunst.

Moralische Gefühle im ästhetischen Eindruck. Soll in die aufgeworfene Frage Klarheit kommen, so wird es gut sein, zunächst festzustellen, daß in dem Eindruck, den manche Gattungen von Kunstwerken hervorbringen, stets moralische Erregungen enthalten sind. Denken Sie etwa an die Tragödie. Sei es daß sie den Trotz der Männlichkeit, die Kraft zum Kämpfen und Leiden in uns erhöht, oder daß sie unsere Liebe zur leidenden Menschheit steigert; sei es daß sie das Vertrauen zur Macht des Guten stärkt und unser Streben nach den Höhen hin beflügelt, oder daß sie uns mit Schreck über die Macht der Gemeinheit und des Bösen erfüllt oder gar bleiern niederdrückt: in allen diesen Fällen sind es offenbar moralische Regungen, durch die der ästhetische Eindruck charakterisiert wird. Sodann bringt es die Eigenart mancher Künstler mit sich, daß wir von ihren Werken Eindrücke empfangen, die eine starke Beimischung moralischer Gefühle enthalten. Ich möchte Dürer dahin rechnen: seine kernhaft gesunde, herb männliche Art erregt in uns Gefühle ähnlichen Charakters. Oder wenn uns, wie beim Lesen von Dickens oder Gottfried Keller, das Herz aufgeht und uns ein Gefühl warmer, liebender Wohligkeit

durchströmt, weil wir sehen, wie selbst in verdrehten und
krummgewachsenen Formen der Menschlichkeit sich Gutes und
Tüchtiges regt: so erleben wir auch hier in dem ästhetischen
Eindruck zugleich eine Gemütsbewegung sittlicher Natur.

Es steht uns sonach fest, daß ästhetischer Eindruck und
moralische Erregung keinen ausschließenden Gegensatz bilden.
Es fragt sich jetzt nur, mit welcherlei Art von moralischen
Regungen und Strebungen sich das künstlerische Betrachten
verträgt. Denn so viel dürfte sofort klar sein, daß z. B. das
Losgehen auf eine bestimmte Handlung mit der Ruhe des
ästhetischen Genießens unvereinbar ist. Oder wenn jemand
das Spiegelbild seiner Sünden auf der Bühne dargestellt
sieht und ihn das böse Gewissen erbeben macht, so ist gleich=
falls die ästhetische Stimmung vernichtet. Ich denke, daß
durch folgende Erwägungen Klarheit in die Sache kommt.

Das eigentümlich Vorzugsvolle des künstlerischen Be= *Das Unstoff=
trachtens besteht in seiner Freiheit gegenüber der Wirklichkeit, ästhetischen
in seiner Abgelöstheit von ihr. Im ästhetischen Betrachten Betrachtens.*
sind wir an den Gegenständen, sei es Dingen oder Menschen,
nicht stofflich interessiert, wir sind mit ihnen nicht nach ihrer
thatsächlichen Einzelwirklichkeit verwickelt. Die Gegenstände
rücken uns nicht auf den Leib, ziehen uns nicht in ihren
Bann und Zwang; wir betrachten und genießen sie als Bild
und Schein, sie haben das Stoffliche, Schwere, Thatsächliche
für uns verloren.

Wenn wir nun fragen, wodurch diese Veränderung in *Verhältnis
unserer Stellung zu den Dingen herbeigeführt wird, so sehen schen Betrach=
wir uns vor allem auf unser Begehren und Wollen gehren und
hingewiesen. Nichts verwickelt uns so stofflich und heiß mit Wollen.*
den Dingen als Einzelwirklichkeiten wie das Begehren und
Wollen. Wer nach einem Gegenstande lechzt oder ihn ver=

abscheut, ist von der vornehmen Abgelöstheit und schwebenden
Freiheit, die zum ästhetischen Betrachten gehört, durch eine
ganze Kluft getrennt. Und dasselbe gilt von jener bewußteren
und überlegteren Thätigkeit, die man als Wollen bezeichnet.
Und zwar ist nicht nur etwa dem gemeinen und eigensüch=
tigen Wollen diese stoffliche Verwicklung mit den Dingen
eigen, sondern auch den guten und edlen Willensakten. Auch
diesen ist an der Übersetzung ihrer Ziele in Fleisch und Blut
der Wirklichkeit gelegen. Mag man sich begehrend oder ver=
abscheuend, selbstisch oder selbstlos wollend zu den Dingen
verhalten: man ist aus der ästhetischen Stimmung heraus=
gefallen.

Besonders Kant, Schiller und Schopenhauer waren
darauf bedacht, das ästhetische Verhalten dem Zwang und
der Not der Dinge zu entrücken. Schiller hielt die Auf=
fassung des ästhetischen Betrachtens als einer „spielenden"
Thätigkeit für das Treffendste. Wenn wir spielen, so sind
wir dem „Stofftrieb" entrückt. Durch den Stofftrieb sind
wir an die Bedürfnisse unserer Individualität, an die
Forderungen der Erhaltung des Lebens, an die Wirklichkeit
und Notwendigkeit der Dinge gekettet. Hiervon befreit uns
das ästhetische Spielen. Schiller weist auf die Gestalten der
griechischen Götter als auf ein ausgezeichnetes Erzeugnis des
Spieltriebes hin. Aus der Stirn der seligen Götter ließen
die Griechen „sowohl den Ernst und die Arbeit, welche die
Wangen der Sterblichen furchen, als die nichtige Lust, die
das leere Angesicht glättet, verschwinden". [22])

So hat denn das ästhetische Betrachten das Gepräge
der Stille, des Gleichgewichts, ja einer verhältnismäßigen
Kühle. Es giebt nichts Gespannteres, Vorwärtsdrängenderes,
mehr aus dem Gleichgewicht Bringendes als die Jagd des

Begehrens und Wollens. Jeder Wunsch, jede Begierde, jeder Vorsatz und Entschluß ist ein Hinausstreben, ein Nichtgenughaben. Auch das Thun der Pflicht um der Pflicht willen ist das Gegenteil von ruhigem Verweilen. Ist daher in unserem Gemüt die Tendenz des Verwirklichens in jeder Form zum Schweigen gebracht, so ist damit ein Zustand der Stille und Spannungslosigkeit eingetreten, durch den sich das ästhetische Verhalten sehr bestimmt von dem Alltagsgetriebe unseres Ich abhebt.

Man kann sagen: wie wir im ästhetischen Betrachten von der stofflichen Wirklichkeit der Dinge befreit sind, so sind wir darin auch von dem eigenen stofflichen Ich erlöst. *Das überindividuelle des ästhetischen Betrachtens.* Wenn wir mit künstlerischen Augen sehen, so schweigen unsere individuellen Triebe und Interessen, unsere Befürchtungen und Hoffnungen, unsere Pläne, Schicksale und Thaten. Das private, mit bestimmten Einzelschicksalen belastete, von Rücksichten für sein Wohl erfüllte Ich befindet sich nicht in Mitschwingung. Das ist der Segen der ästhetischen Stimmung, daß wir unser leidiges liebes Ich für eine Weile los werden, daß wir uns von dem Druck und der Schwüle, von dem Getriebe und Gehaste, das von jedem Ich unzertrennlich ist, entlastet fühlen.

Sind wir so im ästhetischen Betrachten von unserem stofflichen, mit den Einzeldingen verwickelten Ich befreit, so sind wir dafür mit einem Inhalt erfüllt, der den Charakter des Menschlich-Bedeutungsvollen und insofern des Allgemein-Menschlichen trägt. Wir sind im ästhetischen Betrachten lebendige Individuen und führen doch ein überindividuelles Leben, ein Leben in den allgemeinen Zwecken und Werten. Es hat einen guten Sinn, wenn Schiller ausführt, daß wir die Freuden der Sinne bloß als

Individuen, die Freuden der Erkenntnis bloß als Gattung, dagegen das Schöne „als Individuum und als Gattung zugleich" genießen. ²³)

Die moralischen Gefühle im ästhetischen Eindruck entbehren der Zuspitzung auf Vorsatz und Handeln.

Jetzt wird sich leicht bestimmen lassen, inwiefern moralische Regungen in dem künstlerischen Eindruck vorkommen können. Wenn uns eine Dichtung zu bestimmten Aufgaben und Pflichten aufruft, wenn sie unser Schuldgefühl wecken und den Vorsatz zur Besserung erzeugen will, so ist hiermit eine Schärfe, ein Stachel in unser Gemüt eingeführt, der mit der Stille und dem Gleichgewicht der ästhetischen Stimmung unverträglich ist. Wir haben dann nicht mehr bloß ein Bild des Lebens vor uns, dem wir mit Freiheit beschauend gegenüberstehen, sondern die stofflichen Wirklichkeiten des Lebens drängen auf uns ein. Werden uns bestimmte sittliche Impulse erteilt, so wollen wir etwas verwirklichen, wir wollen an den Gegenständen irgend eine sittliche Arbeit vornehmen. Diese Verwirklichungstendenz, dieses Losgehen auf Arbeit und Handlung ist mit dem ästhetischen Schauen und Genießen unvereinbar. Es darf sich also im ästhetischen Eindruck die moralische Erregung nicht bis zu Vorsatz und Handelnwollen zuspitzen, sondern sie muß in einer unbestimmteren, spannungsloseren, gefühlsmäßigeren Form auftreten. Die moralische Erregung ist nur insoweit mit dem ästhetischen Genießen verträglich, als sie als Belebung, Reinigung, Ermutigung, Aufrüttelung überhaupt auftritt.

Auch folgendermaßen läßt sich die Sache ausdrücken. Durch jede moralische Handlung und die Vorbereitungen dazu kommt mein stoffliches Selbst in Miterregung. Ich kann keinen bestimmten moralischen Vorsatz fassen, ohne daß mir meine innere und äußere Lage, meine Verflochtenheit in

Leben und Schicksal, die Förderungen und Widerstände, die ich innerlich und von außen zu erfahren haben werde, zum Bewußtsein kämen. Kurz: die ganze lange und schwere Schleppe meiner Individualität, die doch außerhalb des ästhetischen Betrachtens bleiben sollte, würde nachgezogen, wenn mit dem ästhetischen Betrachten jene bestimmteren und zugespitzteren moralischen Impulse verknüpft wären.

Wir lesen etwa Shakespeares Macbeth oder Schillers Wallenstein. Ohne Zweifel enthält in diesen Fällen der ästhetische Eindruck starke moralische Elemente. Allein die moralische Bewegung besteht keineswegs in irgend welchen Entschlüssen oder Vorbereitungen zu solchen, sondern sie hält sich in weit gefühlsmäßigeren und allgemeineren Formen. Wir werden von Grauen über die fluchartig wirkende Macht des Bösen geschüttelt, wir erfahren aber zugleich infolge des Ganges und Ausganges der Handlung eine moralische Reinigung, indem wir sehen, wie sich teils in den inneren Kämpfen der frevelnden Helden, teils in ihrem Untergang die siegreiche Gewalt des Sittlichen herstellt. Oder lesen wir das schon vorhin erwähnte Epos des Mickiewicz, „Herr Thaddäus", so fühlen wir einen breiten und tiefen Strom von Lebensfreudigkeit, einen wahrhaft symphonischen Optimismus durch unser Herz gehen. Dies sind starke moralische Erregungen, allein sie treiben unser Begehren und Wollen nicht unmittelbar auf die thatsächliche Wirklichkeit hin, und auch das stoffliche Getriebe unseres Innern bleibt unerregt.

Wie ganz anders wirken viele der heutigen Dichter! Man merkt die moralistische Tendenz: der Dichter will den Leser erschrecken, aufrütteln, zum Insichgehen, zum Fassen des Vorsatzes bringen, eine sittliche Wiedergeburt in sich zu vollziehen. So ist es z. B. bei Tolstoi in Iwan Iljitschens

Tod, in der Kreutzersonate, in dem Drama „Die Macht der Finsternis". Der Dichter treibt den moralischen Eindruck zu weit, nämlich: bis zur Erweckung einer aufstachelnden, bohrenden Verwirklichungstendenz.

<small>Der Künstler als sittlicher Reformator.</small> Mit dem Bisherigen ist auch schon gesagt, in welchem Sinn der Künstler als ein **sittlicher Reformator** bezeichnet werden dürfe. Der Künstler soll nicht selbst moralische Impulse zum bestimmten Wollen und Handeln erzeugen; dagegen ist es nicht nur erlaubt, sondern erwünscht, wenn die ästhetischen Stimmungen, die er hervorruft, zum günstigen Boden für das Entstehen edler und großer sittlicher Entschlüsse werden. **Nur aus der Ferne gleichsam darf der Künstler zum sittlichen Reformator werden.** Er darf und soll den Wunsch und Glauben hegen, daß von seinen Schöpfungen eine Wirkung ausgehe, die in ihrem inneren Weiterwirken zu sittlicher Veredlung führt. Auf diese Weise wird den Kunstwerken keine moralistische Tendenz gegeben; der Künstler tritt nicht mit der kundgegebenen Absicht, moralisch zu bessern und aufzurütteln, an uns heran. Stellt sich eine solche Wirkung in der That ein, so ist dies eine sich an den ästhetischen Eindruck allererst anschließende, nicht mehr zu ihm gehörende **Neben- und Weiterwirkung des Kunstwerkes.** In diesem Sinne darf die Menschheit die meisten ihrer großen Schöpfer auf dem Gebiete der Kunst als Veredler und Höherbilder des Menschlichen verehren. In der letzten Zeit war es insbesondere Wagner, der den Künstler, und vor allem den Musiker, als erlösenden Vorbereiter einer höheren, seelenvolleren Kultur feierte.[24])

<small>Schlußfrage.</small> Nun frage ich noch zum Schluß, welche Art von sittlicher Neben- und Weiterwirkung dem Charakter der Kunst am nächsten liege. Welche Stellung kommt der Kunst in

dem sittlichen Entwicklungsgang der Menschheit vorzugs=
weise zu?

 Wenn man Moralität nur im christlichen Sinn und in der Weise der Kantischen Philosophie zugeben wollte, so dürfte man der Kunst keine hervorragende Bedeutung für die sittliche Entwicklung des Menschen zuschreiben. Denn dann würde Mißtrauen, Feindschaft und Kampf gegen die Sinn= lichkeit im weitesten Umfang, Unterdrückung des Natürlichen durch den Geist, Triumph der Vernunft über die gefährlichen, versuchungsreichen Triebe und Neigungen zum Wesen der Sittlichkeit gehören. Eine Wirkung nach dieser Richtung könnte wohl das eine oder andere Kunstwerk **durch seinen besonderen Inhalt** ausüben, wie etwa die Psalmen oder andere religiöse Dichtungen. Dagegen ist das eigentlich Künstlerische am Kunstwerk nicht so geartet, daß damit natur= gemäß eine Wirkung nach dieser Richtung hin verknüpft wäre. Sie werden mir dies sofort zugeben, wenn ich Sie an das Eigentümlichste der Kunst mit wenig Worten erinnere. In jedem Kunstwerk stehen Leib und Seele im Gleichgewicht: der Gehalt bleibt nicht innerlich verschlossen, sondern tritt an die sinnliche Oberfläche heraus, und die sinnliche Oberfläche ist nirgends ausdruckslos, sondern überall von Bedeutung und Geist durchdrungen. Dabei müssen Sie unter Bedeutung und Geist nicht nur hohe Gedanken und Ideale, sondern auch Stimmungen, Regungen, Gefühle, Vorstellungen unscheinbarer Art verstehen. Die sinnliche Gestalt nimmt freundlich und selbstverständlich den Geist in sich auf; und der Geist geht gleichfalls mühelos und hingegeben in die Sinnenfälligkeit ein. Jedes Kunstwerk läßt uns Natur und Geist, Gestalt und Gehalt in dem Verhältnis einer zwanglosen und völligen wechselseitigen Hingabe fühlen. Jede der beiden Seiten schenkt

Die Moral des Zwiespal= tes von Natur und Geist.

sich vertrauend an die andere hin, um damit sie und sich
selber zur vollen Geltung zu bringen. Wer sich dies Eigentümlichste der Kunst vergegenwärtigt, der wird mit mir der
Meinung sein, daß die Moral der drohenden Pflicht, die
Moral der beständigen Bekämpfung des Sinnlichen durch
den Geist, die Moral des Argwohns und Zwiespaltes durch
das eigentlich Künstlerische am Kunstwerke naturgemäß keine
unmittelbare Förderung erhält.

Die schöne Sittlichkeit.

Ist denn nun aber die Moral des Zwiespaltes von
Natur und Geist der höchste oder gar der einzig giltige
Standpunkt in den Fragen der Sittlichkeit? Vielleicht giebt
es eine Denkweise von umfassenderer und menschlicherer Art.
Man kann jene Moral in ihrer Notwendigkeit und Hoheit
anerkennen und dabei doch auch einer anderen Form des
Sittlichen Berechtigung zugestehen. Sittlichkeit ist nach meiner
Überzeugung auch dort vorhanden, wo die Entscheidung nach
dem Maßstabe des Guten dem Menschen zur zweiten Natur
geworden ist. Hier sind durch sittliche Selbstzucht und vielleicht auch unter Mitwirkung einer glücklichen Anlage die
Triebe, Neigungen und Gewohnheiten so gestimmt und gerichtet worden, daß das Gute jetzt nicht aus der rein geistigen
Tiefe des Menschen in ihrem Gegensatze zur Sinnlichkeit,
sondern aus dem ganzen, sinnlich-geistigen Wesen des Menschen
herauswächst. Der bloßen Achtung vor dem Guten hat sich
die Freude am Guten zugesellt, und diese Freude ist auch
für unsere Triebe, Neigungen und Gewohnheiten zu einer
u n w i l l k ü r l i c h führenden Macht geworden. Wir brauchen
unsere „Natur" nicht mehr durch die Majestät des Sitten-
gesetzes zu bedrohen, nicht immer erst durch das Vorhalten
von Grundsätzen zu zügeln, sondern wir können die Sinnen-
seite unseres Wesens sich nach eigenem Bedürfen entfalten

lassen und können doch dabei dessen sicher sein, daß die Bahn des Guten werde eingehalten werden. Die Lebensführung vollzieht sich unter der wohlthuenden Gewißheit, daß Pflicht und Neigung, Sollen und natürliche Entwicklung sich von vornherein in Einklang befinden. Sie merken sofort: diese Art von Sittlichkeit stellt eine Annäherung des Sittlichen an das Ästhetische dar. Die Lebensführung ist der Ausgestaltung eines Kunstwerkes verwandt. Man wird diese Sittlichkeit als die Stufe der **schönen Sittlichkeit** bezeichnen können. Nur darf man mit diesem Ausdruck nicht den Beigeschmack des Schwächlichen, Weichlichen, einseitig Weiblichen verbinden. Starkes, entschlossenes, in großem Stil gehaltenes Ausleben seiner Persönlichkeit kann gerade so in dieser Form vor sich gehen wie die zarte, weibliche Ausgestaltung der Individualität.

Ich will nun annehmen, daß Sie mir neben der kämpfenden Tugend, neben der Moral der betonten Pflicht diese schöne Sittlichkeit als eine wertvolle Gestalt des sittlichen Lebens zugeben. Vielleicht sind einige von Ihnen geneigt, hierin eine vorbereitende Stufe des Sittlichen, eine bloße Annäherung an die höchste und reinste Sittlichkeit zu erblicken. Andere von Ihnen sind vielleicht der Meinung, daß jene dem Ästhetischen verwandte Sittlichkeit vielmehr die reifste und menschlichste Form des Sittlichen sei. Auf derartige Meinungsunterschiede kommt es mir hier nicht an; es ist genug, wenn Sie mir die schöne Sittlichkeit als eine wertvolle Gestalt des sittlichen Lebens zugeben.

Jetzt ist klar, worauf ich hinaus will. Das Verweilen in der Welt der Phantasie und der Kunst wirkt in der Richtung der schönen Sittlichkeit. So war es bei den alten Griechen, bei diesem Volk, wo, wie Friedrich Schlegel be-

Die Förderung der schönen Sittlichkeit durch die Kunst.

geistert ausruft, der Mensch nicht zerrissen, Kunst und Leben nicht getrennt war, wo das himmlische Feuer der Kunst gleich einer sanften Lebensglut „das All der regen Menschheit durchströmte". [25]) Unter den Neueren werden wir vor allem Goethe, sodann auch Wilhelm von Humboldt und Schiller als Menschen zu nennen haben, in denen eine solche Einwirkung stattfand. Wer die Pflege des Schönen als ein Wesentliches in seinem Leben behandelt, fördert das Hineinwachsen seiner Triebe und Neigungen in das Gute und Edle. Der Umgang mit der Kunst setzt Sinne und Vernunft in Gleichgewicht; unser Schauen, unsere Lust und Unlust, unsere Stimmungen und Strebungen werden durchgeistet; bedeutungsvolle Menschlichkeit prägt sich in ihnen aus. Diese Versöhnung von Natur und Geist wirkt in uns weiter, wirkt vom ästhetischen Gebiet auf das sittliche hinüber, macht es uns zu etwas Gewohntem, die natürliche Seite unseres Wesens zum Ausdruck wertvollen geistigen Gehaltes werden zu lassen. Kurz: die Einheit von Neigung und Pflicht kann auf jenem Boden leichter erwachsen. Wer wollte so blind sein, daß er die Gefahren leugnete, die aus der einseitigen Pflege des Ästhetischen entspringen! Kreise und Zeiten, die das Ästhetische zur Hauptsache werden ließen, sind in Verweichlichung, in schwächliche Träumerei verfallen, haben das starke und nüchterne Handeln verlernt. Allein ich rede nicht vom Übermaß des Ästhetischen in der Lebensführung. Wird das Übermaß vermieden, so werden die sittlichen Gefahren weitaus von den sittlichen Förderungen überwogen. Und unter diesen scheint mir die Bereitung eines günstigen Bodens für die Entfaltung der „schönen" Sittlichkeit einen hohen Rang einzunehmen. [26])

Schillers Überzeugungen von dem philosophische Wer hat bei diesen Darlegungen nicht schon an Schillers philosophische Aufsätze und Gedichte gedacht? Es gehört zu den mit besonderer Vorliebe von ihm gepflegten und ihn beglückenden Betrachtungen, die fördernde Einwirkung der Kunst auf die schöne Sittlichkeit ins Licht zu setzen. Schon durch die „Künstler" zieht sich als einer der Hauptgedanken dieses Gedichtes die große Lehre von dem erziehenden Berufe der Kunst. Schiller sieht die Menschheit unter der Einwirkung der Kunst in ihren Trieben sich verfeinern, im Ertragen des Schicksals gelassener werden, das Gute mit Freude und Liebe ergreifen lernen. Das Herz, das die Kunst „an sanften Banden lenket, verschmäht der Pflichten knechtisches Geleit". Und ähnlich äußert sich der Aufsatz über den moralischen Nutzen ästhetischer Sitten — ein Aufsatz, der dem ursprünglichen Briefwechsel Schillers mit dem Prinzen von Augustenburg entnommen ist. Wo die Vernunft allein zu schwach wäre, um die stärkere Gewalt der Naturtriebe zu überwinden, dort fällt dem Schönheitsgefühl die Aufgabe zu, an die Stelle der rohen Begierden, die sich der Ausübung des Guten hartnäckig entgegenstellen, edlere und sanftere Neigungen zu setzen und so unsere Sinnlichkeit zum Vorteil der Pflicht zu stimmen. Das Schönheitsgefühl vernichtet den Widerstand der Neigung gegen das Gute. In die weitesten und tiefsten Zusammenhänge aber wird dieser Gedanke in den umgearbeiteten Briefen an den Prinzen eingegliedert. Hier, in den Briefen über die ästhetische Erziehung des Menschen, weist er schon in den Anfangsbetrachtungen die einseitige, zerrissene, ungesunde Menschheit der Gegenwart auf die Kunst als die heilende Macht hin Wer durch den Ernst der sittlichen Grundsätze weggescheucht wird, erträgt sie noch im Spiele. Der Geschmack der Menschen ist keuscher als ihr Herz; hier gilt es, den scheuen Flüchtling zu ergreifen. Sodann aber tritt er vom dreiundzwanzigsten Briefe an nochmals in die Betrachtung der sittlichen und kulturgeschichtlichen Bedeutung der Kunst ein und kommt schließlich zu dem Ergebnis, daß die ästhetische Gestaltung des Lebens, indem sie die Mitte zwischen dem Sinnlichen und dem Vernünftigen bildet, zugleich die reifste und vollkommenste Gestaltung des Menschlichen ist. Durch den ästhetischen Bildungstrieb wird auch in das Leben „das fröhliche Reich des Spiels und des Scheins" eingeführt. Hier ändert die Pflicht ihre vorwerfende Formel, die willige Natur wird durch edles Zutrauen geehrt. Selbst der Mächtige unterwirft sich dem zarten Gericht des Geschmacks, und „den keine Gewalt erschrecken darf, entwaffnet die holde Röte der Scham". Der Geschmack stiftet Harmonie in dem Individuum und bringt sie damit auch in die Gesellschaft.[27])

So großen Wert ich indessen auch auf diese sittliche Bedeutung der Kunst lege, so handelt es sich doch, wie gesagt, hier überall nur um unwillkürliche Weiter= und Nebenwirkungen der Kunst. Trüge die Kunst dieses Wirken in der Richtung der schönen Sittlichkeit als Absicht und Tendenz zur Schau, so wäre dies ein Abfall vom Künstlerischen.

Moralische Tendenz in Zeitverhältnissen begründet.

Allerdings muß ich rücksichtlich der moralischen Tendenz von Kunstwerken schließlich der gegnerischen Auffassung noch ein Zugeständnis machen. Es können Zeitumstände eintreten, die es bis zu einem gewissen Grade rechtfertigen, wenn die Künstler in ihren Schöpfungen mit Tendenz moralisch zu wirken suchen und die Dichtung zu einer Stellvertreterin der moralischen und religiösen Beredsamkeit werden lassen. Es giebt Zeiten — und die unsrige ist von dieser Art —, wo Religion und Kirche für sehr viele aufgehört haben, eine moralisch wirksame Macht zu sein, und wo auch Bücher, die moralische Betrachtungen zum Inhalt haben, wenig gelesen werden, und wo Vereine zur Pflege und Erneuerung des Moralischen noch kaum vorhanden sind. Wenn in einer solchen Zeit nun auch noch die Einflüsse der Erziehung, der Bildung, des Umganges zum nicht kleinen Teil von moralisch erschlaffender Art sind, so kann insbesondere der Dichter es als seine Pflicht ansehen, durch sein weithin hallendes Wort, namentlich von der Bühne aus, zu eblerer, freierer Sittlichkeit aufzurufen. Ich gestehe dies, wie gesagt, den moralistischen Dichtern der Gegenwart gerne zu; nur bleibt es dabei, daß derartige Dichtungen nur eine unreine, gemischte Wirkung hervorbringen. Es sind Mitteldinge von künstlerischen und moralisierenden Erzeugnissen, und der Anspruch ihrer Verfasser, reine Kunstschöpfungen hervorgebracht zu haben, ist unhaltbar.[28] Die Kunst ist eine leichter beflügelte Göttin. Wohl leitet auch sie die Menschen zum Guten, aber nicht anfassend und stoßend, sondern so, daß diese, ihrem schwebenden Fluge selig nachschauend, willig und unwillkürlich folgen.

Zweiter Vortrag:

Kunst und Nachahmung der Natur.

Wollen die Vertreter der neuen Richtungen in der Kunst ihren Gegensatz zu der älteren Kunstübung auf den bezeichnendsten Ausdruck bringen, so wenden sie insbesondere das Schlagwort der "Wahrheit" an. Bisher habe die Kunst ihr höchstes Ideal in der Schönheit erblickt. Sie sei auf anmutige oder erhabene Linienführung ausgegangen, sie habe das Leben verklären oder vertiefen wollen. Jetzt dagegen erkenne die Kunst ihre Aufgabe in der unerbittlichen Verkündigung der Wahrheit, in der Verfolgung der Lüge in jeglicher Gestalt, also auch in der Abweisung aller Verschönerung und Vergoldung des Lebens als einer feigen Beschönigung und Verfälschung. In wie weite Kreise das Bewußtsein von einer Umgestaltung der Kunst im Sinne der schönheithassenden Wahrheit gedrungen ist, konnte die Versammlung zeigen, die zur Begründung der Freien Volksbühne im Sommer 1890 in Berlin abgehalten wurde. Durch diese zumeist von Sozialdemokraten gebildete Versammlung klang, wie ein Berichterstatter meldet, als Leitmotiv das Wort: Gebt uns Wahrheit! Nicht klassische, nicht romantische Werke, realistische wollen wir haben; wir wollen das Leben sehen, wie es ist, nicht, wie es nicht ist. Ein schlichter Mann im Werkeltagsrock und mit ungestärktem Hemd, mit Spuren des Leidens in den Zügen, trat in dieser Versammlung auf

Das Schlagwort der Wahrheit

und, ungeübt im Reden, entwickelte er sein Programm. Wir wollen nicht die ewige Lüge auf den Brettern sehen, wir wollen die Wahrheit erfahren über das Leben und lieber das Schreckliche sehen, Laster und Krankheit, als daß wir uns einen blauen Dunst vormachen lassen von edlen Grafen, die mit Hundertmarkscheinen um sich werfen. [29])

Wollen wir über das Verhältnis von Kunst und Wahrheit ins klare kommen, so müssen wir zunächst die Wahrheit in einem bestimmten Sinne absondern. Das Schlagwort der Wahrheit nämlich wird häufig in der Bedeutung der Wahrhaftigkeit verstanden. Man meint: der Dichter solle das sittliche Ideal der Wahrhaftigkeit verkünden, das feige Belügen anderer und seiner selbst, das zahme Rücksichtnehmen, das schwächliche Zurückweichen vor den Konsequenzen, das Einzwängen des ganzen Lebens in hohle Formen des Scheines brandmarken; er solle eine Gesellschaft ohne Schminke und Larve, ein Geschlecht rücksichtslos und unabhängig sich auslebender Menschen fordern. In diesem Sinne sind Ibsen, Kjelland, Garborg, Tolstoi, Echegaray, Hauptmann in seinen Einsamen Menschen, Fulda in der Sklavin Dichter der Wahrheit. Sie lassen aus ihren Dichtungen ein bestimmtes sittliches Ideal, das der unbedingten Wahrhaftigkeit, packend hervortreten. Wir haben es hier sonach mit Dichtungen von einer bestimmten moralistischen Tendenz zu thun. Wie hierüber aber zu urteilen sei, habe ich schon im ersten Vortrag ausführlich behandelt. [30])

Die Wahrheit im Sinne der Nachahmung der Wirklichkeit. Wenn ich heute über das Verhältnis von Kunst und Wahrheit zu Ihnen sprechen will, so verstehe ich unter Wahrheit etwas anderes: die Wiedergabe nämlich des Wirklichen, wie es thatsächlich ist. Ich frage: will die Kunst nichts anderes sein als Wiedergabe der Thatsachen der Natur und des Lebens, als Nachahmung, Nachmachung des Wirklichen? Richtet sich der Wert der Kunstwerke nach dem Grade, in dem sie die Wirklichkeit erreichen oder ihr nahe kommen? Liegt der Sinn der Kunst darin, Wiederholung der Natur — dieses Wort in weitester Bedeutung genommen — mit den Mitteln der Technik zu sein? In diesem Fall wäre jede Umformung der Natur, jedes Abweichen von ihr eine Schranke der Kunst, eine betrübende Unvollkommenheit ihres Könnens und Leistens. Ganz anders, wenn der letzte Zweck der Kunst nicht in dem Nachmachen der Natur läge. Dann bestünde in dem Umformen der Natur, in dem Fernbleiben von der nackten Wirklichkeit vielleicht gerade ein Vorzug der Kunst! Dann läge vielleicht das Entzückende und Erlösende der Kunst gerade darin, daß sie uns die Wirklichkeit nicht platterdings abbildet, sondern sie in der mannigfaltigsten Weise umgestaltet!

Um meine Überzeugung nun sofort gerade herauszusagen: besäße die Kunst wirklich ihren Sinn und Zweck darin, das Wirkliche nachzuahmen und ihm möglichst nahe zu kommen, so wäre die Kunst in allen ihren Zweigen und Erzeugnissen nichts als eine klägliche Stümperei. Die Kunst bleibt immer und überall, auch dort, wo sie so realistisch und naturalistisch als möglich verfährt, von der Natur so weit entfernt, durch so zahlreiche prinzipielle Klüfte von ihr geschieden, daß ihre Aufgabe, wenn sie in dem möglichsten Nachmachen der Natur bestünde, als gescheitert angesehen werden müßte. Die Kunst muß einen wesentlich anderen Zweck haben als — um mit Jean Paul zu reden — „die prosaische Leibeigenschaft der bloßen Nachahmung";[31] nur wenn ihr Zweck ein anderer ist, wird es begreiflich, daß ihre gewaltigen Abweichungen von der Wirklichkeit nicht als Störungen empfunden werden.

Die prinzipiellen Abweichungen der Kunst von der Wirklichkeit.

Wir wollen uns nun die prinzipiellen Abweichungen der Kunst von der Wirklichkeit zum Bewußtsein bringen. Es wird darin zugleich der indirekte Beweis dafür liegen, daß die Kunst einen wesentlich anderen Zweck als die Wirklichkeitsnachahmung habe. Denn die Abweichungen der Kunst von der Wirklichkeit werden sich uns zu einer so gewaltigen Menge anhäufen und von so gründlicher, tieftrennender Art sein, daß die Kunst, wenn ihr Zweck wirklich das Nachahmen der Natur wäre, als ein völlig mißlungenes Unternehmen angesehen werden müßte. Versteht man unter Naturalismus jene Auffassung, die das Wesen der Kunst in die möglichst getreue Wiedergabe des Wirklichen setzt, so ist mit dem Feststellen der prinzipiellen Abweichungen der Kunst von der Wirklichkeit natürlich zugleich die **Widerlegung des Naturalismus** gegeben. Nicht als ob ich meinte, daß die Naturalisten in allen den Stücken, in denen wir eine Kluft zwischen Kunst und Wirklichkeit erkennen werden, ausdrücklich eine Übereinstimmung zwischen beiden verföchten. Es käme dabei ein so bodenloser Widersinn heraus, wie er noch von niemand ernsthaft behauptet worden ist. Vielmehr liegt die Sache so, daß die Naturalisten über die mannigfaltigen Abweichungen der Kunst von der Wirklichkeit mehr oder weniger hinwegsehen; daß sie auf die ganz anderen Wege, die Kunst und Natur gehen, auf die ganz anderen Daseinsweisen, in denen beide leben und atmen, ihre Aufmerksamkeit überhaupt nicht hinlenken. Wer dagegen dies thut, wer den zahlreichen und einschneidenden Gegensätzen nachgeht, die sich zwischen Kunst und Natur aufthun, der wird von vornherein gegen die Auffassung des Naturalismus geschützt sein. Doch auch abgesehen von allem Naturalismus ist es von Interesse, sich über die Frage der Nachahmung klar zu werden. Es handelt sich um eine Grundfrage der Ästhetik. Ohne Zweifel hat die Kunst ein nahes Verhältnis zur Wirklichkeit. Und da liegt es am nächsten, dieses Verhältnis als Nachahmung zu bestimmen.

Zunächst fallen **drei grobe, massive Abweichungen** der Kunst von der Wirklichkeit in die Augen. Es handelt sich dabei um Unwidersprechliches, auf das aber dennoch in dem Zusammenhang unserer Frage viel zu wenig geachtet wird. So lebendig und beseelt die Kunstwerke auch aussehen, so haben sie doch im Vergleich zu den Gegenständen, die sie darstellen, kein wirkliches Leben, keine wirkliche Seele. Die Natur, auch die unorganische in einem gewissen Sinne, ist lebendig; im Vergleich zu ihr ist die Kunst ein Totes. Auf der einen Seite steht der eigenkräftig lebendige, atmende, ringende Heros, auf der anderen seine Statue oder sein Bild, denen wir einen Schein von Leben und Seele leihen. Auf der einen Seite sonach ein in sich lebensvoller, sich entwickelnder, seinen Lebenslauf vollendender Organismus, auf der anderen Seite ein toter Stein oder farbenbestrichene Leinwand, an die der Betrachter gewisse Vorstellungen und Gefühle hängt. Es ist klar, daß sich schon in dieser Beziehung eine gewaltige Kluft zwischen Kunstwerk und Natur aufthut: hier Leben, dort Unlebendiges. Wer der Kunst die Aufgabe, die Natur nachzumachen, zuweisen wollte, müßte es als den Triumph der Kunst ansehen, wenn jemand etwa in seinem Garten einen Gebirgszug aus denselben Gesteinarten, aus denen er in Wirklichkeit besteht, in verkleinertem Maßstabe nachmachen wollte. Dann hätte das Kunstwerk ungefähr in demselben Sinne Leben wie die nachgeahmte Natur. Selbst von täuschend nachgemachten künstlichen Blumen und Wachsfiguren könnte man noch immer nicht sagen, daß hier die Natur unbedingt nachgemacht sei.

Die Kunstwerke haben kein Leben.

Die Kunst-gestalten sind großenteils unbewegt.

Damit hängt nun ein zweites zusammen. Die Gegenstände der Natur sind größtenteils in sichtbarer Bewegung. Nicht nur Tiere und Menschen, auch Bäume und Saatfeld, wenn sie im Winde stehen, Wolken und Flüsse, Sonne und Mond stellen sich uns als bewegt dar. Dagegen drückt ein großer Teil der Künste die Natur zu etwas Unbewegtem, Starrem herab. Sämtliche bildende Künste nehmen den Gegenständen, die sie darstellen, nicht nur das eigenkräftige Leben, sondern auch die Bewegtheit. Die bildenden Künste sind Künste der bloßen Koexistenz; sie lassen ihre Gegenstände thatsächlich erstarren. Nur der Betrachter ist es, der infolge der besonderen Beschaffenheit der ruhend dargestellten Formen Bewegung und Thätigkeit hinzudenkt. Der Künstler nötigt uns durch die Art seiner Darstellung, die ruhenden Formen teils als Ansätze zur Bewegung, teils als Punkte mitten in der sich vollziehenden Bewegung, teils als Ergebnisse von zu Ende gekommenen Bewegungen aufzufassen. Und wie zwingend dieses Hinzuvorstellen von Bewegung sein kann, zeigen Ihnen z. B. der Diskoswerfer oder die pergamenischen Bildwerke. Nichtsdestoweniger steht fest, daß in Bezug auf die Bewegtheit eine zweite gewaltige Abweichung der Kunst von der Natur stattfindet.

Die Kunst als Oberflächendarstellung.

Und noch eine dritte gesellt sich hinzu. Die Kunst stellt immer nur die äußere Form der Dinge dar; sie führt uns die Dinge als bloße Oberflächen vors Auge. Das innere Gefüge der Felsen, Bäume und Menschen, ihre hinter der Oberfläche befindliche tausendfältige Zusammensetzung läßt der Maler beiseite. Und wenn der Dichter in noch so genauer Weise seine Personen beschreibt, immer ist es nur Auge, Stirn, Mund, Haar, Gang, Mienenspiel, kurz, die äußere Gestalt, was der Dichter beschreibt. Nur wenn etwa in einer naturalistischen Dichtung der Held an einer Krankheit leidet, werden wir vielleicht mit einer Beschreibung des kranken Gehirns, Herzens oder Magens beglückt werden. Jedes Naturding ist **durch und durch organisiert**, die Kunst dagegen deutet lediglich an der Oberfläche die innere Organisation an. Die Kunst ist Oberflächendarstellung. Fast scheue ich mich, dergleichen Selbstverständlichkeiten vorzubringen. Indessen wird in unserer Frage gerade auf die selbstverständlichen Entfernungen der Kunst von der Natur viel zu wenig geachtet und dadurch eine falsche Beurteilung des Verhältnisses beider erzeugt. Daher müssen Sie es sich schon gefallen lassen, wenn ich Sie auch auf die allergröbsten Gegensätze beider Gebiete ausdrücklich hinweise.

Dringen wir jetzt mehr in das Eigentümliche der Kunst ein, so treten uns neue prinzipielle Abweichungen entgegen. Die Kluft zwischen Kunst und Wirklichkeit klafft immer gewaltiger. Ich bitte Sie zunächst an die **Medien** zu denken, in denen der Künstler seine Darstellungen vollbringt: also an Stein, Bronze, Holz, Leinwand, Pigmentfarben, Töne, Worte, innere Anschauungen. Die verschiedenen Eigentümlichkeiten dieser Medien bringen es mit sich, daß die sinnliche Beschaffenheit der wirklichen Gegenstände noch in anderen als den eben erwähnten Richtungen von der Kunst gründlich verändert wird. *Abweichungen der Kunst von der Wirklichkeit infolge der Eigentümlichkeit ihrer Darstellungsmittel.*

Der Bildhauer giebt zwar die Gestalt als solche treu wieder, aber er fälscht die Farben des Originals. Die Farben des Marmors, Gipses, der Bronze stellen starke Veränderungen der Farben des wirklichen Menschen dar; und auch wo eine zarte Bemalung der Statuen vorgenommen wird, ist von einem getreuen Wiedergeben der wirklichen Farben des Originals keine Rede. Oder betrachten Sie die Malerei!

Hier ist erstlich die Tiefenerstreckung bloßer Schein. Die Gegenstände des Gemäldes sind nur flächenhaft vorhanden; erst unser an die Tiefenwahrnehmung gewöhntes Auge dehnt gleichsam die nur flächenhaften Gebilde nach hinten hin aus, schaut in die platte Leinwand die perspektivische Erstreckung hinein. Mag uns daher die Perspektive, mit der das Innere einer Kirche oder eine Allee gemalt ist, noch so sehr überraschen, so tritt sie uns doch auf keinem Bilde so deutlich und so unabänderlich beharrend [32]) entgegen, wie in der Wirklichkeit. Wie steht es **zweitens** aber mit den Farben? Besitzen die Farben des Malers dieselbe Leuchtkraft wie die Farben der Natur? Hat irgend ein Freilichtmaler das blendende Strahlen der Sonne auch nur von ferne erreichen können? Und ist etwa das Leuchten des Mondes, das Funkeln des Silbergerätes, das Blitzen des Auges, wie es der Maler darstellt, von derselben Intensität wie in der Wirklichkeit? Die Malerfarben verfügen, wie dies Helmholtz in seinen Populären Vorträgen genau und hübsch ausführt, [33]) auch nicht entfernt über dieselbe ungeheure Weite der Intensitätsunterschiede, die in den Farben der Natur zu finden ist. Auch die Freilichtmalerei kann über die nun einmal in den Malerfarben liegenden Grenzen nicht hinaus. Ohne Zweifel bedeutet die Freilichtmalerei einen großen Fortschritt in dem Darstellen des Umflossen- und Umzittertwerdens der Dinge von Licht und Luft; das freie Stehen der Dinge in dem weiten Licht- und Luftmeere, die sie umfangende Weiträumigkeit tritt uns in den Bildern dieser Richtung oft bezaubernd entgegen; man glaubt, die Natur Licht und Luft atmen und trinken, in Licht und Luft sich baden zu sehen. Übrigens finde ich, daß auf den Bildern der Freilichtmalerei die Farben in eigentümlicher

Weise matt, gedämpft, oft wie weißbestäubt erscheinen. Die Lichtfülle übt in der Wirklichkeit doch nicht einen solchen abschwächenden Einfluß auf die Farbenglut aus. Und **drittens** könnte ich noch darauf hinweisen, daß die Gegenstände des Gemäldes — und dasselbe gilt von der Bildhauerkunst — ohne Sprache sind. Wir sehen rauschende Meereswogen, sturmgepeitschte Bäume, sprechende, singende, lachende, weinende Menschen vor uns, und doch hören wir keinen Laut, Niemand stößt sich hieran. Würde jedoch die Kunst von uns als Nachmacherin der Wirklichkeit empfunden und in ihren Leistungen danach gemessen, so müßte diese Lautlosigkeit der Bildwerke befremdend oder zum Lachen reizend auf uns wirken.

Und wie steht es denn in der Dichtung? Hier werden wir durch das Wort zu Phantasieanschauungen angeregt; diese bilden das Medium, in dem der Dichter seine Gestalten erzeugt. Dieses Medium nun bedingt einen noch weit größeren Abstand zwischen Kunst und Wirklichkeit. Bis zu welchem Grade der Bestimmtheit können wir denn in unseren Phantasiebildern Gestalt und Farbe wiedergeben? Doch nur in recht bescheidenem Maße. Mag uns der Dichter Natur und Menschen noch so anschaulich schildern: wie schwankend und blaß bleiben nicht unsere Bilder im Vergleich mit den festen und handgreiflichen Gegenständen der Wirklichkeit! Schon Hume hat auf diesen Unterschied nachdrücklich hingewiesen; und Lotze sagt: „Die Vorstellung des hellsten Glanzes leuchtet nicht, die des stärksten Schalles klingt nicht, die der größten Qual thut nicht weh." [34]) Auch wenn ich mir eine mir völlig vertraute Gestalt in der inneren Anschauung vergegenwärtige und sie, wie man sagt, „leibhaftig" vor mir zu sehen glaube, so bleibt diese Gestalt doch schattenhaft im

Vergleich zu der wahrhaft leibhaftigen Gestalt der Wirklichkeit. Wollte jemand die Ansicht konsequent durchführen, daß die Dichtkunst die Wirklichkeit nachzumachen habe, so müßte sie schon aus diesem Grunde als die elendeste Pfuscherei erscheinen.[35])

An den Gestalten der Dichtkunst tritt der Abstand zwischen Kunst und Wirklichkeit noch nach einer weiteren Seite zu Tage, nach einer Seite, die mich auf einen neuen wichtigen Gegensatz zwischen beiden Gebieten bringt. Die Bilder der inneren Anschauung nämlich sind im Vergleich zu den wirklichen Dingen überaus lückenhaft, ungleichmäßig ausgeführt. Es schildere mir der Dichter mit naturalistischer Peinlichkeit z. B. ein Gesicht. Da werde ich ein Phantasiebild erzeugen, an dem vielleicht die schwarzen lockigen Haare, die niedrige Stirn, die rätselhaften blauen Augen, die niedliche Stumpfnase, das Grübchen im Kinn, die Blässe der Wangen und noch manches andere deutlich hervortreten. Allein werden an diesem Phantasiegesicht — und wäre der naturalistische Schilderer auch ein Meister — alle Fältchen, Höckerchen und Härchen, alle Übergänge und Mischungen von Weiß, Gelb, Rot, Bläulich, wie sie ein wirkliches Gesicht zeigt, bestimmt hervortreten? Im Vergleich zur Wirklichkeit bleibt das Phantasiegesicht lückenhaft, bruchstückartig, zusammengesetzt aus deutlichen und fraglichen, leeren Stellen. Und wenn der naturalistische Dichter sich auch, trotz aller Geschmacklosigkeit, Mühe gäbe, jedes Pünktchen und Farbenfleckchen zu beschreiben, so würden wir doch außer stande sein, diese Masse von Kleinigkeiten in unserer Phantasie zu einem übersichtlichen Bilde zusammenzusetzen. Die Gestalten, die wir gemäß den Worten der Dichtung in der inneren Anschauung entwerfen, stellen sonach eine starke **Abbreviatur der Wirklichkeit** dar.

Dies ist die neue Kluft, an die wir herantreten: **die Kunst ist eine Abbreviatur der Wirklichkeit.** Die Kunst nimmt immer nur eine verhältnismäßig sehr geringe Anzahl von Zügen aus der Wirklichkeit der entsprechenden Gegenstände auf. Stellen wir uns die bildenden Künste vor. Was in Wirklichkeit sich als eine lange Entwicklung zeigt, bringen Bildhauer und Maler in Form eines einzigen Augenblickes zur Anschauung. Sie greifen aus der langen Entwicklungsreihe des Gegenstandes einen bestimmten, besonders günstigen Entwicklungspunkt heraus und fixieren ihn. Das unmittelbare Vorher und Nachher wird nicht in besonderen Bildwerken dargestellt, sondern es bleibt der Phantasie des Beschauers überlassen, das Vorher und Nachher hinzuzufügen. Und auch wo der Künstler aus einer längeren Entwicklung mehrere Zeitpunkte herausgreift und einen jeden in einem besonderen Bildwerk fixiert, ist in jedem Bildwerk doch eben nur ein Augenblick des Vorganges gleichsam starr gemacht. Soll eine Schlacht oder eine Jagd, die Sündflut oder die Kreuztragung, die Geschichte von Amor und Psyche oder das jüngste Gericht dargestellt werden: immer kann der Künstler aus der bewegungsreichen Handlung nur einen oder mehrere voneinander getrennte Entwicklungspunkte herausheben, es der Phantasie des Beschauers überlassend, das unmittelbare Vorher oder Nachher verständnisvoll herauszufühlen.

Und auch in der Dichtkunst herrscht in dieser Hinsicht ungeheure Abbreviatur. Zwar ist der Dichter im stande, die Anschauung der Succession und Entwicklung in uns hervorzubringen, die Gestalten sich vor unserem inneren Auge bewegen zu lassen. Allein der Dichter hebt aus dem Lebensgange seines Helden verhältnismäßig doch nur wenige Strecken

Die Kunst eine Abbreviatur der Wirklichkeit.

hervor, um sie uns in ihrer Entwicklung vor Augen zu
führen. Es giebt Dichter von springender, abgerissener, und
solche von mehr kontinuierlicher Art des Erzählens. Björnson,
Bret Harte gehören beispielsweise zu den Dichtern der ersten
Art; sie verfolgen Entwicklung und Schicksal ihrer Personen
nicht gern durch längere Strecken, sie beleuchten eine große
Menge hervorspringender, interessanter Punkte, die aber
untereinander nicht unmittelbar zusammenhängen. Aber auch
die Dichter der zweiten, mehr kontinuierlichen Art — wie
etwa Freytag, Heyse — gehen den Entwicklungen des Helden
nicht Schritt für Schritt nach, sondern auch sie lassen massen=
hafte Vorgänge beiseite, sie brechen ab, um den Faden an
einer interessanten Stelle wieder aufzunehmen. Und doch
läßt sich der Leser dieses Weglassen, Überspringen, dieses
fortwährend Unterbrochene im Beleuchten ohne weiteres ge=
fallen; er sieht darin keineswegs ein bedauerliches Zurückbleiben
des Dichters hinter der Wirklichkeit. Dies aber müßte der
Fall sein, wenn der Naturalismus mit seiner Behauptung
recht hätte, daß für die Kunst lediglich in dem Nahekommen
an die Wirklichkeit der Maßstab ihr Wertes liege.

Was ich jetzt eben als Abbreviatur hervorhob, bezog
sich auf das Weglassen einer Masse von Vorgängen und
Entwicklungen. Aber auch wenn ich die zugleich bestehenden,
koexistenten Merkmale ins Auge fasse, sind es gewaltige
Abbreviaturen, die der Dichter an dem Wirklichen vornimmt.
Ein Dichter schildert eine Landschaft. Wenn er dabei auch
wie Adalbert Stifter oder — um einen ganz Modernen zu
nennen — wie Wilhelm Bölsche in seinem Roman „Die
Mittagsgöttin" verfährt, so wird er doch aus den zahllosen
Zügen verhältnismäßig nur sehr wenige dem Leser vorführen.
Oder es handle sich um die Schilderung des Innenlebens.

Auch hier zwar giebt es bedeutende Unterschiede. Das eine Extrem bildet der Stil des Erratenlassens, wie wir ihn z. B. bei Bret Harte oder in der Zeichnung der Henriette Maréchal in dem gleichnamigen Drama der Goncourts finden. Im Gegensatze hierzu steht das psychologische Analysieren und Sezieren, das uns nichts erspart, das uns mit allen Gefühlen und Gefühlchen, mit allen Mittelgliedern und Schwankungen, mit allem Tand und Quark des Bewußtseins und Halbbewußtseins unbarmherzig genau bekannt macht. Schon Otto Ludwig in seiner Erzählung „Zwischen Himmel und Erde" ist hierin zu weit gegangen. Und heute giebt es eine ganze Schule des psychologischen Naturalismus, die sich in der Zergliederung des Seelenlebens nicht genug thun kann. In Arne Garborgs Roman „Müde Seelen" z. B. wird man in wüster, erstickender Weise von den endlosen Beschreibungen krankhafter und zudem in ihrer Bedeutung weitaus überschätzter Seelenzustände überschüttet. Doch so sehr auch diese psychologische Kleinmalerei in die Breite gehen mag, so hebt sie doch immer nur einen geringen Bruchteil von dem, was in jedem Augenblick in der Seele vorgeht, in das Licht der Dichtung hinauf. Jede Dichtung müßte zu einem unförmlichen Koloß anschwellen, zu unverdaulichem Wust ausarten, wenn der Dichter der Natur in der endlosen Fülle von Zügen nachkommen wollte.

Thun wir einen Schritt weiter! Noch unähnlicher wird die Kunst dem Wirklichen dadurch, daß sich zur Abbreviatur noch die Komposition gesellt. Es giebt bestimmte Gesichtspunkte und Absichten, nach denen der Künstler die Züge der Wirklichkeit auswählt, bevorzugt und zugleich auf mannigfaltige Weise verändert. Es sollen gewisse Wirkungen erzielt werden: um dieser Wirkungen willen nimmt der Künstler

Die Kunst als Komposition der Wirklichkeit.

Steigerungen und Abschwächungen, Verbreiterungen und Abkürzungen, Verstärkung des Harmonischen oder des Disharmonischen vor; kurz: der Künstler komponiert. Und selbst wenn moderne Maler und Dichter sich noch so nachlässig gebärden und thun, als ob sie gar nicht komponierten, so ist doch oft ein raffiniertes Ausgehen auf gewisse Wirkungen für sie maßgebend. Vielleicht ist es die Stimmung der nüchternen Öde, des Stumpfsinns, die Stimmung der Stimmungslosigkeit, was sie zu erreichen suchen, und wir werden uns von den unter der Herrschaft derartiger Absichten entstandenen Gemälden und Dichtungen mißmutig abwenden. Doch aber werden wir nicht leugnen können, daß auch hier Komposition und komponierende Gesichtspunkte vorliegen. Besonders lehrreich ist es, das Verfahren des Dramatikers ins Auge zu fassen. Er lehrt uns die Verhältnisse und Charaktere der auftretenden Personen in so kurzer Zeit genau und eindringend kennen, wie dies uns das wirkliche Leben auch unter den günstigsten Bedingungen niemals ermöglicht. Ehrenfels bemerkt in dieser Beziehung treffend über den ersten Akt von Hauptmanns Einsamen Menschen: „Da blicken wir durch eine halbe Stunde nach der Kindstaufe in ein Zimmer der von Johannes Vockerat bewohnten Villa und sind nach Verlauf dieser Zeit mit den intimsten Vorgängen in der Familie, mit dem Verhältnis des jungen Ehemanns nicht nur zu seiner Gattin, sondern auch zu seinem Freunde und der eben angekommenen Anna Mahr, und noch mit vielem anderen vertraut, so gut, ja besser, als wenn wir Monate lang mit jenen Menschen an einem Tisch gesessen hätten. Wahrlich, wenn es jemand auch gelingen sollte, sich tagtäglich bei einer in Berlin und Umgebung gefeierten Kindstaufe als unbemerkbarer Zuhörer einzuschleichen, er könnte Methusalems Alter erreichen, ohne je Ähnliches erlebt zu haben."³⁶)

Mit der Komposition ist eine neue Kluft zwischen Kunst und Wirklichkeit aufgerissen. Vom Standpunkte des Naturalismus müßte alle Komposition ein Fehler und das unkomponierte Kunstwerk das beste sein. Wenn das unbefangene Gefühl vor einer solchen Konsequenz unwillkürlich zurückschrickt, so ist damit anerkannt, daß die Komposition einem positiven wertvollen Zwecke der Kunst dient und sonach die Kunst nicht in der Nachmachung der Natur ihre Aufgabe haben kann.

Noch fehlt eine überaus wichtige umgestaltende Potenz: die Individualität des Künstlers. Das Kunstwerk geht aus der sinnlich-geistigen Persönlichkeit des Künstlers hervor. Man kann sich das Verwachsensein des Künstlers mit seinen Schöpfungen nicht intim genug vorstellen. Die Wirklichkeit geht gleichsam durch die Seele des Künstlers hindurch, um zur Kunst zu werden; die Seele des Künstlers aber ist kein leerer, belangloser Raum, der die Wirklichkeit unbeeinflußt hindurchließe. Jeder Künstler geht mit seinem Fühlen und Glauben, mit seiner Art, zu schauen und zu sinnen, mit Temperament und Lebensanschauung in seine Schöpfungen ein. Jedes Kunstwerk ist mehr oder weniger subjektiv.

Umformung der Wirklichkeit durch die Individualität des Künstlers.

Nehmen wir an: Signorelli, Raffael und Correggio, Rubens, Rembrandt und Dürer sollten genau denselben Gegenstand malen. Wie grundverschieden würde dies, abgesehen von allem technischen Können, ausfallen! Ein jeder von ihnen würde sich zu der sinnlichen und der seelischen Seite des Gegenstandes wesentlich anders stellen, der eine würde in dem Gegenstande für heitere, der andere für düstere, der eine für üppige, der andere für entsagende, der eine für milde, der andere für herbe Auffassung Anhaltspunkte finden. Je mehr man sich in die Werke eines Künstlers vertieft, um so mehr spürt man, wie Großes und Kleines, Mark und Duft in seinen Schöpfungen eine bestimmte Art von Lebensschätzung und Lebensstimmung an sich trägt. Für den feineren Betrachter und Leser ist es ein ganz besonderer Genuß, aus den Werken eines Künstlers dessen Individualität herauszuschmecken.

Wie sehr das Kunstwerk von der Individualität des Künstlers abhängig ist, geht daraus hervor, daß selbst das Sehen individuell sehr verschieden ist. Ich meine damit nicht so grobe Unterschiede, wie sie etwa in der Farbenblindheit begründet sind, sondern Unterschiede von weit intimerer Art. Die Augen sind in Beziehung auf Accentuieren und Vernachlässigen, auf Abgrenzen und Zusammenfassen, auf Beleben und Stumpflassen sehr verschieden angelegt und eingeschult. Und wir sehen nicht nur mit den Augen, sondern zugleich mit Stimmung und Gemütsverfassung. Stellen Sie sich etwa vor: dieselbe Gegend werde von einem Botaniker, einem Ingenieur und einem Wanderer betrachtet. Der Botaniker, der eine Wiese mustert, geht Kleinigkeit für Kleinigkeit durch, er hebt nicht die großen Züge heraus, er sieht nicht über das Nebensächliche hinweg. Ganz anders das Sehen des Ingenieurs, der durch die Gegend eine Eisenbahn führen will. Er sieht über massenhafte Einzelheiten hinweg, er accentuiert mit seinem Auge die durchgreifenden, entscheidenden Bodenverhältnisse; und die Formen treten für sein Auge weit mehr hervor als die Farben. Wieder anders der hochgestimmte, beschauliche Wanderer. Sein Blick ist vor allem beseelend, erhöhend, Stimmung gebend. Doch können hierbei wieder sehr bedeutende Unterschiede auftreten. Der eine Wanderer läßt sein Auge mehr an den Farben sich berauschen, die Formen treten zurück. Der andere wieder schwelgt in dem Spiel und Zug der Linien und läßt die Farben zurücktreten. Und weiter: wenn das Auge die Farben bevorzugt, so kann es entweder bei den durchschlagenden, trennenden Farbentönen verweilen oder die Farben mit Vorliebe und Virtuosität in ihre Übergänge und Annäherungen, in ihr Verwehen und Ineinanderhineinscheinen verfolgen. Menzel, Makart, Böcklin, Uhde — jeder von ihnen hat sich eine eigene individuell bestimmte Farbenwelt erschaffen. Doch genug! Ich wollte hier nur hervorheben, daß der Künstler nicht nur mit so hochentwickelten Erzeugnissen seines Geistes, wie es die Lebensanschauung ist, sondern auch mit seiner sinnlich-seelischen Eigenart — wie sie sich beispielsweise im Sehen kundgiebt — in das Kunstwerk individuell bestimmend eingreift.[37])

Ein leitender Gedanke ist es, auf den unsere Betrachtungen hinzielen: der Gedanke, daß die Kunst in einer großen Anzahl wesentlicher Beziehungen in durchgreifendem Gegensatze zur Wirklichkeit steht. Bestünde die Rechtfertigung der Kunst darin, daß sie die Natur wiedergeben solle, so wäre sie vielmehr durchweg Mißlingen und Scheitern, Stümperei und Kinderei. Es wird daher wohl der Sinn der Kunst in etwas anderem als in der Wiederholung der Natur liegen. Die Kunst ist wesentliche Umformung der Natur. Eben diese Umformung der Natur wird es wohl sein, was den positiven Sinn, den wertvollen Zweck, den unersetzlichen Vorzug der Kunst enthält.[38]) Die Kunst macht aus der Wirklichkeit etwas gründlich anderes, sie schafft eine neue Wirklichkeit, sie zaubert eine zweite Welt hin. Soll die Kunst

Die Kunst ist Umformung der Natur.

kein kläglich Zurückbleibendes, keine Fratze des Wirklichen sein, so muß in dem Schaffen einer neuen Welt die eigenartige Bedeutung der Kunst liegen. August Wilhelm Schlegel hat in seinen Vorlesungen über schöne Litteratur und Kunst dies treffend zum Ausdruck gebracht. Er sagt: durch bloßes Nach= ahmen und Kopieren werde man doch immer gegen die Natur den Kürzeren ziehen, die Kunst müsse also etwas anderes wollen, um diesen Nachteil zu vergüten.[39]) Dies eben ist die nächste große Frage, die uns zu beschäftigen hat: Worin besteht der hohe Sinn, der eigenartige Wert, der in dem Umgestalten der Wirklichkeit, in dem Schaffen einer neuen Welt enthalten und zwar derart enthalten ist, daß dadurch die Kunst mit allen ihren Abweichungen von der Natur ge= rechtfertigt und der Zauber, den sie auf die Menschen aus= übt, erklärt erscheint? Nach dem wertvollen Sinne, den das Schaffen einer zweiten Welt hat, haben wir zu suchen. Der Naturalist wird sagen: wenn die Kunst eine neue Welt schaffen wolle, so sei dies ein thörichtes Beginnen, ein Be= mühen um elende Spinneweben und kindische Seifenblasen. Hat der Naturalist recht oder Grillparzer, der einmal in seinen ästhetischen Reflexionen die Kunst ein erhöhtes Wachen mit glänzenden Gestalten nennt und an einer anderen Stelle sagt: die Kunst verhalte sich zur Natur wie der Wein zur Traube?[40]) Doch ich will diese nicht mit ein paar Worten zu erledigende Frage nicht schon heute in Angriff nehmen; sie soll den Gegenstand des nächsten Vortrages bilden.

Indirekter Beweis der Verkehrtheit der Nach= ahmungs= theorie. Man könnte dem soeben geführten **direkten** Beweis von der Verkehrtheit der Nachahmungstheorie noch einen **indirekten** hinzufügen. Nur mit wenig Worten sei darauf hingewiesen. Was kommt denn — so frage ich — dabei heraus, wenn der Nachahmer bemüht ist, der Natur um jeden Preis so nahe als möglich zu kommen und uns womöglich darüber zu täuschen, daß nur Nachahmung vorliege? Am ehesten wird eine körperlich gestaltende Technik daran denken können, dieses Ziel — das Vortäuschen wirklicher Dinge — zu erreichen. Es kommt nur darauf an, die körperliche Gestaltung der Masse und die Auftragung der Farbe mit gehöriger Virtuosität zu behandeln, und man kann es in der That in dem Vortäuschen einer Wirklichkeit erstaunlich weit bringen. Hätte nun die Nachahmungstheorie recht, so müßte der Erfolg dieser täuschenden, uns fast bis zur Verwechselung von Schein und Wirklichkeit führenden Technik darin bestehen, daß jedermann, und der Kunstverständige zumeist, diese Leistungen als Höhepunkt der Kunst, als einen Triumph begrüßte, durch den Malerei und Dichtung weitaus in den Schatten gestellt würden. Dieser Erfolg tritt nun aber keineswegs ein. Die Schaustücke des Wachsfigurenkabinetts beurteilt der feinere künstlerische Sinn nicht als Kunstwerke, sondern als Kunststücke. Wir fühlen uns in unheimlicher Weise getäuscht; Bewunderung streitet mit Widerwillen; keine Spur hoch und frei schwebenden Genießens, sondern ein beunruhigender Kitzel halb fesselnder, halb abstoßender Art. Es wird gut sein, der Sache noch etwas näher zu treten.

Besäße die Kunst ihr Ziel im Nachahmen, so müßte sich angesichts von Wachsfiguren das Eigenartige künstlerischen Genießens in voller Entfaltung zeigen. Im Vergleich mit den Schöpfungen eines Michelangelo oder gar mit den griechischen Götterstatuen müßten wir es als wohlthuend empfinden, daß hier die Kunst eine weit kleinere Strecke hinter der Wirklichkeit zurückbleibt; bei dem Anblick der Zeusbüste von Otricoli müßte das herrschende Gefühl sein: wie wenig ist es hier dem Künstler gelungen, der Natur nahe zu kommen! — wogegen die Figuren in Kastans Panoptikum in uns das Gefühl erwecken müßten, wie sehr hier die Kunst in inniger Einheit mit der Natur geschaffen und uns eine zweite, dem Urbild gleichende Natur geoffenbart habe. Statt dessen lassen die Wachsfiguren in dem künstlerisch Gestimmten das widerwärtige Gefühl entstehen: trotz raffiniertesten Bemühens sei die Täuschung nicht gelungen. Statt lebendiger Natur starrt uns toter Stoff mit der Maske und Schminke des Lebens an; der Eindruck des Leichenhaften kommt grauenerregend über uns. Gerade weil die Wachsfiguren das Bemühen, ein täuschendes Abbild des Lebens zu geben, als ihren Zweck zur Schau tragen, lassen sie uns den im Vergleich mit der Bildhauerkunst weit kleineren Abstand von der Wirklichkeit doch als eine ungeheuere Kluft empfinden. Wir kommen aus dem beunruhigenden Gefühl des grellen Widerspruchs nicht heraus: das scheinbar dem Leben so Nahestehende ist in Wahrheit nur Puppe, nur Maskerade, nur angestrichener und mit Kleiderfetzen behängter Tod. Wir fühlen uns in den Händen eines feinen und doch groben Betrügers; denn der Schein des Lebens wird überall durch die hervorglotzende kalte und tote Masse widerlegt. Wäre die Naturnachmachung der Zweck der Kunst, so müßte im Gegenteil die im Verhältnis zu den Werken der bildenden Künste so geringfügige Entfernung von der Wahrheit der Natur uns kaum zum Bewußtsein kommen, während die Kunstwerke der Bildnerei als elende Stümpereien erscheinen müßten. Mit dem Gesagten hängt es — nebenbei bemerkt — auch zusammen, daß die Bemalung der plastischen Bildwerke, wofern sie das Ausgehen des Künstlers auf Naturwahrheit fühlbar hervortreten läßt, gerade den entgegengesetzten Erfolg hat. Je mehr der Künstler durch die Bemalung Naturwahrheit zu erreichen sucht, um so mehr fühlen wir: der Künstler wolle uns stofflich täuschen, wolle uns etwas vormachen; und so stellt sich als Gegenschlag das Gefühl ein, daß trotz aller Virtuosität angestrichener starrer Stoff und nicht Leben vorhanden sei. Der Bildhauer Adolf Hildebrand bemerkt richtig, daß alle Bemalung plastischer Kunstwerke vom Gesichtspunkte der direkten Naturwahrheit aus eine Roheit ist.[41])

Ähnliches wie von den Kunststücken des Wachsfigurenkabinetts gilt auch vom Diorama und Panorama, inwiefern dabei außer den Gemälden wirkliche Dinge, ausgestopfte Tiere, menschenähnliche Puppen in Anwendung kommen. Sie finden hierüber in Eduard von Hartmanns Ästhetik treffende Bemerkungen und Ausführungen. Es ist richtig, wenn er sagt, daß, falls das Nachmachen der Natur Zweck der Kunst wäre, die Gruppierung von Leichen zu einem Panorama, die mit Konservationsflüssigkeit ausgespritzt, entsprechend geschminkt, gekleidet und aufgestellt wären, einen Triumph der Kunst bedeuten müßte. Überhaupt hat Hartmann an verschiedenen Stellen seiner Ästhetik das Verhältnis von Kunst und Naturwahrheit in gründlicher und lehrreicher Weise behandelt. Nur schadet er seinen Auseinandersetzungen hierüber durch seine metaphysischen Übertreibungen. Wenn der Naturalismus sich die Ansicht entgegengestellt findet, daß die Kunst den „idealen Wesensgrund der Welt" darzustellen habe, so wird er mit Recht gegen die Begründungen seines Gegners mißtrauisch.[42])

Noch eine weitere Frage soll uns heute beschäftigen. Ich habe die Kunst eine neue, zweite Welt genannt. Ist damit gesagt, daß sie mit der uns umgebenden, uns vertrauten Wirklichkeit, mit der Wirklichkeit im eigentlichen Sinne des Wortes überhaupt in keinem Zusammenhange steht? Ist die

Neue Frage: inwiefern ist die Kunst an die Wirklichkeit gebunden?

Kunst so sehr eine auf sich beruhende Welt, daß sie mit der gewöhnlichen Wirklichkeit gar nichts gemein hat? Niemand wird so verblendet sein, daß er dies behaupten wollte; selbst der einseitigste Romantiker wird keine unbedingte Ablösung der Kunst von der Wirklichkeit verlangen. Vielmehr wird geradezu von der **Gebundenheit der Kunst an die Wirklichkeit** zu reden sein. Die Kunst setzt überall die Wirklichkeit voraus; die Kunst bedarf ihrer als des Bodens, in dem sie wurzelt, als der Quelle, die ihr Leben spendet. Die Kunst hat freilich nicht ihren Zweck darin, die Wirklichkeit nachzumachen und sich ihr möglichst anzunähern. Wohl aber hat sie zur Wirklichkeit ein nahes Verhältnis, das Verhältnis eines in wesentlichen Stücken bejahenden Zusammenhangs.

Der Schein des Wirklichen. Vor allem ist hervorzuheben: die Kunst soll den **Eindruck der Wirklichkeit** hervorbringen. Aber dieser Eindruck des Wirklichen ist nicht davon abhängig, daß die Gebilde der Kunst das Wirkliche wiederholen, sondern der Eindruck des Wirklichen ist nur so zu verstehen, daß die Gestalten der Kunst den **Schein** erwecken sollen, als ob uns in ihnen Wirklichkeit entgegenträte. Die Theoretiker der Nachahmung machen sich einer Verwechselung schuldig: sie meinen, die Kunst sehe nur dann wie ein Wirkliches aus, wenn sie das Wirkliche getreu wiedergebe. Dagegen behaupte ich: der Eindruck des Wirklichen ist davon, ob die Kunst in der That Wirkliches wiedergebe, ganz unabhängig. Der Eindruck des Wirklichen ist ein **Schein**, der dem Kunstwerk anhängt, ein **Glaube**, den es in uns hervorruft. Auf diesen Schein des Lebens, auf diesen Glauben an die Wirklichkeitsfähigkeit der Gestalten, die uns der Künstler vorführt, kommt es an. Es ist so, wie Grillparzer sagt: das echte Kunstwerk hat mit dem Abklatschen der Wirklichkeit nichts zu thun, es entfernt sich vielleicht weit von dem gewöhnlich Vorkommenden, und doch wandelt den Beschauer dasselbe Gefühl des Bestehens an, wie bei Betrachtung der Natur.⁴³) Wenn dem nicht so wäre, wenn der Wirklichkeitseindruck nur durch das Nachmachen der Wirklichkeit erzeugt werden könnte, so wäre es unbegreiflich, wie die Gestalten des Prometheus, Manfred, Mephisto, des Siegfried, der Brunhild oder die Schöpfungen eines Raffael, Michelangelo, Rubens oder eines Böcklin den Eindruck des Lebens erzeugen könnten. Es giebt Dichter, denen wir trotz allem Abenteuerlichen, Unwahrscheinlichen, Phantastischen mit dem Gefühl folgen, alles gehe wie selbstverständlich zu, entwickele sich natürlich und glaubhaft. Denken Sie etwa an Boccaccio, Cervantes, den Gil Blas des Lesage, an Gogols Taras Bulba, an Kellers Sinngedicht, vor allem an Shakespeare. Alles macht hier den Eindruck einer wirklichkeitsfähigen Welt, der Gedanke des Unwahrscheinlichen oder Unglaublichen tritt nirgends störend dazwischen. Es kommt also offenbar nicht auf das Abdrücken der Wirklichkeit, sondern darauf an, daß der Künstler vermöge seines künstlerischen Könnens den Schein der Lebensfähigkeit, den Glauben an die eindringliche Selbstverständlichkeit der Gestalten erwecke.

Hier kann man nun fragen: wie muß es der Künstler machen, damit der Schein der Lebensfähigkeit entstehe? Unter welchen Bedingungen bringen die Gestalten der Kunst den Eindruck hervor, daß sie eine glaubliche, in sich haltbare Welt bilden? Damit ist eine ins Weite und Verwickelte gehende Frage aufgeworfen, für deren Beantwortung ich nur einige Andeutungen geben will.

Wie wird der Schein der Wirklichkeit vom Künstler hervorgebracht?

Die Unabsichtlichkeit des Kunstwerkes.

Man darf die absichtlich führende Hand des Künstlers nicht merken. So zufällig auch die Vorgänge gruppiert sein mögen: sie müssen wie selbstverständlich so und nicht anders zu rollen scheinen. Sobald man die steigernde, auf Effekt ausgehende, Spannung und Aufregung, Kurzweil und Lachen hervorbringenwollende oder sonstwie anordnende Absicht des Künstlers, das Hinschielen des Künstlers auf den Leser oder Zuschauer hervorblicken sieht, ist es um den Eindruck der Lebensfähigkeit geschehen. Friedrich Vischer sagt: „Das echte Kunstwerk ist naiv, es weiß nicht um den Zuschauer."[14]) Dahns Kampf um Rom, Freytags Ahnen, die Dramen von Richard Voß, hier und da auch Konrad Ferdinand Meyer werden durch den Eindruck geschädigt, daß sich der Dichter in Szene setzend, theatralisch gestaltend oder auch klügelnd und tüftelnd einmische. Und wieviel an den Schöpfungen der deutschen Romantiker wirkt nicht frostig, geziert, ja läppisch und kindisch, weil man den absichtsvoll spielenden, reflektierend phantastischen Dichter merkt! Und mag die Mache Sardous noch so geschickt sein: es fehlt die Schlichtheit im Lauf der Ereignisse. Die Ereignisse spielen sich nicht für sich selbst, sondern für das aufregungsgierige Publikum ab. Wie ganz anders — um nur einige erzählende Dichter zu nennen — bei Manzoni, Scott, Eliot, Gogol, auch bei Zola, sodann in Goethes Wilhelm Meister und Wahlverwandtschaften, bei Jeremias Gotthelf, Gottfried Keller! Hier spürt man nirgends etwas Gemachtes, sondern man wird in den Zug der Begebenheiten derart hineingezogen, daß man den Zwang des Wirklichen zu fühlen meint. In zahlreichen Fällen geht diese Wirkung von einem gewissen Ton des Erzählens aus, den ich den Ton der scharfen, kurz angebundenen, blank geschliffenen Thatsächlichkeit nennen möchte.

Man findet ihn bei Mérimée, Maupassant¹⁵) und anderen. Ebenso giebt es Maler, die, mögen die Bilder noch so figurenreich sein, den Eindruck hervorbringen, so habe es der Gang der Dinge, der Zufall des Geschehens wirklich gefügt. Wenn ich die Darstellungen niederländischen Volkslebens von Teniers, Steen, Brouwer und anderen betrachte, so habe ich aufs lebhafteste diesen Eindruck: nicht der Maler habe diese tanzenden, trinkenden, scherzenden Paare und Gruppen hingestellt und zurecht gerückt, sondern der wirkliche Zufall des Augenblicks habe gerade diese und keine andere Gruppierung geschaffen.

Diese negative Bedingung hat nun auch ihre positive Seite. Soll das Kunstwerk uns den Eindruck der Wirklichkeit machen, so muß sich uns in ihm das Walten eines sachlichen Zusammenhanges fühlbar machen, eines Zusammenhanges, der aus der eigenen Natur des Gegenstandes hervorzuwachsen scheint. Wir müssen den Eindruck haben: es steht eine Welt vor uns, die durch ihre eigenen Gesetze und Kräfte zusammengehalten wird, in der sich Glied an Glied, Gestalt an Gestalt durch immanente Folgerichtigkeit aneinanderschließt. Soll aber die Erzeugung eines solchen Eindrucks dem Künstler gelingen, so darf es ihm keinen Schweiß kosten, sich in die Gestalten, die er erschafft, hineinzuversetzen; oder von einer anderen Seite aufgefaßt: die Gestalten müssen aus seiner Seele leicht und natürlich herausgelebt sein. Muß sich der Künstler erst mühsam in seine Gestalten hineinfühlen, sich in sie hineinkünsteln und hineinquälen, so wird man gewöhnlich, mag es auch noch so geschickt verdeckt sein, an verschiedenen Punkten die von außen eingreifende Hand des Künstlers merken; oder es erhält doch die dargestellte Welt den Charakter mühevoller Schwere, eines

Das Hervorwachsen der Kunstwerke aus ihrem eigenen Gegenstande.

gleichsam keuchenden Sichweiterarbeitens. Hauptmanns Dichtungen machen nicht selten diesen Eindruck einer den Ereignissen schwer fallenden Bewegung. Man wünscht sich zuweilen ein leichteres, froheres, weniger an Arbeit gemahnendes Schaffen. Wir müssen angesichts der Kunstwerke in jeder Beziehung fühlen: **diese Welt ruht in sich, ist auf sich gestellt.** Auch an die Mühsal des Schaffens wollen wir nicht erinnert sein.

Hierzu ist es aber keineswegs gefordert, daß die Gesetze und Kräfte, von denen sich die Welt eines Kunstwerks beherrscht zeigt, mit den Gesetzen und Kräften der wirklichen Welt übereinstimmen. Man denke an Raffael, Michelangelo, Tizian, Rubens, Rembrandt: wer wollte behaupten, daß die Farben- und Formenwelten dieser Meister aus den Gesetzen und Kräften entsprungen sein können, aus denen sich die wirkliche Welt aufbaut? Und doch haben sie etwas Überzeugendes für uns; sie wirken auf uns als etwas sicher und fest in sich Gegründetes. Oder wer wollte behaupten, daß die Psychologie, der gemäß die Personen bei Shakespeare sich in ihrem Gefühls- und Willensleben verhalten, durchweg den thatsächlichen Gesetzen des Seelischen entspreche? Ich erinnere an das furchtbare Emporstürmen der Affekte, an die jähen Umschläge des Gemütslebens, an die Blindheit der Leidenschaften selbst dem Nächstliegenden und Eindringlichsten gegenüber. In diesen und anderen Beziehungen wagt Shakespeare weit mehr, als die Gesetze der Psychologie rechtfertigen. Oder läßt sich denn etwa das Komische nach den Gesetzen der Psychologie gestalten? Je freier und übermütiger die Welt des Komischen ist, um so mehr setzt sie sich über den thatsächlichen Ablauf des seelischen Geschehens hinweg. Und doch bleibt hier überall der Eindruck bestehen, daß die Welt, die uns geboten wird, in sich Halt und Daseinsfähigkeit habe. Die Psychologie, die den Zeichnungen der Fliegenden Blätter zu Grunde liegt, ist, an dem Maßstab der erfahrungsmäßigen Psychologie gemessen, häufig geradezu absurd. Und doch lassen wir uns diese Zeichnungen als etwas, was in sich Sinn und Berechtigung hat, mit Vergnügen gefallen.

Indessen darf die Abweichung von der Gesetzmäßigkeit des Wirklichen nicht zu weit getrieben werden. Indem wir dies beachten, stoßen wir auf eine neue Bedingung, die erfüllt sein muß, wenn das Kunstwerk mit dem Schein der Wirklichkeit vor uns stehen soll. Die Gestalten und Vorgänge des Kunstwerkes müssen bei aller Abweichung von der Thatsachenwelt, wenn der Eindruck des Wirklichen entstehen soll, dennoch aus der Thatsachenwelt, ihren Anlagen, Formen und Gesetzen **natürlich herausgewachsen scheinen.** Selbst wo die Welt der Kunst uns, wie bei Äschylos, Shakespeare, Calderon, eine hochgesteigerte, vertiefte, leidenschaftlicher, glühender gemachte Menschlichkeit darstellt, muß sie doch immer wie eine organische, nicht erkünstelte Weiter- und Höherbildung der Thatsachenwelt erscheinen. Die Keime, Triebfedern, Kräfte der thatsächlichen Wirklichkeit selbst müssen es sein, die sich über sich selbst hinaus bis zu der Höhe und Tiefe der Kunstwelt getrieben haben. Die letzten Anhaltspunkte für die Beurteilung der Glaubwürdigkeit einer Kunstwelt liegen eben doch schließlich in den thatsächlichen Zusammenhängen des Wirklichen. Auch wenn der Künstler seine Phantasie noch so kühn und umstürzend spielen läßt, so kommt es doch auf den Wirklichkeitsschein seiner Schöpfung an, und dieser hängt letzten Endes von Maßstäben ab, die in dem Wirklichen, das um uns und in uns lebt, ihre Ausgangs- und Stützpunkte haben. Was Saft und Blut der Wirklichkeit sei, kann uns

Die Kunstgestalten als natürlich emporgewachsen aus der Thatsachenwelt.

doch schließlich nur das äußere und innere wirkliche Erleben lehren.

Es versteht sich daher von selbst, daß auch der phantastischeste Künstler sich an Naturstudien — dieses Wort im weitesten Sinne genommen — bilden muß. Und es liegt hierin keineswegs ein mit der Bekämpfung der Nachahmungstheorie in Widerspruch stehendes Zugeständnis. Die Natur in sich aufnehmen, sich von ihr befruchten lassen und aus dem so empfangenen Samen lebendige Gestalten gebären: dies ist etwas ganz anderes als Naturnachmachung. Was hier ausgeschlossen ist: Umprägen und selbständiges Verwerten der von der Natur empfangenen Eindrücke, das gesellt sich dort als eine Hauptsache hinzu. In dem Gedichte „Künstlers Abendlied" verlangt Goethe vom Dichter, daß er die Natur in ihrem innersten Schoße, ohne Hülle und Scheidewand, zu spüren und zu berühren trachte; und doch wird niemand sagen, daß Goethe dort die Naturnachäffung empfohlen habe. Es ist so, wie Jean Paul sagt: der Dichter solle sein Auge weit aufmachen für die lebendige Welt umher, „nicht damit das Universum dessen Pinsel den ganzen Tag sitze, sondern damit es, unabsichtlich, frei und leise in sein Herz geschlüpft, ungesehen darin ruhe und warte, bis die warmen Strahlen der Dichtstunde dasselbe wie einen Frühling vorrufen".[46])

Ein Geheimnis des künstlerischen Könnens.

Freilich ist mit dem allen noch nicht gesagt, wie es denn eigentlich der Künstler anfangen müsse, damit er den Schein des Lebens erzeuge. Mag der Künstler noch so sehr darnach trachten, seine ordnende Hand nicht merken zu lassen, sachlichen Zusammenhang hervorzubringen, alle seine Umformungen aus den Gesetzen und Kräften der Wirklichkeit hervorwachsen zu lassen, und mag er die Natur noch so eifrig belauschen: so wird er jenes Ziel doch nicht erreichen, wenn nicht ein Etwas in ihm lebt, das zu allen diesen Bestrebungen hinzutreten und ihnen einen geheimisvollen Druck und Zug geben muß. Dieses Etwas läßt sich kaum in Begriffe kleiden: es ist das unmittelbare, nicht auf Vorschriften zurückzuführende, fast möchte ich sagen: irrationelle Können des großen, geborenen Künstlers. Der Künstler muß verstehen, den der Natur und dem Leben abgelauschten Wirklichkeitszauber seinen Scheingestalten einzuhauchen. Eine unmittelbare Gewißheit, ein intuitives Können und Zeugen muß ihn hierbei leiten.[47]) Sie ersehen aus dem allen, um wieviel feiner und verwickelter man sich ausdrücken muß als der plump losfahrende Naturalismus, wenn man den positiven Zusammenhang der Kunstwelt mit der Thatsachenwelt bestimmen will.

Doch trotz diesem engen Zusammenhange zwischen Kunst und Wirklichkeit bleibt es dabei: die Kunst formt die Wirklichkeit um und schafft so eine zweite Wirklichkeit. Wie ungeheuer weit diese Umformung gehen könne, ohne daß sich jemand daran stößt, zeigen die beiden Künste der Musik und Baukunst. Überhaupt sind diese beiden Künste für die Nachahmungstheorie so unbequem als möglich.[48]) Was sollte es denn sein, was der Musiker in seinen Tongespinsten, der Baukünstler in seinen Liniensystemen nachmacht? Könnte wirklich jemand so läppisch sein, daß er die Stimmen der Menschen, der Tiere, vielleicht besonders der Vögel oder die Geräusche der unorganischen Natur im Ernste als das Original hinstellte, das der Tonkünstler nachmachen solle? Und wo sollte denn für die Säulen und Bogen der Baukunst das Original aufzuweisen sein? Etwa in den Baumstämmen und in den Laubbogen des Waldes? oder in ge-

Baukunst und Musik widerlegen die Nachahmungstheorie.

wissen launenhaften Felsbildungen, die an die Säulen und
Bogen der Baukunst mehr oder weniger erinnern? Ich halte
dergleichen Ausflüchte für den Gipfel der Abgeschmacktheit.
Vielmehr liegt die Sache so, daß uns in den Tongebilden
und in den Konfigurationen der Baukunst vollkommen freie
und neue Phantasiewelten gegenübertreten, für die sich in
der Natur auch nicht entfernte Annäherungen als Nach=
ahmungsgrundlage aufweisen lassen. Hier bethätigt sich so=
nach die Kunst unzweifelhaft als Schöpferin einer zweiten
Welt, und wir fühlen uns trotzdem in diesen Schöpfungen
heimisch und beglückt.

Die Kunst als Wieder=holung der Natur wäre überflüssig. Übrigens: was hülfe es der naturalistischen Theorie,
wenn sie auch wirklich darin recht hätte, daß die Kunst die
Natur nachzumachen oder sich ihr doch in hohem Grade an=
zunähern vermöge? Es käme dann eine Wiederholung, eine
Verdoppelung der Natur zustande; und es erhöbe sich die
Frage, wozu eine solche Verdoppelung tauge? August Wilhelm
Schlegel bemerkt treffend: „Man sieht nicht ein, da die Natur
schon vorhanden ist, warum man sich quälen sollte, ein
zweites, jenem ganz ähnliches Exemplar von ihr in der Kunst
zustande zu bringen, das für die Befriedigung unseres Geistes
nichts voraus hätte als etwa die Bequemlichkeit des Genusses.
So bestände z. B. der Vorzug eines gemalten Baumes vor
einem wirklichen darin, daß sich keine Raupen und anderes
Ungeziefer daran setzen." Und „die Landschaftsmalerei diente
bloß dazu, im Zimmer gleichsam eine portative Natur um
sich zu haben".⁴⁹) Indessen wir wissen: so gut steht es gar
nicht um die Nachahmungstheorie. Wir haben vielmehr Kluft
auf Kluft sich zwischen Kunst und Wirklichkeit aufthun
sehen. Und zu diesem Zwecke hatten wir nicht nötig, uns
in tiefsinnige Spekulationen über das Wesen der Kunst hinein=

zuwagen, sondern wir brauchten nur das Nächstliegende und Augenscheinlichste an der Kunst uns zum Bewußtsein zu bringen. Ich glaube, daß es sich hierbei um Betrachtungen handelt, die auch für den wirklichkeitsfanatischesten Naturalisten zwingend sein müßten — vorausgesetzt freilich, daß er sich ernsthaft vornimmt, unvoreingenommen und unverstockt zu sein.

Dritter Vortrag:
Die Kunst als Schöpferin einer zweiten Welt.

Wohl noch niemals hat ein Dichter die Kunst als eine zweite Welt so kühn und seherhaft und zugleich mit solchem philosophischen Tiefsinn verkündigt wie Schiller in seinem Gedicht „Das Ideal und das Leben". Ein guter Teil der Gedanken, die uns heute zu beschäftigen haben, ist in diesem Gedicht klar und hinreißend zum Ausdruck gebracht. Wer bis in der Schönheit Sphäre dringt, so heißt es bei Schiller, der läßt die Schwere mit dem Stoff, den sie beherrscht, weit hinter sich zurück. In der Schönheit Sphäre wohnen die „reinen Formen". *Schillers Gedicht „Das Ideal und das Leben".*

> Nicht der Masse qualvoll abgerungen,
> Schlank und leicht, wie aus dem Nichts entsprungen,
> Steht das Bild vor dem entzückten Blick.

Menschliche Bedürftigkeit liegt dieser Welt der reinen Formen, dieser Welt des Bildes und Scheines gänzlich ferne. Hier, in der Schönheit stillem Schattenlande, rauscht nicht des Jammers trüber Sturm, hier ist mit der Enge und Dumpfheit des Lebens auch die Angst des Irdischen verschwunden. Hier rinnt des Lebens Fluß sanft und eben, hier schwankt nicht des Kampfes Woge, hier sind alle Triebe ausgesöhnt. Blicken wir von der Schönheit Hügel aufwärts, so stellt sich das ersehnte Ziel als erreicht dar. Ja, für das Seherauge Schillers erhöhen sich die reinen Formen der Schönheit zu einer Art seliger Götter, ähnlich wie Plato sich seine „Ideen" vorgestellt hat. Schiller gebraucht für diese heiteren, göttlichen, zeitlosen Formen der Schönheit den Ausdruck „Gestalt".

> Nur der Körper eignet jenen Mächten,
> Die das dunkle Schicksal flechten;
> Aber frei von jeder Zeitgewalt,
> Die Gespielin seliger Naturen,
> Wandelt oben in des Lichtes Fluren,
> Göttlich unter Göttern die Gestalt.

Mag man nun auch sagen, daß Schiller, beglückt und erlöst durch seinen Aufflug in die Welt des Schönen, die Aufgabe der Kunst mit allzu kühnem und schroffem Idealismus hingestellt habe; und werde ich selbst auch mich vorsichtiger und gedämpfter als Schiller ausdrücken: so werden Ihnen doch aus meinen Betrachtungen — so hoffe ich — Grundtöne entgegenklingen, die Sie an Schillers künstlerisches Glaubensbekenntnis lebhaft erinnern.

Die Kunst als reine Form. Uns hat heute die Frage zu beschäftigen: In welchem Sinn ist die Kunst als eine neue Welt zu bezeichnen? An den Anfang der Betrachtung stelle ich den Satz: die Kunst besteht in der **reinen Form**. Einen Gegenstand künstlerisch betrachten, heißt: ihn als **reine Form** betrachten. Die Gebilde der Kunst leben in einem völlig anderen Element als die Gestalten der Wirklichkeit; und dieses andere Element stellt sich uns dar als reine Form.

Die reine Form als Freiheit von Stoff. Was haben wir unter der reinen Form zu verstehen? „Form" ist hier im Gegensatz zu „Stoff" gesagt. Im künstlerischen Betrachten sehen wir von der stofflichen Wirklichkeit der Gegenstände ab. Die stoffliche Ausfüllung, das durch und durch Materielle der Gegenstände ist für das künstlerische Betrachten nicht vorhanden. Die Kunst besteht in einer Entstofflichung der Gegenstände. Die Gestalten der

Kunst leben nur in der Oberfläche, nur in dem, was unmittelbar anschaulich ist, nur in dem, was unmittelbar in die Sinne fällt. Das hinter den begrenzenden Oberflächen Liegende ist ein Jenseits der Kunst. Die Kunst geht auf in Oberfläche, Sinnenfälligkeit, Form.

Diese zunächst vielleicht befremdliche Behauptung wird sonnenklar, sobald man sich nur ihren Sinn an Beispielen deutlich gemacht und überhaupt ihn erfaßt hat. Betrachten wir zu diesem Zwecke zuerst die Werke der Bildhauerkunst. Einer der Götter, ein Dichter, ein Feldherr stehe in Marmor gemeißelt oder aus Erz gegossen vor uns. In welchem Sinne sind diese Kunstgestalten für uns vorhanden? Nur insofern sie uns als Oberflächen in die Augen fallen. Es kommt uns nicht in den Sinn und darf uns nicht in den Sinn kommen, daß dieser Apollo ein Marmorklotz ist, daß diese ganze edle Gestalt durch und durch von starrer, lebloser Marmormasse ausgefüllt ist. Wer ein Marmorkenner ist, mag angesichts der Apollostatue an die Struktur des vom Künstler benutzten Marmors denken. Doch auch für ihn verliert in den Augenblicken des ästhetischen Beschauens Apollo das Stoffliche, Massige, Schwere, Lastende. Er ist aus dem physikalischen Zusammenhang der Körperwelt herausgerückt. Freilich steht er als ein körperliches Gebilde vor uns, aber als ein Gebilde, das nur Oberfläche ist, das uns nur in seinen sinnenfälligen Grenzen, nur als Form berührt und angeht. Daher kommt es, daß der marmorne Gott doch etwas Leichtes und Schwebendes für uns gewinnt. Welche Absurdität käme doch auch heraus, wenn wir einen Marmorklotz oder eine hohle Erzschale der menschlichen Gestalt des Apollo oder Sophokles einfach gleichsetzen wollten! Wir glauben, ein lebendiges, beseeltes, durchgeistigtes Gebilde, einen Gott oder

Menschen vor uns zu sehen. Da dürfen wir uns doch in unseren Gedanken nicht daran halten, daß toter Stoff vor uns steht. Der Gedanke an den Gegensatz, den das vor uns stehende Ding zu Leben und Seele bildet, darf nicht aufkommen. Vielmehr scheint sich von der schweren Masse die Form als solche loszulösen und frei in sich zu schweben. Jetzt läßt sich der Kunstgestalt ohne Widerspruch und Lächerlichkeit Leben, Seele, Stimmung und Leidenschaft leihen.

Allerdings darf man die Entstofflichung nicht in übertriebener Weise auffassen. Die Gestalt des Gottes, Feldherrn oder Dichters muß nun doch auch wieder nach Marmor oder Erzguß aussehen, die Technik des einen oder des anderen Stoffes an sich tragen und sinnenfällig zeigen, was sich für die Darstellung von Körper und Seele aus dem einen und dem anderen Material machen läßt. In der That fühlt unser Auge aus der Darstellung der Haut, des Geäders, der Muskeln, der Gewänder hier das Körnige, Mürbe, Milde und Warme des Marmors, dort das Harte, Kühne, Feurige und zugleich Klangvolle des metallenen Gusses heraus.[50]) Die Kunstgestalt legt an den Tag, was sich von Meisterhand dem Marmor oder dem Erzguß für die Darstellung von Fleisch und Gewändern, von heroischen und zarten Körperformen Entgegenkommendes und Passendes abgewinnen läßt. Dies alles ist richtig, allein damit ist nur gesagt, daß es keine reine Form in abstracto, sondern immer nur eine nach Marmor, Erzguß, Gips, Elfenbein, Holz u. s. w. aussehende reine Form giebt. Der Ablösung der reinen Form vom Stoff ist damit nicht widersprochen, sondern nur betont, daß die vom Stoff abgelöste Gestalt natürlicherweise das Aussehen des besonderen Stoffes, von dem sie abhängt, aufweist.

Was ich an den Werken der Bildnerei gezeigt habe, läßt sich auch an denen aller übrigen Künste darthun. In der Malerei z. B. geht die Ablösung der Gestalten vom Stoff des Kunstwerkes noch weiter. Das Kunstwerk besteht hier aus Leinwand, Holz, Porzellan und den darauf aufgetragenen Farben. Was macht nun aber das Auge des Beschauers daraus? Es vertieft die flächenhaft aufgetragenen Farbenstriche zu körperlich und perspektivisch vor uns stehenden Menschen, Tieren, Bäumen und Felsen. Stellen wir uns etwa die mythologischen Gestalten Tizians und die Bauern Ostades, den Mondschein van der Neers und das Meer van der Veldes als Holz- oder Leinwandmasse mit darüber gestrichenen Farben vor? Die Gestalten der Malerei treten uns als Formen vor das Auge, die von dem stofflichen Ding, das als Bild an der Wand hängt, völlig losgelöst sind. Es ist daher nicht zufällig, daß man dem Bild einen Rahmen giebt. Der Rahmen schneidet aus der rings umgebenden stofflichen Welt ein kleines Stück heraus, um ihm eine wesentlich andere Bedeutung zu geben, als die rings umgebenden stofflichen Dinge: Wand, Fenster, Vorhänge, Stühle u. dergl. besitzen. Der Rahmen des Gemäldes spricht zu uns: Hier hebt eine kleine Welt für sich an, eine Welt, die aus der farbenüberzogenen Holz- oder Leinwandfläche von unserem Auge als ein Reich stoffloser Gestalten herausgezaubert wird.

Oder denken wir an die Musik. Alle Klänge, Geräusche, Stimmen, die wir in der Prosa des Lebens mit Aufmerksamkeit hören, beziehen wir sofort auf ihre körperliche Herkunft. Wir sitzen bei unserer Arbeit und hören die Klingel an der Thür, Geflüster nebenan, rollenden Donner, Feuergeschrei auf der Straße, vorüberziehende Militärmusik: stets knüpfen wir das Gehörte an die wirklichen Dinge und Menschen, von denen die Töne ausgehen, und wenden uns diesen stofflichen Ausgangspunkten mit mehr oder weniger Interesse zu. Wie ganz anders in der Musik! Die Tonmasse einer Symphonie wird als eine sich frei und unabhängig in sich wiegende Welt empfunden; nicht als Ausläufer oder Anhängsel körperlicher Dinge, sondern als ein dem „Augenschein" analoger „Ohrenschein", der, frei entlassen von den stofflichen Ausgangspunkten, als reines Formgebilde an uns heranschwebt. Die Vorstellung von den Armen und Händen der Streicher und den Lungen der Bläser gehört in diese Welt nicht hinein. Am nächsten könnte der Zusammenhang mit dem stofflichen Ausgangspunkt noch beim Gesange zu sein scheinen. Allein näher besehen, bestätigt dieser Fall erst recht die Lehre von der reinen, stofflosen Form. Das Lied, das die Sängerin singt, ist eine kleine, flüchtige, an mich heranwehende Welt für sich, der ich einen von Grund aus anderen Daseinscharakter gebe als den Gesprächen und Geräuschen vor= und nachher. Und wenn ich dabei die Sängerin nicht vergesse, so empfängt das Lied keineswegs durch die Sängerin eine stoffliche Vergröberung, sondern es wird vielmehr umgekehrt die Erscheinung der Sängerin durch ihren Gesang entstofflicht. Das lieblich flatternde Lied wirft auf die Sängerin, auch wenn sie häßlich ist, eine Art Zauber, sie erscheint jetzt nicht mehr als das Fräulein N. N., von dem vielleicht mancherlei Klatsch umläuft, sondern als entrückt dem prosaischen Dasein, als eine Offenbarerin der Kunst.

Die Stofflosigkeit der Kunst in einem zweiten Sinn. Doch mit dem Gesagten ist der Sinn des Satzes, daß die Kunst die Welt der reinen Form ist, noch nicht erschöpft. Bisher habe ich die Form stets im Gegensatz zu dem Stoff, aus dem das Kunstwerk gemacht ist, genommen. Jetzt dagegen stelle ich die Form in Gegensatz zu einem anderen

Stoff, zu dem nämlich, aus dem die vom Künstler dargestellten Gegenstände in ihrer Wirklichkeit bestehen. Die Statue des Feldherrn ist Marmor, der Feldherr selbst dagegen ist aus Blut, Muskeln, Knochen u. s. w. zusammengesetzt. Ich will nun sagen: im künstlerischen Betrachten sehen wir nicht nur ab von dem Stoff, in dem das Kunstwerk gearbeitet ist, sondern auch von der inneren Struktur des im Kunstwerk dargestellten Gegenstandes, von dem Blutumlauf, dem Atmungs- und Verdauungssystem der dargestellten Menschen, von der physikalisch-chemischen Innenbeschaffenheit des dargestellten Mondes oder Wassers. Der dargestellte Gegenstand ist für uns nur insofern vorhanden, als er sich uns zum Schauen darbietet, als er dem Auge, dem Ohre oder der Phantasie seine Oberfläche zuwendet. Leben und Seele der Aphrodite oder des Moses liegt für den ästhetischen Betrachter nur in der lieblichen oder erhabenen äußeren Gestalt; dagegen ist für ihn die Frage, wie er sich das Innenleibliche beider anatomisch und physiologisch vorzustellen habe, überhaupt nicht vorhanden. Hierüber habe ich übrigens schon im vorigen Vortrage gesprochen.[51])

Ich habe jetzt zur Genüge beleuchtet, daß die Kunst eine Welt der reinen Form ist. Damit ist aber unmittelbar gesagt: die Kunst ist eine Welt des Scheines. Die Gestalten der Kunst leben ein Dasein, das sich vom Standpunkte der Wirklichkeit aus als ein Unding darstellt. Reine, vom Stoff abgelöste Formen: das ist eine physikalische Unmöglichkeit. So sind also die reinen Formen der Kunst eine Scheinwirklichkeit, eine Wirklichkeit, die den Charakter des Bildhaften trägt, eine Welt des Zaubers, des Duftes. Freilich sehen wir die Geschöpfe Michelangelos und Dürers mit unseren Augen. Doch aber sind sie nicht Wesen der Außenwelt,

Die Kunst als Phantasieschein.

sondern sie leben lediglich in unserer Phantasie. Die Phantasie der Beschauer ist der Ort, wo die Gestalten der Kunst ihr Dasein führen. Für den schlechtweg Phantasielosen wäre die Aphrodite von Melos nichts als ein totes Marmorstück, dem jemand in seltsamem Einfall die unpassenden Formen eines weiblichen Leibes gegeben hätte. Die Gestalten der Kunst bestehen und leben als Phantasieschein.

<small>Verhältnis von Wahrnehmung und Phantasie im künstlerischen Betrachten.</small>

Ich bitte Sie, mit mir einige Augenblicke bei dem Satze: die Kunst ist Phantasieschein, zu verweilen. Im künstlerischen Betrachten stehen Wahrnehmung und Phantasie in einem eigentümlichen Verhältnis: Wir sehen das Bildwerk, wir hören das Tonstück; und es wäre vergeblich, jemand einreden zu wollen, daß das Sehen und Hören kein sinnliches Wahrnehmen, sondern nur ein Entwerfen von Phantasiegebilden sei. Wenn ich sonach alle Schöpfungen der Kunst für Phantasieschein erkläre, so soll damit ihr Wahrnehmungscharakter nicht einfach aufgehoben sein. Anderseits aber sind doch die Bildwerke und Tonstücke auch nicht einfach Wahrnehmungsinhalte. Was wir wahrnehmen, tritt uns unwillkürlich als Außending entgegen; Wahrnehmen ist stets ein instinktives Hineinsetzen in die Außenwelt. Das künstlerische Betrachten ist nun nicht gänzlich ein Wahrnehmen in diesem Sinne. Indem wir die in Stein gehauene Heldengestalt sinnlich wahrnehmen, geben wir unserem Wahrnehmen doch zu der Heldengestalt, die uns in dem Steine zu leben scheint, eine andere Stellung als zu der Steinmasse selber. Die Steinmasse erscheint uns einfach als ein Stück Außenwelt; dagegen lösen wir die Gestalt des Helden unwillkürlich als reine Oberfläche von der Steinmasse ab. Indem wir die Heldengestalt als vor uns stehend wahrnehmen, nimmt sie sonach für uns unwillkürlich einen Charakter an, der sie von dem, was schlechtweg Außending ist, wesentlich unterscheidet. Es wäre widersinnig, die reine Form ernsthaft und ausdrücklich als ein wirkliches Außending zu betrachten. Das Reich der reinen Formen wird wie etwas Transsubjektives wahrgenommen und doch als ein vom Subjekt entworfener Schein angesehen.

Am genauesten werde ich diesen veränderten Charakter vielleicht so bezeichnen können, daß ich sage: wir nehmen an der sinnlichen Wahrnehmung unwillkürlich eine **doppelte Umbildung** vor. Erstlich sehen wir im sinnlichen Wahrnehmen von der stofflichen Masse ab, lösen die Form von ihr los; und zweitens verknüpft sich uns dieses Ablösen mit dem Gefühl, daß die so abgelöste Form von unserer Phantasie umfangen und getragen wird. Es handelt sich also um zweierlei: zunächst um ein unwillkürliches Trennen, Absehen, Ablösen und sodann um ein sich hiermit verschmelzendes Gefühl, um eine Art umformenden Glaubens. Wir verlegen die abgelöste Form des sinnlich wahrgenommenen Gegenstandes gefühlsmäßig in die Phantasie als in den Ort ihres Bestehens. Mit unserem Wahrnehmen verknüpft sich die Betonung eines gewissen Fühlens und Glaubens: wir sehen und hören, als ob das Gesehene und Gehörte nur Phantasieschein wäre. Die Selbstbesinnung auf den Vorgang dieser Umbildung geschieht nur selten. Aber ihr Ergebnis spürt jeder ästhetische Betrachter. Denn für jedermann hebt sich die Heldengestalt, trotz ihres Gebundenseins an Marmor oder Erz, aus dem prosaischen, physikalischen Zusammenhang der Dinge heraus; sie steht vor uns wie ein Wesen aus einer anderen Welt, wie ein Wunder.⁵²)

Das Phantasiescheinmäßige der Kunstwelt tritt noch stärker hervor, wenn wir das Formdasein ihrer Gebilde noch

Weitere Begründung des Phantasie-

scheines: die Seele der Kunstwerke ist eine Scheinseele.

nach einer anderen Seite ins Auge fassen. Die Formen treten uns als beseelt entgegen, als erfüllt von Stimmungen und Gefühlen, vom Leben der Gedanken und Leidenschaften. Die Statuen Goethes und Schillers würden uns diese beiden Geisteshelden nicht nahe bringen, wenn nicht in den Linien und Flächen ihrer Gestalten eine bestimmte Art von Gemüts= und Gedankenleben zum Ausdruck käme. Die Formen der Kunst starren uns nicht blöde und nichtssagend an, sondern sie haben den Blick des Seelenvollen, sie sprechen zu uns. Die Gestalten, die Rubens schuf, jubeln und wehklagen, strotzen von Lebensfülle und Leidenschaft; jeder Zug an ihnen quillt über von blühendem, üppigem Fühlen und Begehren, von heißem, schwellendem Streben und Ringen. Kurz: die Formen, die uns der Künstler zu schauen giebt, machen den Eindruck des durch und durch Beseelten.

Nun handelt es sich hier doch nirgends um wirkliche Beseelung. Den gemeißelten und gemalten Gestalten kommt keine Spur von Seele oder auch nur von Leben zu. So sehr auch die Gestalten des Rubens von Überfülle des Lebens strotzen, so bestehen sie doch in Wahrheit nur aus Farben= flecken, die der geniale Pinsel des Meisters auf Holz oder Leinwand geworfen. Die Seele, welche die Formen des Kunstwerks atmen, ist sonach eine Scheinseele. Wir, die Beschauer, sind es, die den Formen, die der Künstler ge= schaffen, Leben und Seele leihen. Wir greifen in den In= halt der eigenen Brust und legen die eigenen Gefühle und Leidenschaften in die Gestalten des Künstlers hinein. Wir beschauen Michelangelos David oder Moses: alles, was uns beide Gestalten an Entschlossenheit und finsterem Trotz, an glühendem Zorn und kaum niederzuhaltender heroischer Kraft zu haben scheinen — woher ist es genommen, wenn nicht

Die Kunst als Schöpferin einer zweiten Welt.

aus den Tiefen der eigenen Brust, die zum mindesten Anklänge an ähnliche Stimmungen und Affekte schon erlebt haben muß? Sind uns solche Gefühle, wie sie der Künstler in seinen Gebilden zum Ausdruck bringen wollte, vollkommen fremd geblieben, dann bleibt uns das Kunstwerk unverständlich, es steht uns stumm und leer gegenüber. Es giebt zarte, reine, mit dem Leben nur in beschränkter Weise in Berührung kommende Frauengemüter, für die viele Charaktere Shakespeares stets etwas Fremdes, ja Abstoßendes behalten werden. Es fehlt ihnen an entsprechenden Innenerfahrungen, womit sie die Umrisse der Shakespeareschen Gestalten beseelen könnten. Sie hören aus Shakespeares Worten vorwiegend nur Rohes und Wildes heraus, weil sie die tiefere Seele seiner Charaktere, ihre feurige Härte, ihr königliches Kraftgefühl, nicht in sich zu erleben vermögen.

Was ich also sagen will, ist dies: die Kunst ist eine Welt des Scheines auch darum, weil die Seele, die aus den Formen der Kunstwerke zu uns spricht, eine Scheinseele ist. Nicht wirklich liegt Seele in ihnen, sondern es ist ein Leihen, Unterschieben, Ausfüllen, was wir mit den an sich toten und leeren Formen vornehmen. Bedurfte es vorhin, als es sich um die reinen Formen als solche handelte, vielleicht eines längeren Besinnens, um anzuerkennen, daß bloßer Phantasieschein vorliege, so leuchtet hier sofort ein, daß wir den Kunstgestalten den Wert bloßen Phantasieschenes geben. Freilich tritt auch das, was man Ausdruck und Seele eines Kunstwerkes nennt, uns als einem Außendinge anhaftend entgegen, wir glauben das Leiden oder Jubeln, den Gleichmut oder das innere Ringen eines Helden als ein an einer Außengestalt hervortretendes selbständiges Seelenleben zu erblicken. Jedermann aber nimmt hieran stillschweigend eine Korrektur vor: wir verlegen das Seelenleben, das uns aus der künstlerischen Schöpfung entgegenspricht, in unsere Phantasie als den alleinigen Ort seines Bestehens. Wer dieses Gefühl nicht stillschweigend besäße, müßte ja annehmen, daß Marmor, Erz, Holz, Leinwand mit Geist und Gemüt begabt seien!

Zusammenfassung. Ich fasse das Bisherige zusammen. Erstlich: die Gestalten der Kunst sind für uns als reine, stofflose Formen, als ideelle Oberflächen vorhanden; und zweitens: diese Formen erscheinen uns als ausdrucksvoll, beseelt, durchgeistigt. In beiden Richtungen ist die Kunst eine Welt des Scheines, eine Welt sonach, die durch eine **wesentliche Umformung der wirklichen Welt** entsteht. Genauer läßt sich diese Umformung als **formale Umformung** bezeichnen. Damit soll gesagt sein, daß hierbei noch nicht der **besondere Inhalt** und die **besondere Form** in Frage kommen, die der Künstler seinem Kunstwerke giebt. Mag der Künstler in seinem Werke der Natur so treu als möglich geblieben oder von ihr in fühlbarer Weise abgewichen sein: überall findet die soeben gekennzeichnete Kluft zwischen Kunst und Wirklichkeit statt. Wie sich das Kunstwerk nach seinem **eigentümlichen Inhalt** und seiner **eigentümlichen Form** zur Natur verhalte: diese Frage hat auf die Feststellung jener Umformung keinen Einfluß.

Überlegungen über den Fortgang unserer Betrachtungen. Nun haben wir daran zu denken, welchen Fortgang wir in unseren Betrachtungen zu nehmen haben. Zwei Fragen werden hierfür bestimmend sein. Erstlich drängt sich die Frage auf: ist es nicht unnütz, spielerisch, thöricht, sich eine Welt des Scheines vorgaukeln zu lassen? Hat nicht Plato recht, wenn er die Kunst darum so tief herabsetzt, weil sie ihr Nachahmen in bloßen Scheingebilden ausübt? Und haben

wir denn nicht an der wirklichen Welt genug? Warum sollen
wir uns bemühen, die wirkliche Welt zu einer Welt um=
zuformen, die eingestandenermaßen nur Dunst — oder schöner
gesprochen — nur Duft ist? Wichtiger aber noch ist die
zweite Frage. Gesetzt daß die Umformung der Wirklichkeit
zu Schein einen guten und wertvollen Sinn hätte: besteht
denn hierin die einzige Umformung, die der Künstler mit der
Natur vornimmt? Treten zu dieser formalen Umformung
nicht noch Umgestaltungen materialer Art hinzu? Die
ganze Richtung, die unsere Betrachtungen genommen haben,
drängt darauf hin, die Hauptziele aufzuzählen und zu erörtern,
nach denen die Kunst die Aufgabe hat, die Natur umzuformen.

Es werden sich nun beide Fragen zugleich beantworten
lassen. Ich will nämlich die wertvollen Zwecke nennen
und erläutern, welche die Kunst erstrebt, die Richtungen, nach
denen sich uns die Kunst als ein eigenartiges, unersetzliches
Gut, als eine menschliche Bethätigung von Sinn und Gewicht
darstellt. Indem wir uns nun die hohen Werte, die sich
nur durch die Kunst verwirklichen lassen, vor Augen stellen,
wird sich ebendamit die Beantwortung beider Fragen ergeben.
Es wird sich nämlich zeigen, daß erstlich die wertvollen Zwecke
der Kunst notwendig mannigfaltige materiale Umformungen
der Natur in sich schließen, und zweitens wird einleuchten,
daß sich die Ziele der Kunst nur unter der Voraussetzung
jener formalen Umformung erreichen lassen. Durch die Ziele,
in deren Verwirklichung wir das Wesen der Kunst finden
werden, wird sich uns also die Kunst als Umformung der
Natur im weitesten Sinn — in formaler wie materialer
Hinsicht — rechtfertigen.

Da sage ich denn an erster Stelle: im künstlerischen *Die Kunst als*
Betrachten und Schaffen zielt alles auf das Erzeugen von *schauendes Verhalten zur Welt.*

Anschauung hin. Dabei verstehe ich unter Anschauung nicht nur das vollsinnliche Schauen mit dem Auge, sondern auch — wie dies für die Dichtkunst nötig ist — das innere phantasiemäßige Schauen, ja auch das hingegebene Hören, wie es die Tonstücke erfordern; also alles vollsinnliche Aufnehmen. Das Anschauen ist das Element, in dem sich das künstlerische Betrachten bewegt. Was das künstlerische Betrachten auch sonst noch enthalten mag: alles ist in ihm auf das Anschauen innig bezogen, ordnet sich dem Anschauen als der Hauptmacht unter, nähert und ähnelt sich ihm an, besteht — wenn ich mich stark ausdrücken soll — nur als Ausfüllung und Durchsättigung des Anschauens. Ein Dichter, der die Gefühle und Gedanken nicht zu starken Anschauungen fortzubilden weiß, ist kein rechter Dichter. Und wenn ich einem Kunstwerke gegenüber allerhand fühle und denke, ohne das Gefühlte und Gedachte in das Anschauen einzuschmelzen und in und mit dem Anschauen zugleich zu erzeugen, so geht insoweit mein Verhalten neben der Kunst vorbei. Schauen — ist das erste und letzte Wort der Kunst und Ästhetik.

Der Kunst gegenüber erfährt das Schauen seine volle Entwicklung, hier zeigt das Schauen, was es zu leisten vermag. Das künstlerische Schauen wird mit frischen Sinnen, mit entgegenkommender Stimmung, mit Lust und Freude am Schauen ausgeübt. Und es ist weiter ein volles, sattes Schauen, das die Gegenstände lückenlos aufnimmt und fest erfaßt. Und was vor allem in Betracht kommt: das künstlerische Schauen ist seelenvoll. Indem wir die sinnenfällige Form des Kunstwerkes in uns aufnehmen, thut sich uns zugleich seine Bedeutung kund. Das heißt: es wickeln sich in uns, indem wir schauen, zugleich zahlreiche Vorstellungen, Gedanken und Gefühle ab, wie sie eben nötig sind, wenn uns die „Bedeutung" des dargestellten Gegenstandes innerlich erfüllen soll. Und diese Vorstellungen, Gedanken und Gefühle laufen nicht neben dem Anschauen her und um das Anschauen herum, sondern sie sind durch und an das Anschauen gebunden, ihm hingegeben und unterthan. Das Verhältnis der **Assoziation** hat sich zu dem innigeren Verhältnis der **Verschmelzung** verdichtet.³³) In demselben ungeteilten Akte, mit dem wir anschauen, erfassen wir zugleich sinnend und fühlend die Bedeutung des angeschauten Inhalts. Kurz, das künstlerische Betrachten ist das Schauen auf der Höhe seiner Entwicklung; ein Schauen, das alle Vorzüge, deren es fähig ist, entfaltet; das, beherrschend, die übrigen Seelenthätigkeiten sich angegliedert und verähnlicht hat; ein Schauen, das in sich sozusagen die Idee des Schauens verwirklicht.

Hiermit glaube ich das in sich Wertvolle des ästhetischen Betrachtens von einer wesentlichen Seite aus bezeichnet zu haben. Sich ästhetisch zur Welt verhalten heißt: den Weltinhalt **schauend** in sich aufnehmen. In der Wissenschaft verhalten wir uns **erkennend**, in der Religion **fühlend**, im sittlichen Leben **wollend** zur Welt. Auf jedem der drei Gebiete wird eine andere Grundbethätigung unseres Wesens bestimmend, herrschend, zielsetzend. Da ist es doch auch in der Ordnung, daß das Schauen zu seinem Rechte komme, daß von dieser so wichtigen Grundrichtung unseres Seelenlebens aus ein Ideal unseres Verhaltens zur Welt erzeugt werde. Zur allseitigen Menschlichkeit gehört auch, daß wir unserer Stellung zur Welt das Gepräge des Schauens geben.

Jetzt wollen wir unsere Aufmerksamkeit auf die beiden vorhin hervorgehobenen Fragen lenken. Ist mit dem eben Gesagten ein materiales Umformen der Welt gefordert? Offenbar in hohem Grade. Von allen Seiten drängen im

Das künstlerische Schauen setzt materiale Umformung der Welt voraus.

gewöhnlichen Leben Wahrnehmungen und Nachrichten auf uns ein, die uns mit Verdruß, Unwillen, Kummer, Angst erfüllen. Werden wir aber von diesen oder anderen Affekten beunruhigt, so sind wir im kräftigen und liebevollen Anschauen gehemmt. Wen innere Unruhe plagt, der ist nach innen abgelenkt, der verliert Auge und Ohr für die Dinge, der ist nicht aufgelegt, sich dem reinen Schauen hinzugeben. Soll daher die Kunst das schauende Verhalten zur Welt fördern, ja zur Blüte kommen lassen, so wird sie nicht alles Beliebige zur Darstellung bringen dürfen, sondern darauf bedacht sein müssen, alles beiseite zu lassen, was jene störenden Affekte hervorzubringen vermöchte, oder es doch in geeigneter Weise zu verändern. Es kann also keine Rede davon sein, daß die Welt, so wie sie ist, in die Kunst ihren Einzug hält; vielmehr muß der Künstler, wenn er uns in die Stimmung des reinen Schauens bringen will, dem eindringenden Weltinhalt abhaltend und dämpfend gegenüberstehen.

Das künstlerische Schauen setzt die formale Umformung der Welt voraus. Und zweitens frage ich, ob die Bethätigung des reinen Schauens uns auf die Notwendigkeit jener formalen Umformung der Welt hinführt. Auch diese Frage muß bejaht werden. Die Ablösung der reinen Form vom Stoff ist eine überaus günstige Bedingung für die Ausübung des reinen Schauens. Und ich werde hier eine ganz ähnliche Begründung wie soeben zu geben haben. Leben wir in dem Gefühl und Glauben, Stoffliches vor uns zu haben, mit der stofflichen Wirklichkeit verwickelt zu sein, so führen die Wahrnehmungen in hohem Grade die Gefahr des Ablenkens vom reinen Schauen mit sich. Um welchen Gegenstand es sich auch handeln mag: schon der Umstand allein, daß wir die gewöhnliche, stofflich ausgefüllte Wirklichkeit vor uns zu sehen

glauben, ist geeignet, unsere Vorstellungen hundertfach ab=
zulenken. Wenn wir auf die Wirklichkeit der Gegenstände
achten, so knüpfen wir ein ganzes Netz von Beziehungen an
sie; wir denken an Ursprung, Besitzer, Wohnsitz, Schicksale,
Nutzen, Schaden u. s. w. und wandern von einer Vorstellung
zur anderen. Dies alles erschwert und stört das reine Schauen.
Wir müssen also, wenn dieses zustande kommen soll, von
der Wirklichkeit absehen und auf die Form als solche achten.
Der Natur gegenüber muß sich jeder aus eigener Kraft
in ästhetische Stimmung versetzen. Anders in der Kunst:
hier erleichtert uns der Künstler das Ablösen der Form von
der Wirklichkeit. Die Gestalten der Kunst sind so dargestellt,
daß wir kaum anders können, als daß wir vom Stofflichen
absehen. So schafft uns also die Kunst durch das Herstellen
der reinen Form den Boden, auf dem sich das reine Schauen
leicht und ungestört entwickeln kann.

Lassen Sie uns jetzt das Ziel der Kunst nach einer *Die Kunst als Belebung und Entlastung der Gefühle.*
zweiten Seite ins Auge fassen. Indem die Kunst das
Schauen zur Blüte und Herrschaft bringt, setzt sie doch zu=
gleich unser Gefühlsleben in rege Thätigkeit. Nur geht, wie
ich schon vorhin bemerkte, das Gefühlsleben in das künst=
lerische Schauen gleichsam als dessen Seele ein; wir fühlen
nicht neben dem Anschauen, sondern machen das Anschauen
selbst durch das Fühlen warm, lebendig, inhaltvoll. Doch
davon war ja eben schon die Rede. Was ich jetzt hinzu=
fügen will, ist der Hinweis auf eine nach anderer Richtung
hin gehende Veränderung, die unser Gefühlsleben unter dem
Einfluß des künstlerischen Schauens erfährt. Die Kunst
erzeugt das Wunder, daß sie unser Gefühlsleben, indem sie
es in ungewöhnlichem Grade erregt, doch zugleich besänftigt
und entlastet. Diese Synthese von ungewöhnlicher

Belebung und eigenartiger Entlastung unseres Gefühlslebens wollen wir uns deutlich machen. Ich spreche zuerst von dem Aufschwung, den unser Gemüt durch die Kunst erlebt.

Belebung.   Die Gestalten der Kunst zeigen allenthalben Ausdruck, Seele. Wie sie uns die ganze Stufenleiter des Gedankenlebens vom harmlosen Scherz bis zum titanischen Tiefsinn durchlaufen lassen, so führen sie uns auch durch die Stufenleiter der Gefühle vom zartesten Hauch bis zum tötenden Sturm. Indem wir die Formen der Kunstwerke aufnehmen, erleben wir den ganzen Umfang menschlichen Sinnens und Fühlens. Schon ein einziges Kunstwerk, etwa Lear oder Hamlet, Wilhelm Meister oder der grüne Heinrich, kann uns in eine ganze Welt von Gedanken und Gemütsbewegungen versenken. Und durch die Kunst werden wir auch mit solchen Gedanken und Gefühlen vertraut, die uns sonst ferne liegen; auch solche Höhen und Tiefen werden uns zugänglich, bis zu denen wir in der Prosa des Lebens nicht vorzudringen vermögen. Wir erleben auf dem Wege der Kunst das Menschliche umfassender, erschöpfender, als dies im Lebensdurchschnitt geschieht. Und wir erleben es zugleich in einem hohen Grade der Intensität. Die Liebe, die wir dem Romeo und seiner Julie nachfühlen, das Herrschaftsstreben, von dem wir mit Wallenstein oder Ottokar bewegt werden, sind freilich nicht so lebhaft wie die wirkliche Liebe oder Herrschbegier. Nichtsdestoweniger erregt die Kunst unser Gefühlsleben in ungewöhnlich tiefer Weise. Wenn uns Bangen und Furcht um den tragischen Helden schüttelt oder wir bei glücklicher Wendung der Dinge erlöst aufatmen, wenn Darstellungen des Erhabenen unsere Brust zum Unendlichen erweitern oder die tollen Sprünge des Humors uns das Lachen und Weinen zugleich nahelegen, so ist dies offenbar eine Erregung des Seelenlebens, die weit über das Mittelmaß hinausgreift.

Aber das ist nur die eine Seite. Mit der Erregung des Gefühlslebens ist uns zugleich eine Entlastung geschenkt. Wir fühlen uns im Anschauen der Kunstwerke als höchst lebensvoll bewegte Menschen, aber zugleich tragen diese Gefühlsbewegungen den Charakter der Leichtigkeit, Freiheit und Stille. Das individuelle Ich mit seinem Bleigewicht, seinen Fesseln, seinen Stacheln ist beseitigt; wir leben und schwelgen in der hemmungsloseren, klareren, unpersönlichen Sphäre des Allgemein-Menschlichen. Sie merken: ich bin damit auf einen Gegenstand gekommen, der uns schon im ersten Vortrag beschäftigt hat.⁵⁴) Ich sagte dort: im ästhetischen Betrachten schweigt das private Ich mit seinen Befürchtungen und Hoffnungen, seinen Plänen und Schicksalen, mit den Rücksichten auf sein Wohl und Wehe; wir sind entlastet von dem Druck und der Schwüle, von dem Getriebe und Gehaste, das von jedem Einzel-Ich unzertrennlich ist. Und besonders hob ich hervor, daß die künstlerische Stimmung alle Begierden und Entschlüsse, alles Loseilen auf Nutzen und Pflicht, auf Arbeiten und Handeln von sich fernhalte. Ästhetisch genießen heißt nicht: sich begehrend und lechzend in die Gegenstände verstricken, sondern frei und uninteressiert über ihnen schweben. So ist demnach — sagen wir heute — im ästhetischen Betrachten beides vorhanden: wir sind darin als intensiv und umfassend bewegte Menschen gegenwärtig, aber ohne das Beunruhigende und Schwüle, was die Affekte und Leidenschaften des wirklichen Lebens mit sich führen. Unser Fühlen und Sinnen ist beflügelter, bewegt sich in freieren Bahnen; es ist der Sonntag des Gemütes angebrochen.

Habe ich nun noch nötig, besonders auszuführen, daß diese Verbindung von Erregung und Entlastung, von Leidenschaft und Stille ein kostbares, unersetzliches Gut ist? Wir werden unserer Menschlichkeit in lebendiger und reich umfassender Weise inne, und doch sind wir der Fronarbeit des Lebens, dem Druck der Sorgen und Pflichten, der Tretmühle der trivialen Alltäglichkeit entrückt. Wir sind vollere, erschöpfendere Menschen als in der Wirklichkeit und haben doch die Last und den Stachel der Menschlichkeit von uns abgethan. Es würde der Menschheit etwas Heilbringendes fehlen, wenn sie neben Wissenschaft, Religion, Sittlichkeit nicht auch dieses Gut besäße: die Kunst als Steigerung und Entlastung des Lebens. — Nebenbei bemerkt: hier zeigt sich von einer neuen Seite begründet, was ich im ersten Vortrag behauptet habe:[55]) daß die Kunst, indem sie ihren eigenen Gesetzen folgt, die Menschheit zugleich in der Richtung des Sittlichen fördert.

Die reine Form als Bedingung der entlastenden Wirkung der Kunst.

Und wodurch allein wird diese Wirkung der Kunst möglich? Nur dadurch, daß die Kunst das Wirkliche zu einer Welt der reinen Form umgestaltet. Böte sie uns stoffliche Wirklichkeit, hätte sie die Bedeutung, eine Stellvertreterin der prosaischen, drückenden Wirklichkeit zu sein und uns so diese auch in Mußestunden auf den Leib zu hetzen, so würde auch der Kunst gegenüber die ganze Jagd des Begehrens und Wollens angehen. Nur weil uns die Kunst zur Ablösung der Form von dem Stoffe veranlaßt, wird es möglich, angesichts der Kunstwerke bei aller tiefgehenden Erregung doch des eigenen Ichs zu vergessen und stiller, kühler und freier gestimmt zu sein, als es bei gleich heftigen Erregungen in der Prosa des wirklichen Lebens der Fall wäre. Der Künstler führt uns den Lebens- und Weltinhalt in überwältigender, herzerschütternder Weise vor, und

Die Kunst als Schöpferin einer zweiten Welt.

doch berühren wir dabei die Welt gleichsam nur mit leisem und zartem Flügelschlag.⁵⁶) Dies ist nur möglich, weil uns die Kunst im Reiche des Scheines schweben läßt.

Um vollständig zu sein, hebe ich noch hervor, daß auch von hier aus, vom Standpunkte dieser befreienden Aufgabe der Kunst, zahlreiche einschneidende materiale Umformungen des Weltinhalts gefordert sind. Es giebt Affekte, die der dargestellte Gegenstand durchaus nicht erregen darf, weil sonst jene geschilderte Entlastung unmöglich würde. Dahin gehören die geschlechtliche Begehrlichkeit und die verschiedenen Arten des Ekels. Sobald uns ein Kunstwerk in diese Affekte hineinzerrt, nimmt es sofort den Charakter der groben, aufregenden Wirklichkeit an, und mit jener Reinigung unseres Gefühlslebens ist es vorbei. Ja es ist gar nicht einmal nötig, daß wir **wirklich** lüstern gestimmt werden und **wirklich** am Schmutze Gefallen finden: schon die Gewißheit, daß der Künstler die **Absicht** habe, in uns schwüle Gelüste zu erregen und uns gemein zu stimmen, genügt, um jene Entlastung nicht aufkommen zu lassen. Wir wenden uns dann mit Ärger oder Entrüstung gegen den Künstler und befinden uns hiermit derart im Zusammenprall mit der Wirklichkeit (die in diesem Falle der Künstler ist), daß jenes leichte Schweben über den Gegenständen nicht entstehen kann.

Materiale Umformung als Bedingung der entlastenden Wirkung der Kunst.

Sie werden mir sonach Recht geben, wenn ich sage, daß die Kunst, wenn sie jene schöne Aufgabe des Entlastens erfüllen solle, keineswegs jede Wirklichkeit, so wie sie ist, aufnehmen dürfe. Vielmehr muß sie darauf bedacht sein, den Weltinhalt so umzugestalten, daß sich gewisse aufregende Affekte nicht an ihn knüpfen. Die reine Form vermag sehr viel; Vorgänge, die uns in der Wirklichkeit kaum erträglich wären, verlieren ihren stofflich erregenden Charakter, wenn

7*

sie uns in der Kunst gegenüberstehen. Aber über gewisse Grenzen geht auch die Leistungsfähigkeit der reinen Form nicht hinaus. Es giebt eine Menge Vorgänge, die, auch wenn sie vom Bildhauer, Maler oder Dichter in künstlerische Form gebracht worden sind, dennoch wie ordinäre Wirklichkeit wirken. Und es sind dies insbesondere solche Vorgänge, die unsere geschlechtliche Empfindung und unseren Ekel erregen. Mögen auch diese Vorgänge das Scheinhafte der Kunst an sich tragen, so wird dieser Charakter doch durch den Wirklichkeitseindruck, den der dargestellte Vorgang auf jene Affekte hervorbringt, gleichsam überschrieen. Die Scheingestalten der Kunst wirken auf jene Affekte so, als ob sie nackte Wirklichkeit wären, und jene beseligende Katharsis der Gemütsbewegungen kann nicht eintreten. Ich sage: „Katharsis". Denn was Aristoteles unter diesem Namen vorschwebte, zielt nach der Richtung hin, in der das liegt, was ich als Gefühlsentlastung bezeichnet habe.

Die Kunst als Darstellung der inneren Wahrheit des Lebens.

Nach zwei Seiten haben wir die Aufgabe der Kunst kennen gelernt. Im künstlerischen Betrachten lassen wir den Weltinhalt auf unser reines Schauen wirken und erfahren dabei den Doppelerfolg einer Steigerung und Entlastung unseres Gefühlslebens. Ich betrachte jetzt das Ziel der Kunst nach einer **dritten** Richtung. Die Kunst hat die Aufgabe, **die innere Wahrheit des Lebens** oder — wie ich mich schon oft ausdrückte — **das Menschlich-Bedeutungsvolle** zur Darstellung zu bringen. Machen wir uns zuerst klar, ob wir es wirklich als eine unerläßliche Aufgabe der Kunst ansehen dürfen, uns das Leben nach Bedeutung und Wert zu offenbaren.

Zum Sinnen über die Bedeutung des Lebens gebracht zu werden, ist an und für sich, auch abgesehen von der

Kunst, etwas Wertvolles. Das Leben ist so voll von Zerstreuendem und Zersplitterndem, von Trübheit und Wirrsal, daß Stunden der Sammlung dringend not thun, Stunden, in denen sich unser inneres Auge dem Bleibenden im Wechsel, dem Typischen und innerlich Gesetzlichen im Menschenschicksal zuwendet. Das Leben schaukelt uns oft so lange und so angenehm auf seiner schmeichelnden Oberfläche und macht uns zu so besinnungslosen Augenblickskindern, daß es ein Gewinn für uns ist, wenn Stimmen an uns herantönen, die uns an das Tiefere und Gewichtvollere im Leben mahnen. Und in anderen Fällen wieder hetzt uns das Leben derart von Geschäft zu Geschäft, von Sorge zu Sorge, daß unsere Gedanken und Gefühle fast ausschließlich im Dienste der kurzatmigen Tagesinteressen stehen. Auch mit Rücksicht hierauf gereicht es uns zum Heil, wenn wir von unserem geplagten und gehetzten Ich loskommen und uns zur kummerlosen Höhe reinen Betrachtens erheben.

Zu den Mitteln nun, die unseren Geist auf das Typische und Bedeutungsvolle im Menschenleben hinlenken und uns so von der Sklaverei des Jetzt und Hier befreien, gehört auch die Kunst. Und zwar stellt uns die Kunst den Sinn des Lebens müheloser, angenehmer und eindringlicher vor Augen, als dies sonst erreichbar ist. Die Philosophie mutet uns, indem sie das Leben deutet, schwere und unanschauliche Gedankenarbeit zu. Auch die Religion wendet sich lediglich an unser Innerstes, an das gestaltlose Gefühl. Vor beiden hat die Kunst den Vorzug, daß sie uns die innere Wahrheit des Lebens schauen läßt, sie uns im Bilde nahebringt. Spielend flößt sie uns, indem sie uns zum genußreichen Schauen einladet, damit zugleich Hinweisungen auf Bedeutung und Kern des Lebens ein. Indem die Kunst die Sinne an-

genehm beschäftigt, führt sie unvermerkt den Geist zu gehalt=
reicher Sammlung, in der ihm Ahnungen aufgehen, die ihn
hinter die Oberfläche des Lebens leiten. Die Kunst ist eine
Vertieferin des Geistes, aber sie macht es ihm nicht schwer,
von der Oberfläche loszukommen. Sie stellt uns die Ober=
fläche des Lebens selbst in bezaubernder Anschaulichkeit hin,
und siehe, indem wir uns genießend der Anschauung hin=
geben, werden wir hellsichtig und bringen in die geheimnis=
volle Tiefe der Dinge vor. So sollen wir denn die Kunst
als ein köstliches Gut der Menschheit nicht zum wenigsten
darum preisen, weil sie uns mit leichter, liebender Hand aus
dem glänzenden Vordergrund in die dämmernden Hinter=
gründe des menschlichen Daseins als in seine Wahrheit
leitet.⁵⁷) Wollte sich die Kunst dieser Aufgabe entschlagen,
so würde sie sich damit eines unschätzbaren Vorzugs begeben
und zur Trivialität herunterbringen. Man müßte die Kunst
wahrhaft thöricht schelten, wenn sie eines der hauptsächlichsten
Mittel, die Menschheit in edlem Sinne zu beglücken, von
sich weisen wollte.

Die organi= sche Einheit der verschie= denen Ziele der Kunst. Jetzt kann ich die Aufgabe der Kunst in zusammen=
fassender Weise dahin bestimmen, daß sie den menschlich=
bedeutungsvollen Weltgehalt dem reinen Schauen darbiete
und so unseren Gefühlen Belebung und Reinigung zu teil
werden lasse. So schließen sich die verschiedenen Richtungen,
nach denen ich die Aufgabe der Kunst zerlegte, zu organi=
scher Einheit zusammen. Was sich uns vor unseren
Augen zusammengesetzt hat, ist eine eigenartige, innerlich
zusammengehörige Art von Gemütsbethätigung. Lassen Sie
uns die innere Zusammengehörigkeit wenigstens in einer Hinsicht
ausdrücklich ins Auge fassen: die Zusammengehörigkeit nämlich
des Menschlich=Bedeutungsvollen und der Gefühlsentlastung.

Giebt der Künstler seinen Gestalten einen bedeutungsvollen Gehalt, so ist damit eine in hohem Grade günstige Bedingung für die Befreiung und Reinigung unseres Gefühlslebens geschaffen. Wo uns Quark und Schmutz, Trivialität oder ausgesuchte Sonderbarkeit, kurz Menschliches ohne das Schwergewicht des Bedeutungsvollen vorgeführt wird, dort wirkt das Dargestellte weit mehr mit dem Drucke der Wirklichkeit, und es entstehen beklemmende, aufreibende, peinliche Gefühle. Wenn wir beim Lesen von Hauptmann, Holz, Schlaf, Halbe so selten das Gefühl befreienden Aufatmens haben, so kommt dies zum nicht geringsten Teil daher, daß sie uns in den Trivialitäten des Lebens mit so überflüssiger Breite festhalten. Wie ganz anders, wo uns der Dichter einen, wenn auch kleinen und unscheinbaren Gegenstand durch weiten Hintergrund und stimmungsvolle Vertiefung nach innen, durch eigenartige Auffassung und Betonung zur Stufe des Menschlich-Bedeutungsvollen zu erheben versteht! Wir fühlen uns dabei dem Reichtum des Menschlichen so nahe und sind doch durch ihn nicht belastet. Wenn uns Stifter, Storm, Heyse einen kleinen Ausschnitt des Menschlichen schildern, so gelingt es ihnen zumeist, auf die führenden Mächte des Lebens ein merkwürdiges Licht zu werfen. Oder denken Sie an Sudermanns Katzensteg: der Dichter deckt wahrhaft erschreckende Verquickungen von Sünde und Größe, wahrhafte Abgründe von Fraglichkeiten auf, und doch nimmt er uns nicht die Freiheit des Sinnens und Schauens; denn er versteht seine Erzählung auf der Höhe des vielsagend und deutungsreich Menschlichen zu erhalten. Unter den gegenwärtigen Erzählerinnen ist mir dieser Vorzug besonders an Helene Böhlau aufgefallen. Aus ihren Novellen tritt uns nahe, wie sich in einer großfühlenden Seele Sinn und Geheimnis, Wonne und Gefahr des Lebensrätsels spiegelt.

Materiale und formale Umformung ist gefordert, wenn die Kunst die Bedeutung des Lebens darstellen soll.

Auch hier nun wieder komme ich schließlich auf die beiden Stücke von der materialen und formalen Umgestaltung. Wodurch allein ist die Kunst imstande, uns die Bedeutung des Lebens zu offenbaren? Nur dadurch, daß sie das Nebensächliche und Läppische verringert und das Sinnreiche und Gewichtvolle zu durchschlagendem Heraustreten bringt. Sie hat die aufdringliche Masse Quark und Tand hinweg zu schaffen und den Sinn des Lebens, sei er erfreuend oder erschreckend, ans Licht herauszuarbeiten. Man kann hiernach ermessen, wie weit ein Stück, wie die Familie Selicke von Holz und Schlaf, von dem Wege der Kunst abliegt. Und ebenso leicht läßt sich einsehen: die Erhebung des Wirklichen ins Bedeutungsvolle kann nur dadurch zustande kommen, daß das Wirkliche die formale Umformung in eine Welt des Scheines erfährt. Fällt doch das Stoffliche an der Wirklichkeit selbst unter den Begriff des Trivialen! Wenn wir ein reizendes Kind, eine anmutige Jungfrau, einen herrlichen Jüngling, einen ehrwürdigen Greis als Naturgestalten vor uns sehen und uns ästhetisch davon berühren lassen, so empfinden wir die Vorstellung von der Art und Weise, wie sich die Außenform des Leibes ins Innenleibliche fortsetzen mag, und wie sich Fleisch, Knochen, Blut, Mageninhalt u. s. w. darin erstrecken und verteilen mögen, als etwas unglaublich Trivialisierendes; der Eindruck des Bedeutungsvollen wird dadurch geradezu verdorben. Soll der Eindruck des Bedeutungsvollen bestehen bleiben, so müssen alle Gedanken an die stoffliche Ausfüllung dieser Gestalten ferngehalten werden. Mit anderen Worten: die Forderung des Bedeutungsvollen schließt die Forderung der reinen Form in sich. Den Naturgestalten gegenüber muß der Betrachter von sich aus das Absehen von der Stofflichkeit vollziehen. Die Kunst dagegen zeichnet sich dadurch aus, daß sie dem Betrachter entgegenkommt, indem sie durch die Art, wie sie das Material bearbeitet, den Gedanken an die triviale Stofflichkeit nahezu unmöglich macht.

Ich habe den Zweck der Kunst noch immer nicht vollständig bestimmt. Wir dürfen des Künstlers als des Kunstschöpfers nicht vergessen und müssen im Hinblick auf ihn an vierter Stelle sagen: die Kunstwerke offenbaren die Individualitäten der Künstler; sie verschaffen uns den Genuß, die Spiegelung der Welt in originalen Künstlerseelen kennen zu lernen. Betrachten wir kurz den hierin liegenden menschlichen Wert.

<small>Die Kunst als Offenbarerin der Individualität des Künstlers.</small>

Wieviel würde der Kunst entgehen, welcher Verflachung und Verarmung würde sie preisgegeben, wenn sie nicht mehr Offenbarerin der mannigfaltigen originellen Künstlerindividualitäten sein dürfte! Es gehört überhaupt zu dem Beglückendsten im Leben, zu sehen, wie sich in bedeutenden Geistern die Welt spiegelt, wie eigenartig sie über Menschen und Weltgang gesonnen und gedacht haben. Ich zähle es zu den weihevollsten und fruchtbringendsten Stunden, wenn wir durch Vertiefung in ihre Werke mit großen, originellen Menschen Gemeinschaft pflegen und uns in ihren Gefühls-, Glaubens- und Gedankenwelten heimisch machen. Wir werden dabei mehr als irgend sonst der vielgestaltigen Herrlichkeit und Offenbarungsfülle der Geistwelt inne. Glücklicherweise gehören nun auch die Schöpfungen der Kunst zu den Gegenständen, durch die uns bedeutende Menschen in ihre geistige Eigenart intim blicken lassen. Das Kunstwerk spricht außerdem, daß es uns ein Stück Welt vorführt, auch zu uns von der Lebensstimmung und Lebensanschauung, von Temperament und Ideal des bedeutenden Geistes, der es geschaffen. Selbst ein Maler wie Millet, der mit unbedingter Aufrichtigkeit und harter Sachlichkeit nichts als die schlichte Natur der Ackerschollen und Bauern malt, spricht aus seinen Bildern als eine sehr bestimmte Künstlerindividualität zu uns. Seine Bauern erheben sich vor uns in ernster, stolzer Rustizität, sie werden unter seinen Händen zu Märtyrern und Heroen der Arbeit.58) Und ähnlich verhält es sich mit Liebermann. So sehr er auch hinter die sachliche Wiedergabe der unscheinbaren, rauhen Natur gänzlich zurücktreten will, so wären seine Bilder trivial und unerträglich, wenn sie nicht von seiner heftigen und leidenschaftlichen, wagenden und rücksichtslos wahrhaftigen Künstlerindividualität erfüllt und gehoben wären.

Wäre das ästhetische Genießen so fein gewürzt und vergeistigt, so vielseitig und gehaltvoll, wenn uns die Kunstgestalten nicht zugleich in das Innenleben des schöpferischen Genius blicken ließen? Und da sollten wir an die Künstler die Zumutung stellen, daß sie unbedingt hinter der Wirklichkeitswiedergabe verschwinden sollen? Abgesehen davon, daß dies unmöglich ist, wäre es auch nicht wünschenswert. Es ist vielmehr eine der wertvollsten Gewährungen der Kunst, daß sie, indem sie uns Ausschnitte aus Natur und Menschheit darstellt, uns zugleich in die Stimmungen und Anschauungen, die Wertungen und Ideale der Kunstgenies Einblick gönnt.59)

Die Kunst als freie Phantasiegestaltung.

Und nun schließlich fünftens! **Die Kunst verschafft dem Bedürfnis unserer Phantasie nach freier Gestaltung reiche Befriedigung.** Es ist eine Thatsache, daß der Mensch mit Phantasie ausgestattet ist. Phantasie aber ist eine wagende Flugkraft des Geistes; durch die Phantasie wird dem Menschen das Wirkliche zum Gegenstande des

Spiels, zu Bausteinen, mit denen er in freier Gestaltungskraft neue Welten erschafft. Wir besitzen die Gabe, mit den Elementen der Wirklichkeit nach Lust und Bedürfnis zu schalten, sie zu verschieben, zu steigern, abzuschwächen, ja durcheinander zu wirbeln und völlig anders aufzubauen. Bald bildet die Phantasie die Welt in der Richtung des Zarteren, Reineren, Edleren um, wie Goethe in Iphigenie, Tasso, Alexis und Dora, Byron in vielen seiner erzählenden Dichtungen, Mörike im Maler Nolten; bald nimmt sie eine Umgestaltung im Sinn des Heftigen, Gewaltthätigen, Schroffen vor, wie Shakespeare, Schiller in den Räubern, Heinrich Kleist in der Penthesilea und der Hermannsschlacht, bis zu einem gewissen Grade Grillparzer in späteren Stücken. Oft taucht die Phantasie die Welt in ein Bad der Verjüngung: denken Sie an den ersten Theil von Goethes Faust, an Eichendorffs Taugenichts, an Uhlands Gedichte; zuweilen wieder steigert die Phantasie das Leben ins Müde und Grämliche, wie dies bei Turgenjeff, Dostojewskij, Garborg der Fall ist. Bald erhebt sie ihre Gegenstände ins Feierliche und Geheimnisvolle, wie bei Richard Wagner, in manchen Beziehungen auch bei Ibsen; bald verkehrt sie alles ins Thörichte und Närrische, wofür Aristophanes, Don Quixote, Ernst Theodor Amadeus Hoffmann, Heinrich Heine, Friedrich Vischer im Auch Einer zeugen können. Kurz, wir sind Götter, die selbstherrlich mit der Wirklichkeit zu spielen und das Leben in einer Fülle frei gestalteter Formen zu träumen vermögen.

Und wie wohlthätig ist es, daß dem Menschen diese Gabe geschenkt ist! Wir gewinnen so das Gefühl der Freiheit gegenüber den Dingen, des Vermögens, über ihnen zu schweben. Wir fühlen, daß wir uns ihrer Sklaverei zu entziehen vermögen. Und wie wertvoll ist dieses Gefühl insbesondere angesichts der ungeheuren Masse von Schmerz, Schmutz und Trivialität! Die Pflege der Phantasie dient zur Gesundung, sie läßt uns freier und froher atmen und die Last des Daseins leichter tragen. Die Phantasie ist eine erlösende Macht. Es ist ungesunde, fanatische und außerdem philisterhafte Wahrheitssucht, wenn man sich um jeden Preis zu jeder Stunde in die Trübseligkeit des wirklichen Daseins verbeißen will und die Zauberkünste der Phantasie wie die Teufelskünste der Lüge flieht. Mag auch die Phantasie eine reiche Quelle des Bangens und der Angst sein, ja mag Jean Paul recht haben, wenn er sagt, daß die Phantasie für die Furcht mehr Bilder findet, als für die Hoffnung,"[60]) so bleibt nichtsdestoweniger bestehen, daß die Phantasie nicht bloß hier und da, sondern in einer fühlbaren, in Lebensführung und Lebensstimmung eingreifenden Weise zu den erlösenden Mächten gehört. Jean Paul hat, ungeachtet jener Überzeugung, der Phantasie, die „uns in ihren Ländereien mit Zauberspiegeln und Zauberflöten so süß bethört und so magisch blendet," ein überschwengliches Lob gesungen.[61]) Und wem fällt nicht der Hymnus ein, den der gelassenere Goethe auf die Phantasie, das Schoßkind Jovis, angestimmt hat? Er feiert sie als Erlöserin von dem „dunkeln Genuß und den trüben Schmerzen des augenblicklichen beschränkten Lebens", als Befreierin vom Joche der Notdurft.

Natürlich meine ich nicht, daß alle Kunstwerke romantisch oder gar phantastisch sein müßten. Es sind ebensosehr Kunstwerke berechtigt und erwünscht, in denen die Phantasie als freigestaltende Macht zurücktritt, Kunstwerke, die sich enger an das Thatsächliche anschließen. Nur so viel sage ich: die Kunst soll unter ihren Schöpfungen auch solche hervorbringen, in denen unserem Phantasiebedürfnis in hervorragendem Grade Genüge geleistet wird.

Was nun die materiale Umformung betrifft, so versteht sich diese als Folgeerscheinung der beiden zuletzt angeführten Zwecke der Kunst so sehr von selbst, daß ich darüber kaum ein Wort zu sagen brauche. Wie könnte die Kunst die eigenartigen Individualitäten ihrer Schöpfer zum Ausdruck bringen und der frei gestaltenden Phantasie einen lustvollen Schauplatz gewähren, wenn sie an dem thatsächlichen Lauf der Dinge kleben bleiben wollte? Die formale Umformung freilich steht mit diesen beiden Aufgaben der Kunst nicht in unmittelbarem Zusammenhang. *Noch einmal die materiale und formale Umformun.*

So darf ich jetzt zusammenfassend sagen: die Kunst bietet den menschlich-bedeutungsvollen Weltinhalt dem reinen Schauen dar und bringt uns hierin zugleich die bedeutungsvollen Individualitäten ihrer Schöpfer nahe; die Beglückung aber, die sie uns hierdurch zu teil werden läßt, besteht in zweierlei: in der Belebung und Entlastung unseres Fühlens und in der Befriedigung des Dranges unserer Phantasie nach freier Gestaltung. Ich habe in diesem Satze die fünf der Reihe nach betrachteten Aufgaben der Kunst derart verflochten, daß die innere, sinn- und zweckvolle Zusammengehörigkeit deutlich fühlbar wird. In allen diesen Beziehungen aber hat sich uns die Kunst als tiefeingreifende Umformerin der Natur, als Schöpferin einer zweiten Welt dargestellt. Die Kunst ist nicht die zurückbleibende Wettbewerberin der großen Künstlerin Natur. Die Kunst gewährt Güter und Genüsse, die gänzlich außerhalb des Könnens der Natur liegen. Die Kunst ist eine Meisterin, die, so sehr sie hinter der Natur zurückbleibt, in ihren eigentümlichen Leistungen die Natur weitaus übertrifft. *Zusammenfassung.*

Vierter Vortrag:
Die Stile in der Kunst.

Man spricht von Stil in mannigfaltigen Bedeutungen. *Verschiedene Bedeutung des Ausdruckes „Stil".* Man sagt beispielsweise: dieser Künstler hat Stil, während man einem anderen den Stil abspricht. Hier ist offenbar Stil in anderer Bedeutung gemeint, als wenn man etwa den dorischen vom ionischen, den romanischen vom gotischen Stil unterscheidet oder vom Stil Ludwigs XVI. oder des Empire spricht. Wieder etwas anders scheint es zu sein, wenn man den verschiedenen Kunstgattungen ihre besonderen Stile zuerteilt und sagt: Malerei und Dichtung, aber auch Genrebild oder Epos bewege sich in eigenem Stil, oder wenn man tadelnd bemerkt: Ossian oder Novalis haben den Stil der Musik auf die Dichtkunst übertragen. Und wieder scheint sich die Bedeutung von Stil verschoben zu haben, wenn man die Abhängigkeit des Stils in der Baukunst von Holz, Stein, Ziegel, Eisen behauptet. Endlich gebraucht man den Stilbegriff in einem allgemeinsten und prinzipiellsten Sinn, indem man zwischen idealistischem und realistischem Stil unterscheidet.

Sie haben herausgefühlt, daß es sich hier um eine *Das Gemeinsame aller Bedeutungen von „Stil".* größere Anzahl verschiedener Bedeutungen des Wortes Stil handelt. Es gilt nun, in dieses Gewirre Ordnung zu bringen. Zu diesem Zwecke sei zunächst darauf hingewiesen, daß allen verschiedenen Bedeutungen des Stilbegriffs etwas Gemein=

james zu Grunde liegt. In jedem Falle nämlich bezeichnet man mit Stil eine ausgeprägte, die Einzelzüge beherrschende Art und Weise des künstlerischen Gestaltens. Der Stil drückt sämtlichen Teilen und Merkmalen der zu ihm gehörigen Kunstwerke ein fühlbar einheitliches, unverkennbar zusammenstimmendes Gepräge auf. Selbst aus einem kleinen Bestandstücke einer gotischen Kirche oder einer in Rokoko gehaltenen Zimmereinrichtung wird auch ein weniger geübtes Auge sofort erkennen, daß dort gotischer Stil, hier Rokoko vorliege. Und noch ein weiteres ist sämtlichen Anwendungen des Stilbegriffs gemeinsam. Stil bedeutet eine Eigenart des künstlerischen Gestaltens, die nicht aus der bloßen Subjektivität des Künstlers stammt. Stil ist mehr als bloßer Einfall und Sonderbarkeit. Die beherrschende Einheitlichkeit, die im Stil enthalten ist, liegt über das bloße Individuelle hinaus, der Stil ist im Wesen der Kunst begründet. Jeder Stil ergiebt sich notwendig aus den inneren Bedingungen der Kunst und Kunstentwicklung. Jeder Stil bringt aus der Fülle der in dem Leben der Kunst sich entfaltenden Kräfte eine neue Seite ans Licht. Jeder Stil ist eine neue Offenbarung über Können und Reichtum der Kunst. Auch wer den Barockstil unerfreulich findet, wird doch anerkennen müssen, daß sich in ihm Bedürfnisse und Stimmungen, zu denen die Entwicklung der Kunst notwendig hinführte, zum Ausdruck gebracht haben. Auch die geschichtlichen Verirrungen in der Entwicklung der Kunst werfen auf gewisse im Wesen der Kunst liegende Möglichkeiten ein bedeutsames Licht.

Stil als Wertbegriff. Hiermit ist das Gemeinsame in der Anwendung des Stilbegriffs festgestellt. Gehen wir nun auf die Unterschiede in seiner Anwendung ein, so sondere ich zuerst die Fälle aus, in denen das Zusprechen von Stil einen Vorzug, das

Absprechen einen Mangel zum Ausdruck bringt. Wenn ich von Richard Wagner oder von Böcklin sage, daß sie sich ihren eigenen Stil geschaffen haben, so ist dies ein Lob. Wenn ich dagegen über einen Künstler urteile, er habe sich noch zu keinem Stil hindurchgearbeitet, oder gar: statt des Stiles zeige sich in seinen Arbeiten willkürliche Manier oder seelenlose Nachahmung, so ist hiermit ein Tadel ausgesprochen. Stil ist hier ein **Wertbegriff**. Hierher gehört auch der gegenwärtig bis zum Überdruß vielgebrauchte Ausdruck „stilvoll" und sein Gegenteil „stillos". Und zwar scheint mir mit dem Zusprechen von Stil in dreifacher Hinsicht ein Vorzug bezeichnet zu sein. Stil bedeutet **erstlich** den Gegensatz zu Eigensinn, Laune, Willkür. Ein Künstler, dem ich Stil als einen Vorzug zuschreibe, hat sich eine Eigenart von sachlich gültiger, mehr als nur individueller Natur gebildet. Es ist also von dem, der Stil hat, mit besonderem Nachdruck das Schaffen aus den inneren Bedingungen der Kunst ausgesagt. Gar oft hat die Eigenart der Künstler nur den Wert eines Einfalls, einer Schrulle, einer wenn vielleicht auch geistreichen Seltsamkeit. Man wird dann von Manier, nicht von Stil zu reden haben. Tieck, Brentano, Friedrich Schlegel und andere Romantiker ergehen sich vielfach in bloßer Manier; aber auch der zweite Teil von Goethes Faust zeigt in manchen Beziehungen bloße Manier, so in dem kurzzeiligen daktylischen Reimgeklingel. Nebenbei bemerkt, könnte man mit Fechner fragen, warum Stil schlechthin der Manier gegenüber nur in gutem, Manier dem Stil gegenüber nur in schlechtem Sinne gebraucht werde, da doch die Hand (manus) dem Herzen und der Seele des Künstlers näher liegt als der Griffel (stilus).[62]) **Zweitens** bedeutet Stil als Wertbegriff den Gegensatz von Zerfahrenheit und Haltungs-

losigkeit, von unsicherem Tappen und schwächlichem Heraus=
fallen aus der Rolle. Es ist hier das Feste, Große, Zwingende
in der einheitlichen Eigenart, die den Stil ausmacht, mit
besonderem Nachdruck betont. Und **drittens** besagt Stil
als Wertbegriff, daß sich der Künstler aus **selbständigem
Können** seine Eigenart geschaffen, daß er sich seinen
ureigenen Weg des Auffassens und Gestaltens erarbeitet
habe. Stil ist hier im Gegensatze zum Verfolgen fremder
Geleise, zu Nachtreten und konventioneller Kunstübung gemeint.
Stil im höchsten Sinne hat daher nur das Kunstgenie.

Stil als That=
sachenbegriff. Von dem Stil als **Wertbegriff** haben wir nun jene
andere häufigere Anwendung zu unterscheiden, wo mit den
Stilweisen **thatsächlich** vorhandene Richtungen in der Kunst=
übung bezeichnet werden. Es ist eine **Thatsache**, daß
innerhalb der griechischen Baukunst die dorische und ionische
Bauweise sich als zwei wesentlich verschiedene Stile gegenüber=
stehen. Und es ist **Thatsache**, daß in der Entwicklung
der griechischen Bildhauerkunst auf den Stil der Gebunden=
heit und Starrheit ein Stil beweglicheren, freieren, losge=
wickelteren Charakters folgt, und daß es innerhalb dieser
Kunstübung wieder einen Stil der stillen Größe und einen
Stil der leidenschaftlichen Erregung giebt. Hiermit sind that=
sächliche Unterschiede bezeichnet. Freilich haben die thatsäch=
lichen Stile verschiedenen künstlerischen Wert. Es giebt Stile
naturgemäßer und verzerrter, kräftiger und schwächlicher Art,
unreifen, reifen und überreifen Charakters. Allein diese
Wertunterschiede ergeben sich erst bei näherer Untersuchung.
In der Zugehörigkeit zu einem Stil überhaupt liegt ohne
weiteres weder ein Lob, noch ein Tadel. Der Stil ist hier
ein Ausdruck **thatsächlich** vorhandener Unterschiede in der
künstlerischen Gestaltung.

Ich werde in allem folgenden nur vom Stilbegriff in *Abgrenzung der Aufgabe.* diesem zweiten Sinne handeln. Und auch hier werde ich eine Auslese treffen und nur die prinzipiellsten Stilunterschiede zum Gegenstand einer genaueren Betrachtung machen. Zuvor indessen ein paar flüchtige Worte über die verschiedenen Gruppen der Stilunterschiede dieser zweiten — thatsächlichen — Art.

Da begegnet uns zuerst eine sehr zahlreiche Gruppe von *Der Stil als geschichtlicher Begriff.* Stilunterschieden, die sich durch die **geschichtliche Entwicklung der Kunst** ergeben haben. Daß in Deutschland im zwölften Jahrhundert romanisch gebaut wurde und vom dreizehnten Jahrhundert der gotische Stil Eingang fand, ist von kunstgeschichtlichen und weiterhin kulturgeschichtlichen Bedingungen abhängig. Und wenn zu Beginn des fünfzehnten Jahrhunderts die bildenden Künste in Italien von der Renaissance ergriffen werden, so hängt dies mit der ganzen Wandlung des geistigen Lebens der damaligen Zeit zusammen. Von diesen als geschichtliche Thatsachen auftretenden Stilweisen will ich hier nicht handeln. Hierher gehört es auch, wenn von dem Stil einzelner Künstler die Rede ist. Spricht man von dem Stil Michelangelos oder Rembrandts, so versteht man hierunter die geschichtliche Thatsache, daß jeder der beiden Meister eine nur ihm eigentümliche Darstellungsform ausgebildet hat.

Eine andere Art von Stilunterschieden entspringt, wenn *Stil als ein durch die Gliederung der Künste gegebener Begriff.* wir auf die einzelnen Künste und Kunstzweige achten. Jeder Kunstgattung entspricht ein besonderer Stil. Dieser wird durch die eigentümlichen Mittel, in denen die Darstellung geschieht, und sodann auch, soweit sich eine Kunstgattung nur auf Gegenstände bestimmter Art richtet, durch die Besonderheit der Gegenstände bedingt. So kommt, gemäß der Ver=

schiedenheit der Darstellungsmittel, der Musik ein anderer Stil zu als der Bildnerei. Aus demselben Grunde darf man aber auch innerhalb der Bildnerei von einem besonderen Stil des Marmors, des Erzes, des Holzes u. s. w. sprechen. Dagegen ist es die Verschiedenheit der Gegenstände, wonach sich der Stil des geschichtlichen von dem des genrehaften Gemäldes, der Stil der Tragödie von dem des Lustspiels, der Stil des Hymnus von dem des Liedes unterscheidet. Von welcher Bedeutnng diese Unterschiede sind, kommt besonders dann zu Tage, wenn der Stil einer Kunstgattung auf eine andere, sei es berechtigter- oder unberechtigterweise, übertragen wird. So kann man, wie ich schon vorhin bemerkte, von einem musikalischen Stil in der Dichtkunst sprechen. Von zahlreichen modernen Naturalisten dagegen kann man wegen des Übermaßes im Beschreiben der Eigenschaften der Gegenstände sagen, daß sie den Stil der Malerei in die Dichtkunst tragen. Aber man spricht auch von einem malerischen Stil in der Plastik und Architektur. Barock und Rokoko sind Architekturformen in Stile des Malerischen.[63]) Die modernen Farbensymphoniker sind Maler im Stil der Musik, während z. B. Cornelius, Genelli, Schwind, Ludwig Richter, so gewaltig verschieden sie sind, als Maler und Zeichner mit Hinneigung zum poetischen Stil bezeichnet werden können. Sebastian Bach hat im Architekturstil komponiert, während Richard Wagner, sei es mit Recht oder Unrecht, die Musik dem Stil der Dichtkunst angenähert hat.

Die prinzipiellsten Stilunterschiede (Idealismus und Realismus). Doch von dem allen will ich heute nicht sprechen. Den Gegenstand der heutigen Betrachtung sollen nur die prinzipiellsten Stilunterschiede bilden, die weder an bestimmte geschichtliche Bedingungen noch an bestimmte Gattungen und Zweige der Kunst geknüpft sind, sondern die in den verschiedensten Zeiten und Völkern und mehr oder weniger in allen Künsten vorkommen. Auf einen solchen prinzipiellen Stilunterschied weisen die üblichen Namen des **idealistischen** und des **realistischen** Stiles hin. Idealisten und Realisten hat es immer und in allen Künsten gegeben. Freilich wird sich mit diesen beiden Bezeichnungen nicht viel machen lassen. Denn sie sind überaus vieldeutiger Natur. Realistisch pflegt man **den** Dichter zu nennen, der seinen Gestalten lebenstrotzende Individualität zu geben weiß, wie dies z. B. bei Homer, noch mehr bei Shakespeare oder im ersten Teil von Goethes Faust der Fall ist. Aber realistisch heißt auch der Dichter, der uns das Leben in seiner Gewöhnlichkeit darstellt, es nicht über das Niveau des thatsächlichen Geschehens erhebt. In diesem Sinne finden wir weder bei Homer, noch bei Shakespeare oder in Goethes Faust Realismus. Und von Realismus pflegt man auch dort zu reden, wo der Dichter mit schroffer Wahrhaftigkeit den Sinn des menschlichen Lebens nach seinen furchtbaren und grauenhaften Seiten enthüllt, wie dies bei Aeschylos und Shakespeare der Fall ist. Damit habe ich drei verschiedene ästhetische Bedeutungen des Wortes „Realismus" angedeutet. Sie entspringen unter grundverschiedenen Gesichtspunkten. Und das Gleiche gilt von dem Namen „Idealismus". Zur idealistischen Richtung rechnet man einen Dichter, der seine Gestalten in der vornehm zurückhaltenden Weise des Typischen behandelt, sie von den nebensächlichen individuellen Zügen reinigt und das Gattungsmäßige, die Idee, besonders durchsichtig hervortreten läßt, wie dies z. B. bei Aeschylos und Sophokles der Fall ist. Idealistisch heißt aber auch der Dichter, der die Wirklichkeit steigert, der uns eine kraftvollere, feurigere, kühnere Menschheit, eine Welt voll stärkerer Gewalten vor führt, als sie thatsächlich vorkommt. In diesem Sinn ist sowohl Calderon als Shakespeare, Schiller sowohl im Tell als in seinen Räubern, Leopardi und Hölderlin idealistisch. Besonders aber zählt man zu den Idealisten solche Dichter, die das Leben vergolden, es ins Reine und Schöne hinaufheben und uns so mit ihrem Zauberstabe über die gar zu erschreckenden Seiten des Lebens hinwegtäuschen, wie dies bei Jean Paul, Eichendorff, Scheffel, bis zu einem gewissen Grade auch bei Heyse zu spüren ist. So ist auch der Name „Idealismus" ästhetisch vieldeutig. Ich will nun versuchen, die in diesen beiden Namen zusammengeworfenen Stilunterschiede zu sondern und dafür unzweideutige, wenn auch weniger gebräuchliche Namen anzuwenden. Es wird dies zweckmäßiger sein, als wenn man etwa mit Fechner von einem „Idealisieren im ersten Sinne" und einem „im zweiten Sinne" reden wollte."⁴) Insbesondere scheinen mir zwei Stilpaare häufig in jenen Namen miteinander vermischt zu werden. Ich will das erste Paar als den potenzierenden Stil und den Thatsachen-Stil, das zweite Paar als den typisierenden und den individualisierenden Stil bezeichnen.

Der potenzierende Stil. An erster Stelle spreche ich von dem potenzierenden und dem Thatsachenstil. Stellen Sie sich etwa auf der einen Seite Shakespeares Dramen, auf der anderen die Lessings vor, oder auf der einen Seite Goethes Faust, auf der anderen seinen Clavigo, auf der einen Seite Rubens, Hals, Rembrandt, auf der anderen Ter Borch, Dow, Metzu; auf der einen Seite Gabriel Max, Böcklin, Klinger, auf der anderen Leibl oder Liebermann. Ich glaube: es wird Ihnen hierbei der Unterschied in die Augen springen, daß es sich dort um eine gesteigerte Welt, hier um eine der gewöhnlichen Wirklichkeit weit näher stehende Welt handelt. Dort erscheinen

Menschen und Dinge mit einem Maß von Kräften ausgestattet, das den Wirklichkeitsdurchschnitt fühlbar übersteigt. Wir erhalten den Eindruck einer Welt, die zu gewaltig ist, als daß sie auf dem Boden der gewöhnlichen Wirklichkeit entstehen könnte; einer Welt, in der alles nach einem viel größeren Maßstab angelegt ist, als daß es in die gewöhnliche Wirklichkeit hineinpaßte. Homer und Aeschylos, Calderon und Shakespeare stellen uns Übermenschen hin, Menschen, in denen eine solche Kraftentfaltung stattfindet, wie sie die wirkliche Menschheit nicht erzeugen und aushalten könnte. Nicht als ob ich sagen wollte: es könne nirgends in der Wirklichkeit je ein Mensch vorkommen, der in so gewaltige leidenschaftliche Erregung geraten könnte wie ein Shakespearescher Held. Eine solche Behauptung ließe sich schwerlich beweisen. Sondern ich meine: jene Künstler erregen den Eindruck einer der unsrigen an Kraft und Kraftentfaltung fühlbar überlegenen Welt. Überhaupt bringt der große Künstler nicht etwa den Eindruck hervor, daß er uns einige seltsame Menschenexemplare, gewisse Raritäten der Menschenspezies vorführe, sondern er erzeugt einen umfassenderen, ich möchte sagen: einen kosmischen Eindruck: den Eindruck einer ganzen bestimmt gearteten Wirklichkeit, einer umfassenden, für sich bestehenden Welt. Ganz besonders aber bringen die potenzierenden Kunstwerke den Eindruck einer ganzen — größeren oder kleineren — Welt zur Anschauung, und zwar einer Welt, von der die wirkliche Welt durch eine fühlbare Kluft als zu klein, zu flach, zu gewöhnlich geschieden ist. Wenn die Kunst überhaupt Umformung der Wirklichkeit, Erschaffung einer zweiten Welt ist, so gilt dies vom potenzierenden Stil in ganz besonderer Weise. Die neue Welt des potenzierenden Stils ist von der gewöhnlichen Wirklichkeit derart gründlich geschieden, daß die Kräfte, aus denen sie aufgebaut ist, einer fühlbar anderen Ordnung der Dinge angehören. Vom potenzierenden Stil gilt, was Grillparzer vom Schönen überhaupt sagt: es liege die Idee einer höheren Weltordnung zu Grunde.⁶⁵)

Der potenzierende Stil kann die Wirklichkeit nach verschiedenen Seiten hin erhöhen. Die Steigerung kann stattfinden in der Richtung der ehernen Kraft, der den Willen zwingenden Leidenschaft, wie dies so oft bei Shakespeare, besonders in seinen Königsdramen, der Fall ist; oder sie geht mehr in der Richtung des Ungeschlachten und Kolossalen, wie in Schillers Räubern und Anthologie, in Grabbes Dramen, in Hebbels Judith. Beide Richtungen zeigen sich in Michelangelo vereinigt.⁶⁶) Anderswo steigert der Künstler wieder nach der Seite harmonischer Durchgeistigung und milder Veredlung und Ausgleichung, wie Goethe und Schiller es in vielen ihrer Gestalten aus der Reifezeit thun, oder wie es in dem Euphorion des Gregorovius und in vielen Dichtungen Heyses der Fall ist. Oder stellen Sie sich Raffael vor, dessen Hand wie die keines anderen Künstlers in eine vollkommene, selige Welt zeigt.⁶⁷) Verwandt hiermit ist die Steigerung ins Stille, Gelassene, Ergebene. So sagt Friedrich Schlegel von Goethes Wilhelm Meister, daß diese Dichtung wie eine werdende Welt aus dem Inneren des schaffenden Geistes leise emporsteige und uns auf eine Höhe hebe, „wo alles göttlich und gelassen und rein ist".⁶⁸) Andere Künstler wieder erhöhen ihre Welt nach dem Träumenden, Ahnungsvollen, geheimnisvoll Verknüpften hin; ich erinnere an Tieck, Eichendorff, Mörike, die Romantiker überhaupt. Oder stellen Sie sich Auerbachs Barfüßele vor Augen: hier haben Sie einen ins Sinnreiche, Feine und Leise steigern den Dichter. Oder denken Sie an andere Unterschiede: bald erstreckt sich die Steigerung auf die thränenschwere Überschwenglichkeit wie bei Klopstock, Hippel, Jean Paul, bald auf die feinfühlige Reizbarkeit gegen die Schranken und Übel des Daseins, wie bei Leopardi oder Hölderlin, bald auf die lodernde Sinnenglut wie in Heinses Ardinghello oder Hamerlings Ahasver.

Sie sehen: der potenzierende Stil fällt mit dem, was man gewöhnlich Idealismus nennt, keineswegs zusammen. Denn auch die Steigerungen ins Furchtbare, Grelle, Sinnliche, ja auch ins Müde, wie z. B. in Turgenjeffs Gedichten in Prosa, gehören in diesen Stil. Und auch die närrische, auf den Kopf stellende Komik potenziert in ihrer Weise. Hier zeigt sich der potenzierende Stil nicht im Idealisieren, sondern im Karikieren. Freilich meine ich damit ein anderes Karikieren, als es in so vielen modernen Lustspielen geschieht. Hier wird auf der einen Seite die alltägliche Welt ernst genommen und sachgemäß hingestellt und zugleich auf der anderen Seite unvermittelt Tollheit und Unsinn damit verkoppelt. Dadurch empfängt man nicht den Eindruck einer ins Närrische gesteigerten Welt, sondern eines unwahrscheinlichen, zusammengestoppelten Machwerks. Soll ein komisches Erzeugnis dem potenzierenden Stil zugerechnet werden dürfen, so muß es uns eine durch und durch närrische, einheitlich ins Komische verzerrte Welt vor Augen führen. So ist es bei Aristophanes, im Don Quixote, in gewissem Grade auch in Dickens Pickwickiern. Selbst die Erzeugnisse Offenbachs verdienen, was die Einheitlichkeit des nach der Seite der Karikatur potenzierenden Stils betrifft, den Vorzug vor den allermeisten Operetten und Schwänken der Gegenwart. Auch die im Reich des Komischen schaffenden Maler und Zeichner gehören hierher, wofern sie den Eindruck einer neuen, selbstherrlich lebenden Welt des Komischen zu erzeugen vermögen. Friedrich Vischer hat in der Charakterisierung, die er den Zeichnungen Töpffers widmet, in trefflicher Weise gezeigt, was es heiße, durch tollste Karikatur eine im Reich der Komik frei und selig schwebende Welt erschaffen.⁶⁹)

Der Thatsachenstil. Was der Thatsachenstil will, ist durch den Gegensatz ohne weiteres klar. Er läßt uns auf dem vertrauten Boden der Wirklichkeit. Wir erhalten durch die Kunstwerke dieses Stils keinen Ruck nach oben; uns wachsen keine Flügel. Wir wandeln behaglich aus der Welt der Wirklichkeit in die der Kunst hinüber. Damit ist nichts Geringschätziges gesagt. Im Thatsachenstil haben nicht etwa nur hausbackene Dichter vom Schlage Ifflands oder Benedix gedichtet; sondern auch Lessing. Weder in Minna von Barnhelm, noch in Emilia Galotti weitet er die Menschen zu fühlbar größeren Linien aus. Und selbst im Nathan merkt man, wie das Steigern der Menschen — und es findet hier vorwiegend in der Richtung des Vernunft= geklärten, Harmonisch=Ermäßigten statt — mühselig und stockend geschieht. Den potenzierenden Stil zu handhaben fällt Lessing schwer. Das Erheben über die Thatsachenwelt hinaus ist hier nicht von der freien und entschiedenen Art wie etwa bei Schiller. Von der in Prosa gehaltenen er= zählenden Litteratur gehört das meiste dem Thatsachenstil an. Stellen Sie sich Manzonis Verlobte, Eliots Adam Bede, Freytags Soll und Haben, Gottfried Kellers Martin Salander vor, oder versetzen Sie sich in die Erzählungs= weise Fontanes oder der Ebner=Eschenbach, so haben Sie ausgeprägte Beispiele des Thatsachenstils.

Sie erinnern sich, daß ich die Kunst überhaupt als eine neue Welt bezeichnet habe. Widerspreche ich mir nun nicht, wenn ich auch den Thatsachenstil als zulässig anerkenne, — den Thatsachenstil, der sein Eigentümliches doch darin hat, daß er uns auf dem Boden der uns umgebenden Wirklichkeit stehen läßt? In der That ist die Ästhetik der spekulativen deutschen Philosophen grundsätzlich auf den potenzierenden Stil hin angelegt. Wenn die Aufgabe der Kunst in die Darstellung des Absoluten, der Idee, des Göttlichen gesetzt wird, so ist offenbar der potenzierende Stil gefordert. Auch Richard Wagner, der, gleich den spekulativen Ästhetikern der Schelling-Hegelschen Art, in der Kunst nur das Höchste gelten lassen will, zielt in der Beschreibung von künstlerischem Schaffen und Genießen grundsätzlich auf den potenzierenden Stil hin.[70])

Jener Widerspruch ist indessen nur scheinbar. Es kommt, um dies einzusehen, nur darauf an, genau festzuhalten, was unter dem Thatsachenstil und den unentbehrlichen Umformungen der Natur verstanden ist. Der Thatsachenstil soll die uns vertraute Wirklichkeit nicht zu einer neuen Welt steigern; damit ist nur ausgesprochen, daß er seine Welt der Wirklichkeit nicht fühlbar überlegen machen dürfe. Sonach ist ein Boden gegeben, auf dem es ganz wohl möglich ist, mit der Wirklichkeit alle Umformungen vorzunehmen, welche die Kunst, bei aller Verwandschaft mit der gewöhnlichen Wirklichkeit, dennoch als neue Welt im Sinne des vorigen Vortrages erscheinen lassen. Um nur eines hervorzuheben: auch der Thatsachenstil ist imstande, das Leben unter bedeutungsvolle Beleuchtung zu rücken und zu diesem Zwecke das wirkliche Geschehen durch Weglassen, Zusammenrücken, Dämpfen, Stärkerprägen tiefgreifend umzugestalten. Nur geschieht diese zur Hervorhebung des Menschlich-Bedeutungsvollen nötige Umgestaltung hier in der Weise, daß dabei der Wirklichkeitscharakter der gewöhnlichen Welt nicht ein fühlbar anderer wird. Wer wollte etwa Fieldings Tom Jones oder Thackerays Eitelkeitsmarkt oder Zolas Germinal absprechen, daß sie des Lebens Rätsel ergreifend nahebringen? Und doch werden wir dem Thatsachenboden, auf dem wir selbst leben, nicht entrückt.

Berechtigung beider Stile. In den ästhetischen Dingen ist Weitherzigkeit von nöten. So wird denn auch anzuerkennen sein, daß **beide Stilweisen ihre Berechtigung haben**. Jede von ihnen hat ihre eigentümlichen Vorzüge, aber auch Schranken, von denen sie nicht loskommt.

Je tiefer die Kunst in das Lebensrätsel greifen, je mehr sie die großen innerlich pochenden Mächte, die prinzipiellsten Gegensätze, Kämpfe und Versöhnungen des menschlichen Gemütes, ich möchte sagen: den metaphysischen Untergrund des Lebens herausarbeiten will, um so mehr wird sich der potenzierende Stil nahelegen. In einer erhöhten Welt wird sich das Göttliche und Teuflische, das Geistige und Tierische, die Wonne und der Jammer des menschlichen Daseins durchsichtiger und markiger darstellen lassen als in dem verwirrenden Vierlerlei der gewöhnlichen Welt. Der potenzierende Stil ist im höheren Grade als der Thatsachenstil imstande, die Wirklichkeit zu vereinfachen, das Nichtssagende und Ablenkende gründlich abzuschütteln. So ist es diesem Stile ganz besonders möglich, die entscheidenden, innerlichsten Gewalten des Lebens in einfacheren, reineren, größeren Linien hervortreten zu lassen. Was Dante in der göttlichen Komödie, Shakespeare in Hamlet und Lear, Byron in Kain und Manfred, Goethe in Faust und Prometheus an menschlichem Schwer- und Tiefgehalt niedergelegt haben, hätte nicht in der Weise des Thatsachenstils bewältigt werden können. Nur der potenzierende Stil vermag gewisse innerste Kräfte und Gesetze, die im wirklichen Leben mit seinen verschüttenden Äußerlichkeiten unter der Oberfläche zurückgehalten werden, ans Licht der sinnlichen Form herauszugestalten.

Aber dies hindert nicht, auch den Thatsachenstil als berechtigt anzuerkennen. Denn es ist nicht ausschließlicher Zweck der Kunst, den geheimsten und größten Sinn des menschlichen Daseins zu offenbaren. Soll die Kunst das Menschlich=Bedeutungsvolle erschöpfend darstellen, so muß sie das Menschliche auch bis in seine unscheinbaren, gewöhnlicheren Charaktere und Vorgänge verfolgen, auch aus dem Durchschnittlichen und Kleinen den Sinn des Lebens hervorholen. Nicht nur in dem, was auf den Höhen der Menschheit geschieht, offenbart sich das Wesen des Menschlichen, sondern auch in den Leiden und Freuden, Kämpfen und Fortschritten der mittelgroßen und kleinen Leute, der ungezählten Millionen Tüchtiger und Untüchtiger, Wissender und Unwissender, Glücklicher und Unglücklicher, welche die eigentliche Woge des Lebens bilden. Es ist klar: hier kann der potenzierende Stil nicht verwendet werden. Soweit die Kunst die gewöhnlichen Lebensläufe schildern will, hat sie zwar gleichfalls Spreu und Quark abzuschütteln, das Vielerlei zu vereinfachen und zu klären, weil sonst das Charakteristische und Interessante daran nicht durchsichtig würde, aber trotz dieser verhältnismäßigen Umwandlung muß sie doch den Grundcharakter der thatsächlichen Wirklichkeit unverändert lassen; denn es kommt ihr ja hier auf den Sinn des gewöhnlichen Lebens an.

Aber dazu kommt noch etwas anderes. Der Thatsachenstil vermag mehr den Schein des Lebens zu erzeugen, als der potenzierende Stil. Ist es doch der Charakter der heimischen Wirklichkeit, zu der er die Gestalten heraustreten läßt! Der

Thatsachenstil weiß etwas wie Geruch und Geschmack des Wirklichen in uns zu erwecken. Hierin kommt ihm der potenzierende Stil nicht oder nur sehr schwer gleich. Die Sache liegt also so, daß jeder der beiden Stile einen besonderen Vorzug hat. Der potenzierende Stil ist mehr als der Thatsachenstil imstande, die geheimsten und letzten Triebkräfte des Lebens, die innerlichsten Kämpfe und Gegensätze darzustellen; oder indem ich unsere übliche Formel gebrauche: er ist mehr als der Thatsachenstil imstande, der Norm des Menschlich=Bedeutungsvollen in erschöpfendem Sinne zu genügen. Der Thatsachenstil dagegen hat den Vorzug, daß er erstlich das Kleine und Gewöhnliche in bedeutungsvolles Licht zu setzen vermag und zweitens die Mittel besitzt, den Schein des Lebens intimer hervorzubringen.[71]) So ergänzen sich beide Stile; jeder von ihnen ist wohlberechtigt.

Eine ästhetische Antinomie.

Ich bitte Sie, hier einige Augenblicke stehen zu bleiben. Ich habe Sie vor eine ästhetische Sachlage geführt, die ich — unter Abschwächung der Bedeutung, die Kant dem Ausdrucke giebt — vielleicht am besten als **ästhetische Antinomie** bezeichnen könnte. Schon im ersten Vortrag übrigens sind wir auf ein Verhältnis gestoßen, das ich mit diesem Namen bezeichnete.[72]) Wir haben zwei ästhetische Normen vor uns, von denen eine jede unerläßlich ist. Die eine lautet: die Kunst soll das Menschlich=Bedeutungsvolle zur Darstellung bringen, die andere sagt: die Kunst soll ihren Darstellungen den Schein der Wirklichkeit geben. Nun liegt die Sache so, daß die beiden Forderungen nach verschiedenen Richtungen weisen. Wird die eine soweit als möglich erfüllt, so geschieht der anderen einiger Abbruch; und umgekehrt. Es ist unmöglich oder doch — um mich vorsichtiger auszudrücken — kaum möglich, beiden Normen in gleichem Maße gerecht zu werden. Die Norm des Menschlich=Bedeutungsvollen führt zur verschiedenen Ausbildung des potenzierenden Stiles; hierdurch aber geschieht es, daß der anderen Norm, die den Wirklichkeitsschein möglichst herauszuarbeiten befiehlt, ich sage nicht etwa: widersprochen, wohl aber nicht in demselben Maße genügt wird wie jener ersten Norm. Und die Norm des Wirklichkeitsscheines wiederum führt zur entschiedenen Ausbildung des Thatsachenstils. Hiermit ist aber der vollen Erfüllung der Norm des Menschlich=Bedeutungsvollen eine gewisse Schranke gesetzt. So geht das Reich der Kunst in zwei Richtungen auseinander, von denen keine unbedingte Vollkommenheit für sich in Anspruch nehmen darf. Jeder der beiden Stile ist relativ berechtigt. Auch in anderen Beziehungen findet ein ähnliches antinomisches Auseinandergehen in der Kunst statt.

Ich möchte hiermit keineswegs gesagt haben, daß jeder der beiden Stile seine Schranke dem künstlerischen Betrachter als ästhetische Unbefriedigung zu schmecken gebe. Denn einerseits wirkt das, was jeder der beiden Stile nach der Seite seines Vorzugs hin leistet, so überwiegend und fortreißend, und anderseits geschieht auch der antinomischen Seite, trotz dem Abbruche, der ihr widerfährt, in so bedeutendem Grade Genüge, daß von einem Mangel, der ästhetisches Mißvergnügen mit sich führte, nicht die Rede sein kann. Jene ästhetische Schranke macht sich nur für den reflektierenden, philosophischen Betrachter fühlbar, der sich auf den höchsten Standpunkt stellt und nach letzten Synthesen strebt. Und auch er wird sich damit zu trösten wissen, daß gerade darum, weil es kein absolut Schönes giebt, das Reich des Ästhetischen eine mehr als Ersatz bietende Mannigfaltigkeit berechtigter Gestaltungen gewinnt. [73])

Das Fließende dieses Stilunterschiedes.

Indem ich mich von diesem Ausblick ins Weite wieder zu unserem engeren Gegenstande wende, habe ich über die charakterisierten beiden Stile nur noch wenige Bemerkungen hinzuzufügen. Der Unterschied zwischen ihnen ist fließender Art. Es liegt in der Natur der Sache, daß die Steigerung der Wirklichkeit langsam abnehmen kann, bis der potenzierende Stil unmerklich in den Thatsachenstil übergeht. Oft wird es sich daher kaum sagen lassen, ob ein Kunstwerk oder ein Künstler dem einen oder anderen Stil angehöre. Dies gilt vielfach von Heyse und Gottfried Keller: es ist Erhöhung der Wirklichkeit vorhanden, aber doch nicht in so fühlbarer Weise, daß man einen gewaltigen Ruck nach einer neuen Welt hinauf spürte. Auch ergiebt sich ein bemerkenswerter Unterschied, je nachdem der potenzierende Stil mehr oder weniger von dem Mark und Blut der thatsächlichen Wirklichkeit in sich aufgenommen hat. Die Steigerung kann gleich gewaltig sein, und doch kann der eine Künstler die ganze Wucht und Härte der zwingenden Weltmächte zur Darstellung bringen, während der andere das Dasein edler, milder und goldiger gestaltet. Jenes könnte man als die realistische, dieses als die idealistische Art des potenzierenden Stiles bezeichnen. Es liegt in der Natur der Sache, daß jene realistische Art dem Thatsachenstil nicht so schroff entgegengesetzt ist als diese idealistische. Bei Lionardo und Raffael, Tizian und Correggio erscheint die Welt ins Hehre und Edle, ins Blühende und Sonnige gesteigert, wogegen Dürer, Holbein, Rembrandt uns weit mehr als jene das Markige, Eherne, Rauhe der Wirklichkeit fühlen lassen. Oder man halte die Landschaften Claude Lorrains und Everdingens gegeneinander: dort ist die idealistische, hier die realistische Form des potenzierenden Stils vorhanden. Es ist klar: man kann diesem Stil nicht

gerecht werden, wenn man dabei immer nur an das Ver=
edeln und Verschönern der Wirklichkeit, also an die idealistische
Gestalt desselben, denkt. So ist es bei Fechner, der trotz
aller Mannigfaltigkeit und Beweglichkeit der Gesichtspunkte
zu diesem Stil nicht die richtige Stellung gewinnt.⁷⁴)

Noch wäre es lehrreich, von den Ausartungen beider *Ausartungen beider Stile.*
Stile zu sprechen. Der potenzierende Stil treibt zuweilen
die Steigerung so weit, daß daraus Verstiegenheit, Dunkel,
Gestaltlosigkeit entsteht. So ist es zuweilen in den Chören
der antiken Tragödie, vielfach bei Klopstock, Jean Paul,
Novalis, auch zuweilen bei Richard Wagner. Ist der poten=
zierende Stil von der idealisierenden Art, so kann es ge=
schehen, daß das Verschönern zum Beschönigen, zu einem
zaghaften, feigen Hinwegsehen über die furchtbaren Seiten
des Daseins wird. In der That ist der potenzierende Stil
öfters in diese Einseitigkeit verfallen, und wenn der gegen=
wärtige Naturalismus über alles Idealisieren verständnislos
und ungerecht aburteilt, so hat dies mit darin seinen Grund,
daß er sich vorzugsweise oder ausschließlich jene weichliche,
oberflächliche Ausgestaltung des Idealisierens vor Augen hält.
Wir wollen uns dieser Verwechselung einer Ausartung des
Stiles mit der ganzen Stilrichtung nicht schuldig machen;
wir wollen uns lieber die Worte Jean Pauls beherzigen,
der den großen Dichtern zuruft: sie sollten öfter den Himmel
aufsperren als die Hölle, und dann hinzufügt: „Der Mensch=
heit einen sittlich=idealen Charakter zu hinterlassen, verdient
Heiligsprechung; ein Geschlecht nach dem andern erwärmt
und erhebt sich an dem göttlichen Heiligenbilde."⁷⁵) Natürlich
hat auch der Thatsachenstil seine Ausartung. Sie finden eine
solche z. B. dort, wo er bis zur Trivialisierung der Wirklichkeit
geht, wie dies im modernen Naturalismus so oft der Fall ist.

Ein zweiter Stilgegensatz: typisierender und individualisierender Stil.

Unter einem ganz anderen Gesichtspunkt entspringt der Unterschied des **typisierenden** und **individualisierenden Stils**. Bei dem eben besprochenen Stilgegensatz handelte es sich um das Verhältnis, in das sich der Künstler zu dem Maß von Kräften setzt, durch das die wirkliche Welt charakterisiert ist. Jetzt dagegen steht ein anderes Verhältnis in Frage; jetzt kommt es darauf an, wie sich der Künstler in seiner Darstellung zu dem individuellen Gepräge der wirklichen Welt stellt. Der individualisierende Stil will von dem Grade, in dem in der Wirklichkeit die individuelle Bestimmtheit hervortritt, nichts nachlassen, eher will er sie noch stärker betonen, sie verdichten und zuspitzen. Der typisierende Künstler dagegen will das individuelle Gepräge vereinfachen, damit das Typisch-Menschliche durchsichtiger hervortrete. Er begnügt sich gleichsam mit einer dünneren Schicht individueller Merkmale; er glaubt auch hiermit schon den Eindruck der individuellen Bestimmtheit hervorbringen zu können. Die metaphysische deutsche Ästhetik war ihren Prinzipien nach mehr auf Würdigung des typisierenden Stils angelegt.[76]) Doch wirkte zumeist das lebhafte künstlerische Verständnis für Shakespeare und andere Dichter stark individualisierenden Stils in glücklicher Weise ergänzend, so daß in ihr thatsächlich auch die im individualisierenden Stil gehaltenen Schöpfungen — mehr oder weniger — zu ihrem Rechte kamen. So ist es sogar bei Hegel,[77]) viel mehr noch bei Friedrich Vischer.

Erste Grundlage dieses Stilgegensatzes.

Betrachten wir jetzt diesen Stilunterschied etwas näher. An jedem menschlichen Charakter lassen sich zwei Bestandteile unterscheiden; je nachdem der Nachdruck auf den einen oder anderen gelegt wird, entspringt der typisierende oder individualisierende Stil. Die Natur eines jeden Menschen besteht nämlich aus gewissen Grundzügen und aus nebensächlichen, zufälligen Merkmalen. Es ist ein Mittelpunkt vorhanden, in dem das Gewicht des Charakters liegt. Er wird von den eingewurzelten, beherrschenden Zügen gebildet, die sich beständig geltend machen, in den Äußerungen des Charakters immer wieder zum Vorschein kommen und eine Menge abhängiger Züge als ihr Gefolge nach sich ziehen. In jenen Grundzügen ist das enthalten, was der einzelne Mensch ist und bedeutet; sie bilden den Inbegriff der grundlegenden Richtungen des Gefühls-, Willens- und Vorstellungslebens; sie stellen jenen Kern dar, von dem Wert oder Unwert des Menschen im letzten Grunde abhängt. Um diesen Kern herum sind nun zahlreiche Merkmale gruppiert, die nur locker und zufällig mit ihm verbunden sind. Gerade diese lose und unzusammenhängende Schicht von kleinen, unwesentlichen, regellosen Zügen giebt aber erst dem Menschen seine intime Individualität, das Gepräge des zugespitzt Einzigen. Nehmen Sie einen bedeutenden, tüchtigen Menschen: hervorragend in seinen Berufsarbeiten, streng in seinen Grundsätzen, voll Güte in seinem Herzen. Lernen wir ihn nun in den kleinen Geschäften des täglichen Lebens, im Verkehr mit seiner Familie und seinen Freunden kennen, so zeigt es sich vielleicht, daß er in seiner Art, zu reden und sich zu bewegen, manche lächerliche oder liebenswürdige Angewohnheiten hat, daß er nicht frei von arger Zerstreutheit, von Unüberlegtheit und kleinen Eitelkeiten ist, und daß sich neben diesen Schwächen auch wieder kleine hübsche Züge finden, die mit seinem Grundgefüge gleichfalls in keinem inneren Zusammenhange stehen. Kurz, es ist eine Menge von Zügen vorhanden, die dem Kern seines Wesens mehr oder weniger locker und unregelmäßig anhängen. Die innere Einheit, die den Menschen in seinem Grundgefüge zusammenhält, erstreckt sich nur in sehr abgeschwächter Weise auf diese — ich möchte sagen — irrationellen Ausläufer der Individualität.

<small>Erste Bedeutung des typisierenden und individualisierenden Stils.</small>

Jetzt haben wir eine Grundlage gewonnen, von der aus sich zwei Stile unterscheiden lassen, die man zweckmäßigerweise als typisierend und individualisierend bezeichnen kann. Dem typisierenden Stil ist in überwiegender Weise daran gelegen, die wesentlichen Züge, den einheitlichen Kern der Charaktere hervortreten zu lassen; auf die Menge der nebensächlichen Züge verzichtet er. Stellen wir uns die Gattung des Menschlichen in eine Anzahl von charakteristischen und wichtigen Arten und Typen gegliedert vor, so ist klar, daß jeder Mensch mehr oder weniger unter den einen oder anderen Typus fällt. Und ferner ist klar, daß, je mehr an dem Charakter eines Menschen die Fülle der kleinen, locker um den Grundkern gefügten Züge vernachlässigt wird, er damit um so mehr einem Typus des Menschlichen nahegebracht ist. So ist der Name: „typisierender" Stil gerechtfertigt. Indem dieser Stil die nebensächlichen individuellen Züge vernachlässigt, legt er Nachdruck auf das bedeutungsvoll Typische im Menschen, auf das, wodurch der Einzelmensch dem Allgemein=Menschlichen nahesteht. Es ist sonach ein gewisses Vereinfachen, was der typisierende Stil an den Charakteren vornimmt.

Dem individualisierenden Stil liegt ein solches Vereinfachen nicht am Herzen. Ihm ist vor allem daran gelegen, das Individuelle in seiner ganzen Intimität und Zugespitztheit heraustreten zu lassen. Er behandelt daher das einfache Grundgefüge der Charaktere nicht mit jener Bevorzugung. Ich möchte keineswegs sagen, daß dieser Stil die Grundgestalt durch lauter nebensächliche Züge verschütte; wohl aber läßt er sie nicht so klar und siegreich hindurchleuchten. Der individualisierende Künstler behandelt all das Nebensächliche mit Liebe, was die Charaktere an Fleckchen und Fältchen, an Flüchtigem und Augenblicklichem, an Schwächlichem, Unausgeglichenem und Ueberraschendem an sich haben. Wenn Grillparzer verlangt, der Dichter solle mannigfaltig und lebendig bis ins kleinste sein, Takt für die Zufälligkeiten des Lebens besitzen und durch die Hinzufügung einer Menge von Zufälligkeiten den Eindruck des Lebendigen hervorbringen, so gilt dies insbesondere von dem Künstler der individualisierenden Richtung.⁷⁸) Unzählige Beispiele aus der Geschichte der Künste vermögen zu zeigen, zu welch gewaltigen, in die Augen fallenden Gegensätzen in der künstlerischen Behandlung der in Frage stehende Stilunterschied führt. Man vergleiche etwa die Göttergestalten der griechischen Plastik mit den Bildwerken Donatellos, die Personen Raffaels mit denen Dürers oder Velasquez, Anselm Feuerbach mit Lenbach, Schillers Marquis Posa oder Max Piccolomini mit Shakespeares Hamlet oder Percy, oder die Frauen Schillers mit denen Ibsens.

Die Neigung also zum Weglassen der nebensächlichen Züge charakterisiert den typisierenden Stil. Nun kann diese Vereinfachung aber noch weitergehen: sie kann auch die Grundgestalt des Charakters ergreifen. Das Individuum stellt mehr oder weniger eine ins Unergründliche gehende Verwicklung, eine in eine dunkle Einheitstiefe verlaufende Verschmelzung der Eigenschaften dar. Der individualisierende Stil ist denn auch bestrebt, dieses Unsagbare, namenlos Einzige, was die Individualität mit sich führt, in seiner Darstellung zu Gefühl zu bringen. Dem typisierenden Stil ist hieran weniger gelegen; ihm kommt es vor allem darauf

Die erste Bedeutung dieses Stilgegensatzes wird erweitert.

an, aus der Verwicklung des Individuums gewisse Hauptzüge hervorzuheben und diese in bedeutungsvolles Licht zu rücken. Er will das Individuum durchsichtiger, verständlicher machen und unterwirft auch den bleibenden Kern des Menschen einem vereinfachenden Verfahren. Manchmal geht der typisierende Künstler hierin sehr weit. Um gewisse Eigenschaften, z. B. Geiz, Frömmelei, Ehrgefühl, Liebesschwärmerei, deutlich und schlagend hervortreten zu lassen, nimmt er eine derartige Vereinfachung mit dem Grundgefüge der Charaktere vor, daß er fast alles, was die Aufmerksamkeit von der in den Mittelpunkt der Schilderung treten sollenden Eigenschaft ablenken könnte, einfach nicht zur Darstellung bringt. Hierin liegt offenbar ein weites Sichentfernen von der Bestimmtheit des Individuums, ein Typisieren gesteigertster Art. Ich nenne als Beispiele Calderon und Molière. Calderon gehört keineswegs in allen seinen Stücken hierher. So sind z. B. die Charaktere im „Leben ein Traum" und im Richter von Zalamea teilweise von sehr verwickelter, dicht verschmolzener Art. Dagegen besteht der Held im standhaften Prinzen aus lauter Tugend und Religion; jeder Makel ist entfernt; und überhaupt stellen die Personen dieses Stücks Zusammensetzungen entweder aus einigen Tugenden oder aus einigen Lastern dar. In anderen Stücken Calderons wieder, z. B. im Arzt seiner Ehre, werden die Personen kaum von etwas anderem als von einem wahnwitzig übertriebenen Ehrgefühl in Bewegung gesetzt. Oder ich erinnere Sie an sein geistreiches Stück „Über allen Zauber Liebe"; hier besteht Ulysses lediglich aus zwei sich bekämpfenden Mächten: aus dem Drange nach tapferer, ruhmerwerbender Männlichkeit und aus dem Verlangen nach weichlicher, schwelgender Liebe. Wenn ich an Calderon dieses weitgetriebene Typisieren hervorhebe, so ist damit nicht ohne weiteres ein Tadel ausgesprochen. Denn es giebt bei ihm viele in diesem weitgehenden typisierenden Stil gehaltene Personen, die trotzdem den Eindruck des Lebens hervorrufen. Noch weniger im Sinne eines Tadels ist es gesagt, wenn ich Molières Gestalten hierherzähle. Sein Tartüff ist nichts als ein lüsterner, habgieriger Frömmler: alle Züge, die ihm der Dichter gegeben, zeigen ihn nur in diesen wenigen Eigenschaften. Und noch auffallender ist diese Vereinfachung bei Harpagon: vor dem Geldteufel, der ihn beherrscht, quält, um alle Freuden des Lebens bringt, sind alle übrigen Züge verschwunden.

Doch noch immer nicht habe ich den uns beschäftigenden Stilunterschied erschöpft. Noch von einer anderen Grundlage aus findet das Auseinandergehen in den Typen- und Individualitätsstil statt. *Eine zweite Grundlage für diesen Stilgegensatz.* Wenn wir irgend welche menschliche Typen, z. B. die des schwärmerisch Liebenden, des gewissenlosen Verführers, des fröhlichen Genußmenschen, des grübelnden Selbstquälers, betrachten, so bemerken wir, daß in ihnen die entsprechenden Charaktereigenschaften in einem gewissen mittleren, durchschnittlichen Maße enthalten sind, während die Einzelmenschen, die den Typus darstellen, dieselben Eigenschaften zum Teil in einem von diesem Mittelmaß sehr stark abweichenden Grade an sich tragen. Insbesondere aber können die Verkümmerungen und Überwucherungen, die Erkrankungen und Ausartungen, überhaupt die absonderlichen und ungewöhnlichen Formen, in denen die zu einem Typus gehörigen Merkmale hier und da vorkommen, innerhalb des Typus selbst keinen Platz finden. Dagegen kann der Typus selbst ganz wohl Merkmale von heftiger, leidenschaftlicher Art in sich schließen. Will ich den Typus eines Fanatikers darstellen, so gehört eben hier das Schroffe und Glühende zum Durchschnittsmaß.

Eine neue Bedeutung dieses Stilgegensatzes.

Damit ist eine Grundlage gegeben, von der aus unser Stilgegensatz sich nach einer bisher unberührt gebliebenen Seite entfaltet. Entweder ist der Künstler bestrebt, solche Züge, durch die eine allzu starke Abweichung der Individuen von der vollen, ungestörten, geradlinigen Auslebung des Typus bewirkt würde, möglichst zu vermeiden, also gleichsam die in den konstituierenden Kräften des Typus selbst liegende innere Notwendigkeit zu verwirklichen. Oder er sucht mit Vorliebe die sonderbaren, möglichst einseitigen, ja verzerrten, krankhaften Ausgestaltungen der den Typus bildenden Merkmale auf. Jener Künstler also bevorzugt bei der Formung seiner Personen solche Züge, die als zur vollen inneren Selbstentwicklung des Typus gehörig betrachtet werden können Dieser dagegen geht darauf aus, die Individuen in ihrer eigensinnigen, unregelmäßigen, um jeden Preis individuellen Gestalt darzustellen. Dort geht das Streben auf das Harmonische, Gesunde, innerlich Notwendige, Runde, hier auf das Zerrissene, Krankhafte, launenhaft Thatsächliche, auf das Herausarbeiten von Ecken, Knorren und Furchen. Dort wird das allzu Schroffe, das verletzend Herbe, das eingehaust Enge, das Kümmerliche und Dumpfe, das Häßliche und Triviale eher gemieden, hier dagegen mit Vorliebe gewählt. Dort kann sonach von typisierendem, hier von individualisierendem Stil die Rede sein. Vergleicht man Sophokles mit Shakespeare, Goethes Iphigenie oder Elpenor mit seinem Götz, Grillparzers Sappho mit seinem Stück „Ein treuer Diener seines Herrn" oder Raffaelische Gestalten etwa mit Dürerschen oder gar mit solchen Mathias Grünewalds oder mit der Darstellung, die bei Schongauer die bösen, verworfenen Menschen, z. B. Henkersknechte u. dgl., finden, so wird man bemerken, wie durch die angegebenen Mittel dort mehr der Eindruck der dem Typus zustrebenden, hier mehr der Eindruck der eigenwillig sich von ihm entfernenden Individualität hervorgebracht wird.

So sehen wir also: der Unterschied des Typen- und *Die mehrfache Bedeutung dieses Stilgegensatzes.* des Individualitätsstils entspringt unter grundsätzlich verschiedenen Gesichtspunkten. Wir müssen nicht nur an das Weglassen der nebensächlichen Charakterzüge, sondern auch an das Mildern der allzu stark von der eigenen, inneren Notwendigkeit des Typus abweichenden Züge, sodann aber überhaupt auch an das Vereinfachen allzu verwickelter Charaktere denken. Es kommen hier also drei Gegensätze in Frage: erstens der zwischen bleibenden und nebensächlichen Zügen des individuellen Charakters, zweitens der zwischen innerlich notwendiger Auswirkung der typischen Züge und starker individueller Abweichung hiervon und drittens der zwischen einfacher und verwickelter Beschaffenheit des Grundcharakters. Nach allen drei Richtungen hin giebt es für den Künstler Mittel und Wege, um sei es mehr den Eindruck des Typischen, sei es des Individuellen hervorzubringen.

Verlangt man nach einem schlagenden Beweis dafür, daß hiermit in der That verschiedene Richtungen bezeichnet sind, nach denen sowohl typisiert als individualisiert werden kann, so bietet sich ein solcher darin dar, daß es Kunstwerke giebt, deren Stil — und zwar nicht etwa in verschiedenen, sondern in denselben Teilen und Gestalten — in einer Beziehung typisierend, in einer anderen individualisierend ist. Jene drei verschiedenen Richtungen, nach denen sich der in Frage stehende Stilgegensatz geltend machen kann, können sich eben in mannigfaltiger Weise miteinander verbinden. Meistens geschieht dies so, daß die verschiedenen Mittel, die sich für das Typisieren oder das Individualisieren darbieten, im

Sinne derselben Stilrichtung verbunden werden. So kommt der Fall sehr oft vor, daß der individualisierende Künstler sich nicht damit begnügt, seine Personen auch in nebensächlichen, zufälligen Zügen zu zeigen, sondern daß er ihre Charaktereigenschaften zugleich ins unsagbar Eigenartige und zugespitzt Besondere zu steigern liebt und seine Personen lieber verwickelt, vielseitig, reich an Verstecken und Falten als allzu einfach und wasserklar erscheinen lassen will. Von allen Seiten strömen Beispiele hierfür zu; man nehme etwa zwei so entgegengesetzte Dichter wie Konrad Ferdinand Meyer und Ibsen: in dem Bestreben, die Mittel des Individualisierens in der bezeichneten Weise sich gegenseitig verstärken zu lassen, stimmen sie überein. Und etwas Ähnliches ließe sich über die Steigerung des typisierenden Stils durch Verbindung der vorhin angegebenen Wege sagen. Indessen mehr als diese Fälle interessieren uns jene anderen selteneren, in denen der Künstler ein Mittel des typisierenden Stils mit einem solchen des individualisierenden Stils vereinigt. So ist es z. B. bei Molière. Er nimmt eine starke Vereinfachung mit den menschlichen Charakteren vor: sein Geiziger ist nichts als Geiz, nichts als lechzende, klebende, freudlose Geldgier. Dies ist offenbar typisierender Stil. Nun aber trägt er innerhalb dieser gewählten Charaktereigenschaft eine überreiche Menge an Zügen auf; er zeigt uns Harpagons Geldleidenschaft in mannigfachen Lagen und in allen Arten von Unvernunft und Selbstquälerei. So paart sich mit jenem typisierenden Verfahren ein Charakterisieren im Sinne des entgegengesetzten Stils. Anders wieder ist es in Schillers Räubern. Auch hier sind die Gestalten ihrer Grundlage nach im typisierenden Stil geschaffen, einige sogar, wie Amalie, in übertriebener Weise. Hält man sie etwa mit denen Shakespeares zusammen, so fühlt man, wie sehr es ihnen an der Unergründlichkeit der Verwicklung fehlt. Allein auf dieser Grundlage sind nun starke, heftige Züge aufgetragen, oder besser gesagt: hervorgestoßen, — Züge, die uns die Individuen als maßlos, kolossal, ausgeartet erscheinen lassen. Also auch hier eine Verbindung beider Stile. Auch vom Nibelungenlied läßt sich etwas Ähnliches sagen. Vergleicht man seine Helden mit denen Homers, so fällt auf, aus wie wenig Grundzügen sie bestehen; und Nebenzüge fehlen fast ganz. Und doch erhält man den Eindruck starker und markiger Individuen. Dies kommt daher, weil hier das Herausarbeiten der Züge zu harter, rücksichtsloser Besonderheit in hohem Grade vorhanden ist.

Ich habe bisher von dem typisierenden Stil stets im Sinne des Berechtigten gesprochen. Ich habe nämlich immer stillschweigend vorausgesetzt, daß auch der typisierende Stil den Eindruck lebenskräftiger Individualität hervorzubringen vermöge. In der That: soll der typisierende Stil keine Einseitigkeit bedeuten, so muß er, trotz den Vereinfachungen, die er an der Individualität vornimmt, dennoch lebensfähige Menschen vor uns hinzustellen vermögen. Individuelle Bestimmtheit ist eine ästhetische Forderung von allgemeiner Geltung. Auch im Typenstil darf die Individualität nicht wie ein zusammengeflicktes, fadenscheiniges, schlotteriges Gewand aussehen; auch hier muß sie Fülle und Saft des Lebens zeigen. Und daß dies dem typisierenden Künstler möglich ist, beweisen die Schöpfungen der Großen unter denen, die in diesem Stil geschaffen. Die Gestalten Raffaels oder Tizians machen den Eindruck lebendiger Individualität; sie scheinen in die Wirklichkeit hineinblühen zu wollen. Freilich berühren sie mit ihren Füßen nicht den Boden dieser unserer Wirklichkeit. Sie scheinen nicht den unreinen Lüften

Das Berechtigte des typisierenden Stils.

und rauhen Pfaden dieser irdischen Welt preisgegeben gewesen zu sein. Und doch leben sie ein daseinskräftiges Leben.

Der Frage, wie es der typisierende Künstler machen müsse, um den Eindruck lebensvoller Individualität zu erzeugen, will ich hier nicht näher treten. So viel liegt auf der Hand, daß der typisierende Künstler gut daran thun wird, die nebensächlichen, individuellen Züge nicht gänzlich wegzulassen. Wenn Otto Ludwig sagt: der Dichter dürfe die Charaktere uns nicht immer im Wappenrock des Affekts, eingeklemmt in ihre Leidenschaften vorführen, sondern müsse sie uns auch in der Vertraulichkeit des täglichen Lebens, in gleichgiltigeren Berührungen mit anderen sehen lassen[79]: so soll dies auch der typisierende Dichter beherzigen. Übrigens auch, wo alle nebensächlichen Züge fehlen, ist es dennoch möglich, den Schein der Individualität zu erwecken. Es kann dies durch die Lebhaftigkeit und Wärme, womit die Personen sich geben, oder auch durch den Reichtum geschehen, mit dem sich gewisse typische Züge entfalten.

Wieder eine ästhetische Antinomie. So dürfen wir denn, wie von dem potenzierenden und Thatsachenstil, auch von den uns beschäftigenden Stilen sagen: beide Stile sind wohlberechtigt, ein jeder von ihnen hat seine Vorzüge, aber auch seine Schranken, und so ergänzen sie einander.[80]) Wir stoßen hier auf eine ähnliche **ästhetische Antinomie**, wie bei dem ersten Stilgegensatz. Ich will sie nur andeuten. Erfüllt man sich mit der Forderung des Menschlich=Bedeutungsvollen und sucht sie nachdrucksvoll zu verwirklichen, so wird man zum typisierenden Stil geführt. Die nebensächlichen Züge sind eher geeignet, das Menschlich=Bedeutungsvolle zu verdecken als es hervortreten zu lassen; und dasselbe gilt von der allzu eigensinnigen individuellen Ausgestaltung der menschlichen Eigenschaften und von der allzu verwickelten Beschaffenheit der Charaktere. Die Norm des Menschlich-Bedeutungsvollen hat sonach die Tendenz in sich, in allen diesen Beziehungen den Künstler vom Individuellen abzudrängen und zu nachdrucksvoller Herausgestaltung des Typischen zu führen. Und umgekehrt: erfüllt man sich mit der Norm des Wirklichkeitsscheines, mit der Forderung also, den Gestalten Lebensfülle und Daseinskraft zu geben, so wird man in der Richtung des individualisierendes Stiles getrieben. Dann gilt die Losung: Individualität — wenn auch nicht um jeden Preis, so doch allem anderen voran! Die Forderung des Menschlich-Bedeutungsvollen wird auch jetzt noch erfüllt, aber nicht in so betonter Weise wie vorhin. So geht auch in dieser Hinsicht die Kunst in zwei Richtungen auseinander, von denen keine sich der anderen gegenüber als alleinige Verwirklichung des Ideals hinstellen darf.

Auch über die einseitigen, ausartenden Formen beider Stile will ich nur wenige Bemerkungen machen. Für den typisierenden Stil besteht die große Kunst darin, daß er trotz der vorgenommenen Vereinfachung die Menschen als lebensfähige Individuen zu formen wisse. Fehlt diese Kunst, so entstehen statt ausgefüllter Individuen hohle Puppen, statt wirklicher Menschen leben wollende und doch nicht könnende Abstracta, statt weichen, warmen Mienenspiels starre, maskenhafte Züge. Man vergleiche etwa Faust und Mephisto in Goethes erstem Teile mit denselben Gestalten im zweiten: dort lebensprühende Individuen, hier künstlich belebte Abstracta! Dieses Mißraten der im typisierenden Stil gehaltenen Personen hat verschiedene Gründe. Bald hängt es mit einem eintönigen, großwortigen, schönmalenden, rhetorischen Phaots zusammen (so ist es in dem klassischen französischen Drama), bald mit einer gewissen vornehm sein wollen-

Ausartungen dieser beiden Stile.

den Glättung, Dämpfung und Leisetreterei (so ist es in manchen Dichtungen Goethes, z. B. in der natürlichen Tochter und Pandora). Sodann kommt auch jenes zu weit gehende Vereinfachen in Betracht, das gerade die das Individuum zum Individuum machenden Züge wegläßt. So hat es sich Voltaire mit dem Charakter des Mahomet zu leicht gemacht. Er ist einfach ein herrschsüchtiger, gewaltthätiger Betrüger, ein gewissenloser Bösewicht; es fehlt ihm gänzlich an religiösen, überschwenglichen Gefühlen und überhaupt an edleren Trieben. Und wie er aus lauter Laster besteht, so stehen ihm andere Personen im Stück gegenüber, die nichts als Tugend sind. Besonders dieses Schwärzen zu Teufeln und das Verklären zu Tugendhelden, die von Edelsinn und Großmut triefen, kommt in der Litteratur oft vor, und überall bewirkt es den Eindruck frostiger Erfindung.

Auch der individualisierende Stil giebt nach verschiedenen Richtungen hin zu einseitigen Ausgestaltungen Anlaß. So geschieht es häufig, daß der Dichter vorwiegend durch oberflächliche, äußerliche Züge charakterisiert, dagegen von Grundgestalt und Kern seinen Menschen nur wenig giebt. Wo wir wirkliche Menschen erwarten, finden wir ein wohlfeiles Gewand von zusammengeflickten Späßen und Einfällen. Der Dichter bekümmert sich nicht darum, diese bunte Lappen seines Augenblickswitzes einheitlich zu verknüpfen, ihnen eine haltbare, folgerichtige seelische Grundlage zu geben. Seine Personen werden in jeder Szene gerade das, wozu sie werden müssen, wenn ein amüsiert sein wollendes Publikum über sie lachen soll. Ich habe hiermit einen Mangel berührt, an dem das deutsche Lustspiel der jüngst vergangenen Zeit und auch der Gegenwart leidet.[81]) In anderen Fällen geschieht es wieder, daß der individualisierende Dichter seine Menschen allzu sehr mit Motiven belastet und durch diese Überfülle Schwanken und Unklarheit hineinbringt. Diesen Eindruck hatte ich z. B. rücksichtlich der Hauptfigur, als ich Konrad Ferdinand Meyers Heiligen las. Im modernen Naturalismus wieder kommt es häufig vor, daß der Dichter die zufälligen und kleinen Züge übermäßig häuft; hierdurch wirkt der Dichter mehr verwirrend und verdeckend, als daß er, wie er will, besondere Anschaulichkeit hervorbrächte. Eine weitere Einseitigkeit des individualisierenden Stiles besteht darin, daß sich der Dichter in dem Ausspüren und starken Hervorkehren des Absonderlichen und Häßlichen nicht genug thun kann. Auch hierfür bietet der gegenwärtige Naturalismus Beispiele in Menge dar.

Für beide Stile liegt eine besondere Schwierigkeit darin, daß die Züge, wenn sie den Eindruck lebensvoller Individualität hervorbringen sollen, nicht nebeneinander gestellt sein dürfen, sondern zum dichten Ineinander verschmolzen sein müssen. Wenn ein Dichter auch alle Seiten, die zu einer Individualität gehören, in seiner Darstellung sauber zur Geltung zu bringen weiß, so ist damit noch lange nicht der Eindruck des Individuellen verbürgt. Eine mosaikartige Zusammensetzung von Charaktereigenschaften sieht gemacht und tot aus. Die große Kunst besteht darin, sie zur dicht verschmolzenen Einheit, die dem Auge keine Fugen und Nähte verrät, zusammengehen zu lassen. Ein Zeichen, daß dies dem Dichter gelungen, besteht darin, daß die Personen der Analyse Widerstand zu bieten, in sie nicht aufgehen zu wollen scheinen. Solche in eins gewachsene Gestalten sind z. B. der Junker Western in Fieldings Tom Jones, Samuel Weller in Dickens Pickwickiern, der alte Osborne und Joseph Sedley in Thackerays Eitelkeitsmarkt. Solcher Verdichtung gegenüber

Das Verschmelzen der Charakterzüge.

haben selbst die Gestalten Heyses und Wilbrandts, bei aller sein herausgearbeiteten Eigenart, etwas Dünnes, nicht kraftvoll genug in eins Gegossenes. Der moderne Naturalismus geht mit Recht auf möglichste Ineinanderarbeitung der Charakterzüge zu einem unzerlegbaren Einheitsquell aus, und es gelingt ihm dieses Streben vielfach in hohem Grade. So ist mir dies kürzlich in Ernst Rosmers Schauspiel „Dämmerung" entgegengetreten: in den Personen des Stückes pulsiert warmes Lebensblut, es spricht aus ihnen die Wirklichkeit des Augenblicks. In der Art, wie dieser Dichter seine Personen zeichnet, ist etwas von der mürben Weichheit, von der regellosen, übergangsreichen Farbe des lebendigen Fleisches. Dieser Eindruck aber würde nicht entstehen, wenn nicht die aufgetragenen Charakterzüge zu intimer Einheit verschmölzen.

Zwei Arten im Auftragen der individuellen Züge. Hier kann ich auch bemerken, daß die Art, die Züge hinzusetzen, einen beiden Stilen gemeinsamen Unterschied aufweist. Beim individualisierenden Stil denkt man zunächst unwillkürlich an ein heftiges Herausstoßen, ein schroffes, markiges, breites Hinsetzen der Züge, an ein Charakterisieren, das aus starken, unerbittlichen Willensimpulsen hervorbricht. Und doch kann der Eindruck ausgeprägter Individualität auch durch weicheres, gleichsam versöhnlicheres Hinsetzen, durch vornehmes, sanft vermittelndes Fließenlassen der Linien und Farben, ja durch leises und zartes Hinhauchen erzielt werden. Nicht nur Rubens, sondern auch van Dyck, nicht nur Dürer und Holbein, sondern auch Meister wie Ter Borch, Dow, de Hooghe gehören dem individualisierenden Stil an. Und das Gleiche gilt von der Dichtung. Nicht nur Kleist und Hebbel, sondern auch Heyse, Storm, Rudolf Lindau, nicht nur Gogol, sondern auch Turgenjeff verstehen uns ausgeprägt individuelle Gestalten zu geben. Ähnlich verhält es sich mit dem typisierenden Stil. Auch hier können die Züge entweder wuchtig und feurig herausgelebt oder mehr mit vornehmer Zurückhaltung hingezeichnet werden. Vergleichen Sie etwa Aeschylos mit dem späteren Goethe, Grillparzers goldenes Vließ mit seiner Libussa, Hebbels Genoveva mit dem denselben Gegenstand behandelnden Stück von Tieck.[82])

Lassen sich — so frage ich zum Schluß — beide Stile nicht in einem höheren Stil vereinigen, in einem Stil, der die Vorzüge jener beiden zugleich verwirklicht? Ich will diesen höheren Stil nicht in dem straff gespannten Sinne fassen, daß die Gestalten den **höchsten** Grad der Individualisierung zeigen und dennoch das typisch Menschliche im **höchsten** Maße deutlich und siegreich hindurchschlage; sondern nur in dem fruchtbareren relativen Sinn, daß sich die Vorzüge beider Stile in fühlbar hohem Grade miteinander vereinigen lassen. Unter dieser Einschränkung wird die Frage zu bejahen sein. Freilich nur Meistern ersten Ranges gelingt es, sich diesem **individualisierenden Typenstil** anzunähern. Shakespeare ist ihm in manchen Gestalten — z. B. im Hamlet — nahe gekommen, Goethe im ersten Teil des Faust, Schiller in manchen Personen des Wallenstein. Aus der Malerei möchte ich verschiedene Gestalten der van Eyck hierherzählen. Nichtsdestoweniger bleibt der Satz bestehen, daß jeder der beiden Stile in einer ästhetischen Grundforderung wurzelt, die in sich die Tendenz trägt, eine andere Grundforderung zurückzudrängen, und die nur dann, wenn sie diese Tendenz auch wirklich ausübt, sich in voller Stärke und in ihrem ganzen Reichtum zu verwirklichen vermag.[83]) *Vereinigung beider Stile.*

Meine ganze Darstellung hat gezeigt, daß es sich bei der Einteilung der Stile[84]) nicht um steife Schubfächer, nicht um oberflächliche Schlagworte handelt, sondern um bewegliche, schmieg- *Beweglichkeit der ästhetischen Gesichtspunkte.*

same Gesichtspunkte, die mannigfaltigen Ausgestaltungen, Abzweigungen und Verwicklungen weiten Spielraum geben. Überhaupt dürfen Sie sich die Ästhetik nicht als eine Wissenschaft vorstellen, die mit harten Gesetzen und drohenden Formeln über die Mannigfaltigkeit der Kunstwerke hinfährt und sie wie ein Material, das ihretwegen da sei, betrachtet. Sondern die Ästhetik, wenigstens die moderne, hat ein liebenswürdigeres Gesicht: sie sucht sich der Vielgestaltigkeit der Kunstwerke verständnisvoll anzupassen und von ihnen zu lernen.

Fünfter Vortrag:
Der Naturalismus.

Das Wort „Naturalismus" habe ich schon in den vorangegangenen Vorträgen häufig angewendet. Und zwar in doppelter Bedeutung. Das eine Mal gebrauchte ich es zur Bezeichnung eines ästhetischen Begriffs. Es war damit eine bestimmte Theorie gemeint: die Ansicht nämlich, wonach der Zweck der Kunst in dem Nachmachen der Natur oder doch in dem möglichsten Herankommen an die Natur liege. Das andere Mal diente der Ausdruck „Naturalismus" zur Zusammenfassung gewisser in der Gegenwart weit verbreiteter Richtungen in Kunst und Litteratur, die sich mit ganz besonderem Nachdruck als modern und fortgeschritten, als mit dem Alten brechend und der Kunst neue Ziele setzend und neue Mittel erwerbend fühlen und verkünden. In diesem Sinne ist Naturalismus ein geschichtlicher Begriff. Es ist nicht ein einheitliches ästhetisches Ziel, nicht ein bestimmter ästhetischer Grundsatz, dessen Verwirklichung die Vertreter der „Moderne", wie der geschmacklose und anmaßende Ausdruck lautet, anstreben; sondern es laufen in ihren Bestrebungen verschiedene und zum Teil sogar entgegengesetzte ästhetische Prinzipien unklar und verworren zusammen. Freilich besteht zwischen diesen mannigfaltigen ästhetischen Gesichtspunkten, die in den Vertretern der „Moderne" gären und rumoren, doch auch wieder Verwandtschaft und

Der Naturalismus als ästhetischer und als geschichtlicher Begriff.

Zusammengehörigkeit. Und wir werden uns bemühen, diesen gemeinsamen Geist in möglichst bestimmte Begriffe einzufangen. Übrigens soll es nicht ohne weiteres ein Vorwurf sein, wenn ich sagte, daß die Führer und Vertreter der neuen Richtungen ihre eigenen ästhetischen Gesichtspunkte nicht klar durchschauen. Auch die Führer des Sturmes und Dranges im vorigen Jahrhundert haben die treibenden ästhetischen Prinzipien nur als gärende Gewalten in ihrem Innern besessen. Und doch ist so Großes hervorgegangen! Wie selten sind überhaupt die Kunstgenies, die, wie Schiller und Wagner, zugleich die Prinzipien ihres künstlerischen Strebens klar durchschauen. Auch von Zola gilt dies nicht. Zola ist ein großer Künstler und ein kläglicher Theoretiker; er erscheint in seiner Theorie als ein phantasieloser Pedant,[85]) während er in Wirklichkeit ein stimmungsreicher und phantasiegewaltiger Dichter ist.

Naturalismus und Neuidealismus. Man hört heute von vielen Vertretern des modernsten Fortschrittes: der Naturalismus sei überwunden; an seine Stelle sei kühner Subjektivismus, Phantastik, Mystik, Symbolismus, Neuidealismus getreten. Der Naturalismus wird von den Fortgeschrittensten beinahe als eine Naivetät angesehen, über welche die Vertreter des fin de siècle und der décadence nur noch lächeln können.[86]) Und in der That ist in Frankreich und dann auch in Deutschland der objektive, trockene, mit Wissenschaftlichkeit prunkende Naturalismus vielfach durch Richtungen abgelöst worden, in denen das kämpfende, verneinende, sehnende, seherische Subjekt, das Subjekt in der Selbstherrlichkeit seines Spielens und Neugestaltens — und oft in überschwenglicher, zügelloser Weise — zur Geltung kommt. Namen wie Paul Bourget, Edouard Rod, Maurice Barrès bezeugen die große Wandlung in Frankreich.

In Deutschland ließ, um nur einiges anzuführen, Hauptmann seinen Webern das Hannele, Schlaf seinem Meister Ölze die Dichtung „Frühling", Halbe dem Eisgang die Jugend folgen. Auf Dichtungen der verhaltenen folgen solche der hervorbrechenden Subjektivität. Und wer die Ausstellung moderner Bilder in der letzten Zeit von Jahr zu Jahr verfolgt hat, weiß, wie sehr die Grau= und die Armeleutemalerei zurückgegangen ist, mystische Farbensymphonien dagegen und phantastische Symbolgestalten den neuesten Fortschritt bezeichnen. Die Maler und Zeichner Stuck, Exter, Ludwig von Hofmann, Ury, Klinger und Greiner werden als Vorkämpfer dieser neuesten Wandlung gefeiert. Trotz dieser Wandlung aber sind diese neuen Strömungen in wesentlichen Stücken von demselben Geist erfüllt, der den objektiven Naturalismus kennzeichnet. Ja die Mystik und Phantastik hat das Streben, die Natur in ihren geheimsten Intimitäten aufzudecken, das Dürsten und Lechzen nach der heiligen Natur als dem allein Wirklichen und Beglückenden nur noch gesteigert. Ich dehne daher den Namen „Naturalismus" auf diese neuesten subjektivistischen Richtungen in der Kunst aus.

Wenn ich die naturalistische Bewegung, wie sie sich besonders in Frankreich, Skandinavien, Rußland und Deutschland entwickelt hat, überblicke, so kommt mir vor, daß die hauptsächliche treibende Kraft beim Entstehen der ganzen Bewegung das Gefühl gewesen ist: es entspreche die bestehende Dichtung und Kunst zu wenig der eigentümlichen Ausgestaltung des modernen Menschen; es sei eine große Kluft vorhanden zwischen den Geleisen, in denen sich nach dem Muster großer Meister der Vergangenheit Dichtung und Kunst noch immer bewege, und den Bahnen, die der moderne Geist eingeschlagen

Die Forderung des Modernen als Grundlage des Naturalismus

habe; es müsse Dichtung und Kunst dem Fühlen und Glauben, dem Zweifeln und Kämpfen des modernen Geistes rücksichtsloser und intimer Ausdruck geben, als dies bisher geschehen sei: Dichtung und Kunst drohe zu einem künstlichen Gewächs, zu einem frostigen Luxusgegenstand zu werden, wenn sie sich davor scheue, das warme Leben der unmittelbaren Gegenwart, die Wonnen und Schmerzen, die Hoffnungen und Entsagungen des gegenwärtigen Menschen in ihre Gestalten zu gießen. Und der moderne Geist sei wahrlich reich und bewegt genug, um eine Kunstwelt von anziehender und bedeutungsvoller Art aus sich gebären zu können!

Ich kann nicht leugnen, daß mir dieses Grundgefühl, das die ganze naturalistische Bewegung mehr oder weniger durchzieht und bestimmt, wohlberechtigt zu sein scheint. Seit dem Zusammenwirken von Goethe und Schiller sind jetzt neunzig Jahre verflossen. Was ist in diesem Zeitraum in Deutschland nicht alles an großen Umwälzungen geschehen! Ich erinnere Sie nur an die Revolution von 48, den Krieg von 70 und die Einigung Deutschlands, an das Emporkommen und den Verfall des Liberalismus und an das Entstehen und Anschwellen der Sozialdemokratie; an die beherrschende Stellung, die sich die Naturwissenschaften erworben, und an die erstaunlichen Errungenschaften der Technik; an die überhandnehmende Diesseitigkeit des menschlichen Strebens und die wachsende Glaubenslosigkeit und an das zugleich hiermit auftretende Erstarken einer strammen Gläubigkeit; an den Zusammenbruch der spekulativen Philosophie, die Verbreitung des theoretischen Materialismus, die mächtigen Einwirkungen des Darwinismus, an das Zunehmen des Spiritismus und an die gegenwärtigen Anfänge einer kritischen Philosophie. Welche gewaltigen Wandlungen im Stimmungs-

und Gefühlsleben, in dem Glauben und den Idealen des deutschen Volkes liegen nicht in diesen angedeuteten Umwälzungen eingeschlossen! Es ist unvermeidlich und in der Ordnung, daß dieser verwandelte Geist der Gegenwart, zumal da er sich seiner Eigenart und ihrer Vorzüge stark bewußt ist, sich auch in Kunst und Dichtung zum Ausdruck bringe. So anmaßend, ja unverschämt sich manche Vertreter des „jüngsten Deutschland" über die alten Größen äußern mögen, so ist doch so viel richtig, daß wir nicht immer in der Weise Schillers und Goethes, auch nicht in maßvoll organischer Umbildung dieser Weise dichten können. Haben wir doch ohnedies schon unsere Romantiker, unsere dramatischen Kraftgenies, unser „junges Deutschland" gehabt. So mag denn ein jüngstes und allerjüngstes Deutschland den Geist des zur Neige gehenden neunzehnten Jahrhunderts zu kühnem und originellem Ausdruck bringen! Ich hatte, schon bevor der Naturalismus seinen Einzug in Deutschland hielt, das lebhafte Gefühl, daß der deutschen Dichtung Verjüngung not thue. Es schien mir, daß gerade manche unserer besten Dichter — z. B. Heyse, Konrad Ferdinand Meyer — an einem gewissen Übermaß von vornehmem und verwickeltem Geschmack, an einer zu weit getriebenen Künstlichkeit der Probleme und der Handlungsführung, an einer allzu großen Kühle der Darstellung, an dem Bestreben, sich die Personen und Leidenschaften der Dichtung allzu stark vom Leibe zu halten, kurz an einer gewissen künstlerischen Überreife litten. Es schien mir, als wäre es Zeit, daß sich wieder einmal das Brausen eines neues Geistes, des in den letzten Jahrzehnten durch so viele Schicksale hindurchgegangenen, vielfach umgewandelten deutschen Geistes in unserer Litteratur vernehmbar mache. Und siehe, die Erfüllung dieses Wunsches ließ nicht lange auf sich warten. Gegenwärtig stehen wir mitten in einer Bewegung, die sich kraftvoller Jugendlichkeit, ursprünglichen, wahrhaftigen Fühlens und verheißungsvoll modernen Geistes rühmt. Ob freilich völlig mit Recht, dies ist eine andere Frage. Ich muß gestehen, daß ich mir die Verjüngung und das Modernwerden der deutschen Dichtung in wesentlichen Zügen anders vorgestellt hatte, daß ich mich mit den Bahnen, welche die neuen Richtungen eingeschlagen haben, zum mindesten ebensosehr in Widerspruch als in Übereinstimmung befinde, ja daß ich mich angesichts dieser Bahnen eines gewissen Bangens nicht entschlagen kann. Aber habe ich nicht vorhin dem Grundmotiv, aus dem die moderne Bewegung hervorging, freudig zugestimmt? Wenn mich nun doch die von ihr eingeschlagenen Wege in zahlreichen Stücken zu Widerspruch bestimmen, so kommt dies daher, weil von jenem richtigen Grundgefühl in vielen Beziehungen mißverständliche, übereilte, verkehrte Anwendungen gemacht wurden. Es trat der so oft vorkommende Fall ein, daß ein richtiges Bedürfnis in seinen Ausgestaltungen und Entfaltungen überwiegend zu einseitigen und unerfreulichen Bildungen führte.

Aufgabe. Ich will nun den verschiedenen Richtungen nachgehen, in denen sich jenes Grundbedürfnis, in der Kunst entschieden und tapfer **modern** zu werden, entwickelt hat. Ich will die hauptsächlichen Tendenzen herausheben, die in den sich mit Nachdruck „modern" nennenden Bestrebungen der Kunst sichtbar werden. Diese Tendenzen lassen sich sämtlich aus jenem Grundmotiv verstehen. Und ich werde dabei, schon um den Gang der Betrachtungen nicht durch ein Vielerlei zu belasten, vorwiegend die Bewegungen innerhalb der Dichtkunst ins Auge fassen.

Da kann ich nun zunächst von einer naturwissen- schaftlichen Tendenz sprechen. Die Ergebnisse und Methoden des naturwissenschaftlichen Forschens haben weit über die Fachkreise hinaus nicht nur große Bereicherungen an Erkenntnis zu Wege gebracht, sondern auch auf die Art, wie der Mensch die Natur aufnimmt, sowie weiterhin auf das Selbstgefühl des Menschen und auf seine Stellung zu den sittlichen und religiösen Fragen in hohem Grade umwandelnd eingewirkt. Es ist daher ganz in der Ordnung, daß dieser durch die Schule der Naturwissenschaft hindurchgegangene und von dem Werte der Naturwissenschaft erfüllte Geist sich auch in der Dichtung zum Ausdrucke zu bringen den Drang fühlt. Freilich geschieht dies großenteils in einer Weise, die nicht als wünschenswert angesehen werden kann. Die Begeisterung für die Naturwissenschaft ist vielfach zum naturwissenschaftlichen Dogmatismus, ja Aberglauben ausgeartet. Es besteht die Überzeugung: alle wahre Wissenschaft — die geschichtlichen vielleicht ausgenommen — sei Naturwissenschaft; und auch die Lebens- und Weltanschauung bedürfe keiner anderen Grundlage als der Naturwissenschaft; die Naturwissenschaft beantworte auch die Fragen des sittlichen Lebens; ja die Naturwissenschaft mache alle Religion überflüssig. Diese ganze unklare, mißverständliche und überschätzende Übertragung der naturwissenschaftlichen Grundsätze und Methoden auf Gebiete, auf die sie nicht hingehören, tritt uns nun auch wie etwas selbstverständlich Geglaubtes aus vielen Dichtungen der Gegenwart entgegen. Es hat eben das, was man „naturwissenschaftliche Weltanschauung"[87] nennt, seinen Einzug auch in die Dichtkunst gehalten. In der letzten Zeit ist mir dies besonders in Wilhelm Bölsches Roman „Die Mittagsgöttin" und in Strindbergs Roman

Die naturwissenschaftliche Tendenz des Naturalismus.

„An offener See" ⁸⁵) entgegengetreten. Ich erkenne nun auf der einen Seite bereitwillig an, daß, wie jede große Strömung im Geistesleben, so auch die sogenannte naturwissenschaftliche Weltanschauung an sich ein ästhetisches Recht habe, sich in der Kunst zum Ausdruck zu bringen. Nur ist dabei nicht zu vergessen, daß damit auch alle die zahlreichen Unklar=
heiten, Verwechselungen und Vorurteile, die — ich sage nicht: mit der Naturwissenschaft, sondern mit der naturwissenschaft=
lichen Weltanschauung verbunden sind, in die Kunst ein=
dringen. Dazu kommt dann noch, daß diese naturwissen=
schaftliche Denkweise sich vielfach aufdringlich und tendenziös bemerkbar macht. Dies ist besonders rücksichtlich der Theorie der Vererbung der Fall, die uns in manchen Dichtungen in lehrhaft absichtlicher Weise und noch dazu in einer über den Darwinismus weit hinausgehenden, abergläubischen Über=
treibung eingeschärft wird. So ist es in Ibsens Gespenstern, in Hauptmanns Stücken „Vor Sonnenaufgang" und „Das Friedensfest", vor allem in Zolas Doktor Pascal. Auch Rosmer hat in sein Schauspiel „Dämmerung" die Ver=
erbungsfrage mit naturwissenschaftlicher Unerschrockenheit hereinziehen zu müssen geglaubt und damit seinem Stück sicherlich nicht genützt. ⁸⁹)

*Der geschärfte Wirklichkeits=
sinn der Gegenwart.* Mit der naturwissenschaftlichen Richtung hängt eine andere Eigentümlichkeit des modernen Geistes zusammen, die noch mehr auf den Naturalismus in der Kunst Einfluß ge=
wonnen hat. Ich habe den geschärften Wirklichkeits=
sinn der Gegenwart im Auge. Die Schulung in den Natur=
wissenschaften hat die Gabe der Beobachtung verfeinert; wir haben die Dinge lückenloser und vollständiger sehen lernen; das naturwissenschaftlich geübte Auge gleitet nicht an den Dingen hin, nur dieses und jenes auffallende Merkmal be=

rührend, sondern es betastet gleichsam die Dinge, umfaßt ihre Merkmale und zerlegt sie.

Diese Schärfung unserer Sinnesthätigkeit erfuhr sodann von anderen Seiten her eine weitere gewaltige Steigerung. Die Verfeinerung unserer Zivilisation bis ins Raffinierte, die Vervielfältigung unserer Bedürfnisse, die Zunahme der Nervosität brachte es zuwege, daß der moderne Mensch auf die Eindrücke der Außenwelt mit seinen Sinnen in viel reizbarerer und empfindlicherer Weise antwortet. Jene naturwissenschaftliche Schulung der Sinne bedeutete eine Verfeinerung des unparteiischen, sachlichen Beobachtens; hier dagegen handelt es sich um eine Verfeinerung nach der Seite der die Empfindungen begleitenden Lust und Unlust, um eine erhöhte Betonung des Stimmungscharakters der Empfindungen. Die Sinnesnerven werden zugleich Fühlfäden der Innerlichkeit des Geistes. Der moderne Mensch empfindet die Dinge mit einem weit differenzierteren Stimmungsnachhall; auch mischt sich die Phantasie hinein: er nimmt die Dinge nicht nur einfach wahr, sondern er neigt dazu, dem wirklichen Sehen noch ein nach Analogie geschehendes Phantasiehören, Phantasieriechen, Phantasieschmecken, Phantasietasten hinzuzufügen und auf diese Weise die Stimmungswellen, die sich an die Empfindungen anschließen, zu verstärken. Wird diese Überempfindlichkeit mit Hast und Genußgier gepflegt, so entsteht daraus jene Entartung und Zerrüttung des Empfindens und Fühlens, die zu den Merkmalen des fin de siècle und der décadence gehören.

Und noch von ganz anderer Seite her trat eine Schärfung des Wirklichkeitssinnes hinzu. Die Deutschen sind in den letzten Jahrzehnten praktischer, nüchterner, illusionsfreier, aber auch idealitätsloser geworden. Die Schwärmerei im schlechten, aber auch im guten Sinn hat eine starke Dämpfung erfahren. Die Thatsachen haben in den Augen der Deutschen einen höheren metaphysischen Wert gewonnen. Der Deutsche hat zu seinem Besten gelernt, die Verhältnisse klug auszubeuten, die jedesmaligen Interessen nachdrücklich hervorzukehren, aber er hat auch leider gelernt, nackte Thatsachen, schon weil sie dies sind, einfach als Werte anzubeten. Das Glaubensbekenntnis sehr vieler lautet: für unser Gefühl macht sich nichts mit so starker Thatsächlichkeit geltend wie der Sinnengenuß, daher liegt in ihm der höchste Wert; es ist lächerlich, nach etwas anderem als Sinnengenuß und Geld, dem allmächtigen Kaufmittel dieses höchsten Gutes, zu streben. Diese knechtische, geistlose und erbärmliche Lehre ist die Lebensphilosophie ungezählter Tausender. Sie sehen: es hat eine mehrfache Bedeutung und einen teils erfreulichen, teils bedenklichen Hintergrund, wenn ich von dem geschärften Wirklichkeitssinn der Gegenwart rede.

Einfluß des geschärften Wirklichkeits- sinnes auf die Kunst.

Nun sehe ich auf die Kunst hinüber und sage: diese ganze Masse von gesteigertem Können und anspruchsvollerem Bedürfen, von Verfeinerung und Verrohung wirkt nun auch auf die gegenwärtigen Richtungen der Kunst. Da werden wir zunächst überall erhöhte Ansprüche an die Anschaulichkeit und Intimität des künstlerischen Darstellens gewahr. Unsere naturwissenschaftlich geübten und nervös verfeinerten Sinne verlangen eine anschaulichere Hervorhebung der Eigenart, wie sie durch das bestimmte Hier und Jetzt gefärbt ist, der kaum sagbaren individuellen Stimmungen, der kaum faßbaren flüchtigen Anwandlungen. Uns erscheint der Grad des Anschaulichen und Individuellen, an dem frühere Zeiten ihr Genügen fanden, nicht mehr vollkommen hinreichend. In diesem Bedürfnis nach intimerer und verwickelterer Individualität wurzelt zum guten Teile die Freilichtmalerei mit ihrem Einfangen der leisesten Andeutungen im Leben und Weben des Lichtes und der Farben, sowie die moderne flotte, breite, hingeworfen skizzenhafte Art des Farbenauftragens. Die Maler glauben mit Recht, hierdurch den Eindruck des Individuellen unabgeblaßt und unverdünnt wiedergeben zu können. Die leichte, gleichsam sorglose Art des Farbenauftragens erweckt den Eindruck, daß den dargestellten Gegenständen alles Absichtliche, Gekünstelte, Arrangierte fern liege, daß in ihnen Individuelles in der ganzen Zufälligkeit, Augenblicklichkeit und Natürlichkeit zum Ausdruck komme. Und ebenso haben sich die Mittel der Dichtkunst verfeinert. Wir verlangen einen Stil, der reicher an charakterisierenden, abtönenden, feinhörig nachgehenden Ausdrücken ist, der sich an die tausendfältigen individuellen Gestaltungen in Natur und Leben mehr anpaßt, als dies etwa vom Prosastile des klassisch gereiften Goethe gilt. Was ich meine, wird Ihnen lebhaft entgegentreten, wenn Sie etwa an die individuellst abgestuften Düfte und Geschmäcke denken, welche die Goncourts oder Turgenjeff in den Memoiren eines Jägers[90]) ihren Beschreibungen zu geben wissen. Und haben nicht auch Schriftsteller, die von allem Naturalismus weit abliegen, wie etwa Gottfried Keller, Konrad Ferdinand Meyer, Friedrich Vischer, ja selbst Lotze, Gregorovius, Jacob Burckhardt einen differenzierteren, bedachtsamer auf Ausprägung des Individuellen gerichteten Stil, als wir z. B. in den Wahlverwandtschaften oder in Wahrheit und Dichtung finden? Und ich möchte dieses Bedürfnis nicht tadeln. Ich gehöre nicht zu denen, die wie Hermann Grimm die Kultur Deutschlands auch jetzt noch sich um Goethe als ihren Mittelpunkt bewegen sehen möchten.[91]) Man soll an der gelassenen, nahrhaften Einfachheit des Goethischen

Stiles seine volle naive Freude haben können und doch zugleich die vielfältigere und zugespitztere Anschaulichkeit, mit der die Gegenwart das Individuelle herausgestaltet, als einen Fortschritt froh zu genießen imstande sein. In der jüngsten Zeit ist mir die Virtuosität, zu der es das moderne Charakterisieren im Bezeichnen der intimsten individuellen Züge durch Ausdruck und Stil gebracht hat, in keinem Werke so wie in der Geschichte der Malerei des neunzehnten Jahrhunderts von Richard Muther entgegengetreten.

Überanschaulichkeit.

Der Naturalismus freilich geht in dieser Beziehung vielfach zu weit. Ich finde hier häufig etwas, was ich als Streben nach Überanschaulichkeit[92]) bezeichnen möchte. Die Dichter können sich im Häufen von koexistenten und succedierenden kleinen und kleinsten Zügen nicht genug thun; sie sind von einer wahren Beschreibungswut ergriffen. Vor lauter Anschaulichseinwollen werden sie aber oft unanschaulich; wir werden mit wahren Massen von Merkmalen überschüttet, betäubt, gehetzt. Diese Dichter vergessen, daß sich auch mit einfacheren und sparsameren Mitteln Anschaulichkeit erreichen lasse. Sie wollen uns nichts ersparen; sie glauben, peinlich genau wie der wissenschaftliche Beschreiber einer neu aufgefundenen Pflanzenspezies oder chemischen Verbindung verfahren zu müssen. Die Überanschaulichkeit kann im Beschreiben sowohl der Naturgegenstände als auch seelischer Vorgänge vorkommen. Man hat oft bei Zola darunter zu leiden; ebenso bei Garborg und Dostojewskij; und auch die deutschen Naturalisten: Hauptmann, doch noch mehr Holz, Schlaf, Bahr, Bölsche bringen sich durch das überanschauliche Häufen gar oft um ihre Wirkung. Damit in nahem Zusammenhange steht ein gewisses zuchtloses Raffinement im Prägen seltsamer, unerhörter Ausdrücke und Wendungen. Man begegnet häufig einer wahren Jagd nach Überpfefferung der Sprache, Bilder und Stimmungsmalereien. Aus vielen Dichtungen tritt uns ein fahriger, hastender, zappeliger, nicht nur nervöser, sondern um jeden Preis möglichst nervös sein wollender Geist entgegen. Schlagen Sie den Modernen Musenalmanach, diesen Sammelplatz des jüngsten Deutschland, auf, so begegnen Ihnen fast haufenweise Dichtungen, in denen die Sprache überheizt, zerhackt, zerquält erscheint. Es finden sich kühne, überraschend gelungene Prägungen von Ausdrücken und Bildern; ich erwähne beispielsweise Ernst Rosmers sinnreiches Märchen vom Leid; aber nur zu oft verdirbt das Übermaß den Eindruck. Besonders auffällig ist die schon vorhin [93]) von mir berührte Sucht, keine Empfindung mehr mit dem richtigen Namen zu bezeichnen, sondern nach möglichst entfernt liegenden Empfindungsklassen zu greifen und so das, was eine kaum zu spürende Analogie aufweist, zur unmittelbaren Kennzeichnung der erlebten Empfindungen zu verwerten. So ist es bei Bleibtreu, Bahr, Holz, Scharf, Schlaf und vielen anderen.[94]) Es ist so, als ob diese Dichter nur übersättigte, stumpf gewordene Leser vor sich sähen, die es nun aufzupeitschen gälte. Auch in der Malerei begegnen wir auf Schritt und Tritt diesem Streben nach dem allzu Seltsamen, nach dem Überbieten alles dagewesenen Neuen, nach dem Reizen der Nerven mit überkünstlichen Empfindungen und Stimmungen. So kann es geschehen, daß selbst zu dem Stile des absichtsvoll Kindlichen und Unbeholfenen, wie man dies bei unseren Farbenmystikern findet, gegriffen wird, nur um die schlaff und überdrüssig gewordenen Nerven zu neuem Interesse munter zu machen.

Wenn ich dem Einfluß des geschärften Thatsachensinnes auf die Gestaltung der gegenwärtigen Kunst weiter nachgehe, *Intimismus*.

so fallen mir zwei Züge auf, die, wenn sie auch nach entgegengesetzten Richtungen auseinanderlaufen, doch in der Wurzel zusammengehören. Ich will sie, in Ermangelung gebräuchlicherer Namen, als Intimismus und Trivialismus im Darstellen der Wirklichkeit bezeichnen. An keiner Kunst läßt sich so deutlich wahrnehmen wie an der Malerei, was es heiße, daß der Künstler intim mit der Natur verkehre. Wir vergleichen etwa Calame, die beiden Achenbach, Vautier, Knaus, Defregger mit Constable, Rousseau, Millet, Leibl, Liebermann, Uhde. Mag man jenen Malern in anderen Beziehungen auch Vorzüge vor diesen zugestehen, so haben doch sicherlich die in der zweiten Reihe genannten vor jenen ersten ein Plus an Intimität im Naturgestalten voraus. Und ich verstehe hierunter ein Doppeltes. Es giebt Meister, die uns in ihren Werken lebhaft empfinden lassen, daß sie sich der Natur — das Wort im weitesten, auch die Menschenwelt umfassenden Sinne genommen — in sachlicher Weise, mit Selbstentäußerung, ohne Nebengedanken, ohne Betonung der eigenen geistreichen und originellen Auffassung hingegeben haben. Sie stellen die Natur ohne novellistische und anekdotenhafte Zuspitzung, ohne jegliche Rücksicht auf das Unterhaltungs- oder Rührungsbedürfnis des Betrachters dar; sie wollen nichts geben, als das eigenste, keusche, unberührte Schaffen des Naturgeistes. Auch die berechtigte Erhöhung der Wirklichkeit ins Gemütvolle, Romantische, Heitere, Melancholische u. dergl. gilt ihnen als Lüge. Und noch etwas zweites habe ich im Auge, wenn ich für die Naturalisten ein Plus an Intimität charakteristisch finde. Es giebt einen künstlerischen Verkehr mit der Natur, der ihr Leben mit Vorliebe sowohl in ihren unscheinbaren, wenig beachteten, als auch in ihren herben, rauhen, dem Gefühl zunächst wehe thuenden Erscheinungen aufsucht und belauscht. Was den meisten als zu gewöhnlich oder als zu karg und streng erscheint, wissen diese intimeren Freunde des Naturlebens so anzuschauen, daß darin feine und eigenartige ästhetische Reize zu Tage treten. Auch Kartoffelfelder und Gemüsegärten, auch Ochsen, die schwerfällig den Acker pflügen, und dampfende Viehställe, auch Schusterwerkstätten und schmucklose Dachstübchen können für das empfängliche Auge anziehende Gegenstände werden. Und fragt man, ob Auerbach oder Anzengruber tiefer in Kopf und Herz des Bauern hineingeschaut habe, so ist ohne Zweifel dem ungleich schrofferen, ungemütlicheren Anzengruber der Preis zuzuerkennen.

Diese beiden Seiten habe ich im Auge, wenn ich behaupte, daß der geschärfte Wirklichkeitssinn die neuen Richtungen in der Kunst zu einer intimeren Behandlung des Wirklichen geführt habe. Ich will dies noch am Beispiele Tolstois verdeutlichen. Stelle ich mir seine Gestalten in der Macht der Finsternis, in Iwan Iljitschens Tod, in den Dekabristen vor Augen, so spüre ich förmlich den Saft, der in ihnen quillt und schäumt. Seine Art besteht nicht in einem feinen, sauberen, sorgfältigen Hinsetzen kleiner Züge; er hat eine freiere Art: mit breitem, sicherem, unbekümmertem Pinsel wirft er die Züge hin. Wie frei herausgehauen stehen seine Gestalten da. Es ist eben ein Schöpfen aus dem Vollen, aus der ihm im großen wie im kleinen innigst vertrauten Volksseele heraus. Von seinen Menschen geht etwas wie Geruch und Dampf der russischen Erde aus; man spürt den Boden, der sie gezeugt hat und nährt. Und dieses Gefühl hat man nicht zum mindesten darum, weil er auch das Alltägliche, Herbe, ja Widrige in den Fluß des von ihm dargestellten Lebens einreiht. Und ähnlich wird über Arne Garborgs Roman „Frieden" zu urteilen sein. Mag diese Dichtung auch an verschiedenen Mängeln, besonders an einer allzu großen Breite des Beschreibens und an dem Hinaufschrauben eines individuell krankhaften Falles zu etwas Typischem, leiden, so wird man doch die charakteristischen Prägungen im Beschreiben nebliger nordischer Natur und enger, finsterer, bohrender, unerschöpflich quälender Gemütszustände nicht genug bewundern können.

Trivialisierung. Es läßt sich nun leicht einsehen, daß dieser Intimismus zur Trivialisierung der Natur führen kann. Wird das Gewöhnliche dargestellt, ohne daß der Darsteller aus ihm etwas **Eigenartiges, Anziehendes** herauszuarbeiten weiß, so wird das Gewöhnliche zum Trivialen. Die Kunst der Intimität besteht darin, daß auch im Alltäglichen und Geringgeschätzten irgend ein **bedeutungsvolles** Schaffen und Weben in der Naturmacht erlauscht wird. Fehlt nun diese Feinhörigkeit für das Vielsagende im Unscheinbaren und Gewohnten, so entsteht Plattes, Nichtiges, Gewöhnliches in dem üblichen Sinne des gänzlich Uninteressanten. Dieser Trivialismus hat in weitem Umfang in Malerei und Dichtung Einzug gehalten. Viele Künstler haben geradezu die Tendenz, den eintönigen wimmelnden Quark des Lebens, die Geschäfte und das Geschwätz, die Misere und das Amüsement in ihren breitgetretenen Geleisen in die Kunst aufzunehmen. Schreitet man durch moderne Bilderausstellungen, so fallen einem die Maler dutzendweise in die Augen, die darauf ausgehen, Natur und Menschen, Formen und Farben zu trivialisieren. Sie suchen das Reizlose, Eintönige, Stumpfsinnige um seiner selbst willen auf; das Reizlose wird unter ihren Händen nicht zur bloßen Scheinbarkeit, zur bloßen Oberfläche herabgesetzt, durch welche feine, seltene, intim erfaßte

Reize um so entzückender hindurchschlagen. Sondern mit
plumpem Sinn begnügen sie sich mit dem Gewöhnlichen a l s
s o l c h e m und stellen es auch in trivialen, grauen und schwärz=
lichen, schmierigen und zerzausten Farben dar. Statt den
Durst des Sehens zu stillen, lassen sie dem farbendurstigen
Auge das Unbehagen der Öde und Erniedrigung entstehen.
Sie zerren die Natur zu einem Proletarierdasein herab.
Übrigens ist, wie ich schon bemerkt habe,⁹⁵) glücklicherweise
dieser Trivialismus und Proletarismus in der Malerei in
der letzten Zeit im Zurückweichen begriffen. Stimmung,
Bedeutsamkeit, typische und vielsagende Darstellung sind
wieder weit mehr in ihr Recht getreten. Die Farbenscheu
ist vielfach einem Farbenübermut und Farbenrausch gewichen.
Die Verachtung der Phantasie, wie wir sie in dem Glaubens=
bekenntnis Courbets und Zolas finden, hat aufgehört. Die
Phantasie beginnt wieder als Herrscherin im Reiche der Kunst
anerkannt zu werden.

Über den Trivialismus in der Dichtung habe ich schon
mehreremal Andeutungen gegeben.⁹⁶) Nicht nur Talente,
die zum Niedrigen einen Hang haben, wie Bleibtreu und
Michael Georg Conrad, sondern auch so bedeutende und
edle Dichter wie Hauptmann halten ihre Werke von starken
Zumischungen des Kläglichen, Verkümmerten, Ordinären nicht
frei. Holz und Schlaf haben in dem gemeinsam geschaffenen
Drama „Die Familie Selicke" den muffigen Geruch der
Stuben kleiner Leute mit thränenreicher Rührseligkeit zu einer
widerlichen Mischung verbunden.⁹⁷) Ebenso hat Halbe in
seinem Drama „Jugend" besonders die männliche Haupt=
person, den Studenten, und sodann die Sprache mit starker
Neigung zum Trivialen behandelt.⁹⁸) Sudermann mutet
uns in Sodoms Ende ein dauerndes Interesse für einen

sentimentalen Lumpen zu. Und Ibsen stößt uns in seiner Wildente in eine Welt des Läppischen und Verkrüppelten hinein. Hierher gehört auch die peinliche Wiedergabe der Mundarten und gemeinen und nachlässigen Redeweise. Schon sparsame Andeutungen des Mundartlichen sind imstande, Erdgeruch und Lokalton zu erzeugen. Von der unausgesetzten und massiven Anwendung der (noch dazu oft widerwärtigen) Mundarten, wie sie bei Hauptmann und anderen vorkommt, erfährt die Charakterisierung der Personen nicht die geringste Förderung. Mit der sklavischen Thatsachenwiedergabe hängt, nebenbei bemerkt, auch eine recht kindische Schrulle des Naturalismus zusammen: die Ausmerzung des Selbstgesprächs. Die Naturalisten sagen sich: in der Wirklichkeit sprechen Personen, wenn sie allein sind, selten ihre Gefühle und Gedanken laut aus. Ich finde es läppisch, wenn sich der Dichter aus diesem Grunde des unschätzbaren Vorteils beraubt, seine Personen auf der Bühne das, was sie in ihrem Innern thatsächlich fühlen und denken, im Selbstgespräch äußern zu lassen. Wenn Hauptmann im Hannele wagt, die Gefühle und Phantasiebilder des fiebernden Kindes geradezu zu verkörpern, so wird doch das hiergegen verschwindende Wagnis gestattet sein, die Personen das, was sie still für sich fühlen und denken, in Worte umsetzen zu lassen. Auch kommt der Naturalismus durch das Verbannen des Selbstgesprächs mit seinem Grundsatz in Widerspruch; denn thatsächlich ist jede Person gar oft lange Zeit allein, und doch kann der naturalistische Dichter dieses Alleinsein nicht in den Gang des Dramas aufnehmen.

Bevorzugung des Charakteristischen.

Und noch etwas weiteres hängt mit dem Intimismus zusammen. Die Natur — so meint der Intimismus — wird vom Künstler um so mehr auf ihren eigensten Wegen

belauscht, wenn er auch in ihren armen und strengen Er=
scheinungen eigenartige künstlerische Reize entdeckt. So kommt
es, daß vor allem die charakteristischen Formen des
Ästhetischen gepflegt werden. Schon Wildenbruch ging in
seinen Dramen mit starker Hand auf das Hervortreiben des
Charakteristischen aus, und mancher Wurf ist ihm hierin ge=
lungen. Viel weiter geht der Naturalismus. Ihm erscheinen
die sanften, welligen Schönheitslinien wie ein verhüllendes
Kleid an der Natur, das, in der Meinung, die Natur zu
verschönern, ihre wahren Reize verdeckt. Die neuen Rich=
tungen in der Kunst zeigen sich in vielen ihrer Vertreter
von einem wahren Haß gegen alles, was Schönheit, Anmut,
edle Erhabenheit heißt, ergriffen. Nur das Charakteristische
gilt als berechtigt. Auch die Gestalten der heiligen Geschichte
werden unter möglichst schroffer Ablehnung aller Schönheits=
ideale dargestellt. Ich will nun keineswegs der Pflege des
Charakteristischen ihr Recht absprechen; ich thue dies auch
dann nicht, wenn ein Künstler, wie Uhde, die biblischen Ge=
stalten in das ganz Irdische des gegenwärtigen Bauerndaseins
hereinzieht. Denn Uhdes Bilder werden durch ein weiches,
erlösungsbedürftiges Empfinden geadelt. Allein einseitig wird
diese Pflege des Charakteristischen dadurch, daß sich damit
die Meinung von seinem ausschließlichen Werte verbindet.
Man kann in der Bevorzugung der maßvollen, fließenden
Schönheitslinien zu weit gehen, wie sich dieses z. B. in dem
Preise zeigt, den Viktor Hehn Goethe spendet.[99]) In umgekehr=
ter Richtung geht der Naturalismus zu weit: die Schönheit der
Griechen, des Cinquecento und unserer klassischen Dichtung
gilt ihm als minderwertig, wenn nicht als kalte Unnatur.[100])

Insbesondere aber wird die Bevorzugung des Charak= *Verhäß=*
teristischen dadurch einseitig, daß sie sich bis zur Verhäß= *lichung der Welt.*

lichung der Welt steigert. In sehr vielen Darstellungen des Naturalismus erscheint der Sinn der Welt parteiisch wiedergegeben; man erhält den Eindruck, als sei die Welt fast nur eine Zusammenhäufung von Schmerz und Sünde, von Gier und Dummheit, von leiblicher und geistiger Verkommenheit. Man muß dabei die Wirkung ins Allgemeine hin, die mit jedem Kunstwerk mehr oder weniger verbunden ist, vor Augen haben. Ich meine folgendes damit.

Jedes Kunstwerk ist eine kleine Welt, die ihr Licht auf die große Welt hinauswirft. Man hat mit Recht den Eindruck: mit der Beleuchtung, unter die der Dichter seine Gestalten gerückt hat, sei mehr als bloß dies gesagt, daß es gerade nur in dem einzelnen Falle so traurig oder so glücklich zugegangen ist. Man fühlt aus dem Umstande, daß der Dichter seine Personen unter eine bestimmte Beleuchtung zu rücken für wert befunden hat, mehr heraus: dies nämlich, daß dieses Licht oder Dunkel für den Charakter des menschlichen Schicksals überhaupt bezeichnend ist. Insbesondere findet diese Wirkung ins Typische hin statt, wenn in auffallender Weise entweder nur die Lichtseiten oder nur die Nachtseiten des Lebens, entweder nur Gutes und Glück oder nur Schlechtes und Unglück dargestellt sind. Durch das Fehlen des einschränkenden Gegensatzes wird uns der Eindruck geradezu aufgedrängt, daß von dem Künstler der Weltlauf überhaupt so optimistisch oder so pessimistisch angesehen werde, wie ihn das einzelne Kunstwerk vorführt. Und dieser Eindruck verstärkt sich noch, wenn ein Künstler in allen oder fast allen Werken immer und immer wieder das Leben nach derselben sei es guten, sei es schlechten Seite hin betont. Um so eindringlicher spricht dann der Einzelfall eines jeden Kunstwerks zu uns: so geht es überhaupt in der Welt zu! Denken wir z. B. an Hauptmanns Novelle „Bahnwärter Thiel". Ohne Zweifel giebt es so dumpfe, krummgewachsene Menschen, wie sie uns die Novelle zeigt, und ohne Zweifel geschieht nicht selten so trostlos Grausiges, wie uns die Novelle erzählt. Dennoch wirkt die Erzählung des Dichters nicht wie ein Einzelfall auf uns, sondern weil Hauptmann dem Grausigen nicht das mindeste Gegengewicht giebt, und weil er uns in allen seinen Dichtungen tief in das Elend und in die Gemeinheit des Lebens hinabtaucht, verallgemeinert sich uns die in der Novelle herrschende Stimmung. Das Gefühl drängt sich uns auf: der Dichter verhäßlicht die Welt. Und so ist es oft bei den Naturalisten. Wir sagen uns: das Elend ist in seinen verschiedenen Gestaltungen und Schattierungen wahr und packend geschildert; wir fügen vielleicht das weitere Lob hinzu: was der Dichter uns an Nacht und Graus darstellt, gehört zu dem bedeutungsschweren Sinne menschlichen Lebens. Dazu aber gesellt sich störend das Gefühl, daß sich dem Dichter die Welt ins Verzerrte und Häßliche male. Schlimmer freilich noch ist es, wenn der Dichter, indem er die Welt verhäßlicht, zugleich eine freche Freude am Gemeinmachen zeigt. Liest man manche Erzeugnisse von Michael Georg Conrad, Bleibtreu [101]) und anderen, so erhält man das Gefühl, es sei hier Freude daran vorhanden, Welt und Leser auf einen scheußlichen Standpunkt herabzuzerren. Ich habe hiervon schon im ersten Vortrage gesprochen. [102])

Ich bin mit der Entwicklung der Einwirkungen, die von dem gesteigerten Wirklichkeitssinn aus sich innerhalb des Naturalismus geltend machen, noch nicht zu Ende. Sie zeigen sich auch in dem Bestreben, die Gegenstände der Kunst

Der Naturalismus entnimmt seine Stoffe dem Leben der Gegenwart.

ausschließlich dem Leben der Gegenwart, und vorzüglich dem
sozialen, zu entnehmen. Will sich die Wirklichkeit zu ihrem
Recht verhelfen, so wird vor allem das frisch pulsierende
Leben der Gegenwart in die Kunst hineindrängen. Und wer
wird leugnen wollen, daß die Kunst, wenn sie im lebendigen
Zusammenhang mit der Entwicklung der Kultur bleiben soll,
ihre Stoffe auch — und nicht zum geringsten Teil — den
sozialen Richtungen und Kämpfen der Gegenwart entnehmen
müsse? Nur gehen die Dichter des Naturalismus meistens
zu weit, indem sie aus dem „Auch" ein „Nur" machen und
vergangene Jahrhunderte und Sage grundsätzlich fliehen.
Doch wir wollen ihnen dies nicht allzu übel nehmen — besonders mit Rücksicht darauf, daß in der vergangenen Zeit
die Dichter, in Deutschland wenigstens, das soziale Leben
der Gegenwart für ihre Gegenstände lange nicht in dem
Maße verwerteten, als dies möglich und wünschenswert gewesen wäre. Ich erinnere an Dahn, Ebers, Scheffel, Julius
Wolff, Baumbach, auch Konrad Ferdinand Meyer und andere
Lieblingsdichter. Freytag, Heyse, Wilbrandt u. a. greifen wohl
ins moderne Leben; aber teils hüten sie sich vor der Schroff-
heit und Gewaltthätigkeit der modernen Kämpfe, teils sind
es allzu vorwiegend die Probleme der Liebe, die diese Dichter
beschäftigen, wenn nicht gar, wie bei Paul Lindau, Blumenthal
und anderen, das Leben der Gegenwart hauptsächlich für
pikante Konversation, für teils grelle, teils spaßhafte Charakteristik, für eine Mischung von Folterung, Rührung und
Frivolität benutzt wird. Da ist es schon gut, wenn die
Naturalisten kühn und rücksichtslos in das moderne Leben
greifen, um schwere und blutende Konflikte herauszuholen.
Vergegenwärtigen Sie sich etwa die gesunderen von Ibsens
Dramen: Die Stützen der Gesellschaft, Nora, Volksfeind,

oder Björnsons Handschuh oder die Dramen Sudermanns, und Sie werden zugestehen müssen, daß die dramatischen Konflikte hierdurch wesentliche Bereicherungen erfahren haben. Besonders an Ibsen finde ich dies als eine seiner großen Seiten, daß er den Zusammenstoß der alten und neuen Sittlichkeit zur Fundgrube tragischer Kämpfe macht.

Freilich darf man zweierlei nicht vergessen. Erstlich dünken sich die Naturalisten zuweilen in diesem Punkte als viel zu originell. Verwertung der Richtungen und Kämpfe der Gegenwart für die Dichtung hat es auch zu anderen Zeiten gegeben: man denke an Schillers Kabale und Liebe, an Goethes Werther und Wilhelm Meister, an Gutzkows Ritter vom Geiste und Zauberer von Rom, an Spielhagens Romane. Und sodann meinen die Naturalisten oft wichtige typische Gestalten des gegenwärtigen sozialen Lebens zu schaffen, Gestalten, in denen sich die bedeutsamen Richtungen zusammenfassen, während man es vielleicht nur mit seltsamen, uncharakteristischen Exemplaren, mit krankhaften Ausgeburten eines überhitzten, grüblerischen Gehirns zu thun hat. So ist es in Ibsens Frau vom Meer, Hedda Gabler oder gar in dem unfreiwillig ins Verrückte hineinspielenden Baumeister Solneß.[103]) Und in noch viel stärkerem Grade ist dieser Vorwurf gegen Strindbergs Dramen zu erheben, wie ich schon im ersten Vortrag angedeutet habe.[104])

Der geschärfte Wirklichkeitssinn hat noch eine weitere Folge. Wir fassen den Menschen in seiner vielseitigen und weitverzweigten Verflechtung mit der ihn umgebenden Wirklichkeit auf. Der Darwinismus mit seiner Lehre von der Anpassung hat hierin die gegenwärtige Menschheit um ein Gewaltiges weitergebracht. Wir durchschauen weit feiner die

Das Milieu im Naturalismus.

Abhängigkeit unserer geistigen und sittlichen Entwicklung von den großen und den tausend kleinen Einflüssen unserer natürlichen und geistigen Umgebung, wir wissen insbesondere die Tragweite der kleinen, aber sich unablässig häufenden Anpassungen und Ausgleichungen weit besser zu schätzen. Der moderne Mensch fühlt sich stark und allzu stark als Erzeugnis seines Milieus, wie die Modernen sich ausdrücken. Er unterschätzt das Ursprüngliche, nicht von außen Ableitbare, Neue, Anfangbildende in der Individualität. Er möchte am liebsten die Individualität als einen Niederschlag aus den Elementen der natürlichen und geistigen Umgebung ansehen, sie zu einer bloßen Empfängerin von außen her machen. Doch so übertrieben dies auch sein mag: jedenfalls hat diese Auffassung des einzelnen als Erzeugnisses des Milieus gewaltig auf die Kunst hinübergewirkt. Die Schilderung des Milieus ist zu einer so wichtigen Sache wie niemals vorher geworden. Und es läßt sich nicht leugnen, daß moderne Meister es in der Kunst der Schilderung der den Menschen umwehenden Stimmungen, des sinnlich=geistigen Hauches, in dem der Mensch atmet, erstaunlich weit gebracht haben. Besonders die Franzosen, die Goncourts, Daudet, Zola u. s. w., sind hierin ausgezeichnet. Die Personen in ihren Dichtungen ziehen mit Sinnen und Nerven, nach ihren natürlichen und moralischen Eigenschaften, ihre Nahrung aus den sie umflutenden Medien.

Freilich Maß zu halten, hat die neue Kunst nicht verstanden. So sehr es zur Glaublichkeit der Gestalten und Handlungen beiträgt, wenn wir sie aus ihrem Milieu herauswachsen sehen, so darf sich doch das Milieu nicht in der Weise breit machen, daß Hauptgestalten und Handlung von der Schilderung desselben überwuchert werden. In den naturalistischen Romanen geschieht es nur zu häufig, daß wir immerwährend von den interessierenden Gestalten und Handlungen abgelenkt, ins Breite und Weite gezogen werden, so daß Abspannung, Ungeduld, Interesselosigkeit eintritt. Es ist auf ästhetischem Boden eine Ausartung des kausalen Bedürfnisses, wenn der Romanschriftsteller sich im Herbeiziehen von Umständen und Nebenumständen, von Bedingungen und Vorbedingungen nicht genug thun kann. Dieses Streben nach Genauigkeit und Vollständigkeit schmeckt nach der Studierstube. Noch schlimmer freilich gestaltet sich die Sache rücksichtlich des Dramas. Auch in das Drama nämlich wurde der Grundsatz der Zustandsmalerei, des möglichsten Vermeidens von Verwicklungen, Spannungen, Höhepunkten, Überraschungen, Abschlüssen, eingeführt. Ein abschreckendes Beispiel dafür ist Schlafs Schauspiel Meister Ölze. In peinlich genauer, nichts erlassender Weise wird von Anfang bis zu Ende Zustandsmalerei getrieben, und dazu noch in schmutzigstem, schmierigstem Grau. Der Dichter quält uns mit breitester Vorführung uninteressanter Jämmerlichkeit. Ebenso vermeidet Hauptmann im Friedensfest alles „Dramatische" mit wahrer Ängstlichkeit. In abgehackten, zersetzten Reden wird uns der klägliche, tief erkrankte, verpfuschte Geist der Familie Scholz in seinem wirren Gären und Brodeln geschildert; anschauliche, bestimmte Einzelvorgänge treten nicht heraus. Hauptmanns künstlerische Kraft zeigt sich freilich auch in diesem Stück: aus dem Milieu des Familiengeistes heben sich die Charaktere der einzelnen Personen in meisterhafter Weise hervor. Auch seine Weber leiden unter dem Vorherrschen des Milieus. Doch ist es hier dem Dichter gelungen, die dumpfe Webermasse als etwas von einheitlichem Geiste Getriebenes vor unseren Augen in Bewegung zu setzen und in ruckweise geschehendem, spannungsvollem Fortgang von Akt zu Akt den aufrührerischen Geist in ihnen zu steigern. — Übrigens ist dieses breite Ausmalen des Milieus in der Dichtkunst keine vereinzelte Erscheinung. Wenn die Malerei die Gegenstände selbst zurücktreten läßt und das Hauptgewicht darauf legt, zu zeigen, wie die Gegenstände in der Weite des Raumes, in dem Spiel von Luft und Licht atmen und baden, so ist dies gleichfalls eine bevorzugende Darstellung des Milieus. Freilich wird das Milieu in der Malerei vielfach anders zu beurteilen sein als das in der Dichtkunst.

Der soziale und sozialistische Charakter des Naturalismus. Man spricht häufig von einer **sozialen Tendenz** in den naturalistischen Strömungen. Und sicherlich mit Recht. Wir haben gesehen, daß die Dichtung ihre Stoffe vorzugsweise dem sozialen Leben der Gegenwart entnimmt. Und wenn ich von dem Milieu gesprochen habe, so war darunter nicht nur die körperliche Umgebung, sondern auch die geistige, moralische Luft gemeint, die in den entsprechenden Gesellschaftsschichten herrscht. Die einseitigen Darsteller des Milieus wollen das Individuum möglichst in seiner Abhängigkeit von sozialen Einflüssen, möglichst als Erzeugnis sozialer Verhältnisse erscheinen lassen. So läßt sich also in doppelter Hinsicht von einer sozialen Tendenz sprechen: mit Rücksicht auf die Wahl der Stoffe und mit Rücksicht auf die Art und Weise, wie die Individuen in ihrem Verhältnis zur Gesellschaft dargestellt werden.

Dieser soziale Charakter steigert sich nun öfters zum **sozialistischen**. Ich habe hierbei nicht bloß Dichtungen im Auge, aus denen man die Absicht, gegen die Besitzenden und Reichen aufzuhetzen, herausfühlt, wie dies z. B., um eine ältere Dichtung zu nennen, in Felix Pyats Volksstück

"Der Lumpensammler von Paris" der Fall ist; sondern ich fasse das Sozialistische in einem weiteren Sinne. Nicht nur die Dichtung, sondern auch die Malerei der Gegenwart liebt es, durch Wahl des Stoffes und Darstellungsart die Not der Verstoßenen und Enterbten als unerträglich, den Aufschrei des Proletariats als berechtigt erscheinen zu lassen und auf den Egoismus und die Genußsucht der glücklich Besitzenden aufrüttelnd zu wirken. Wer die neueste Litteratur auch nur einigermaßen kennt, dem fallen Beispiele hierfür in Menge ein. Ich erinnere an Zolas Germinal, an Hauptmanns Weber, an Kretzers Romane. Selbst ein so wenig naturalistischer Dichter wie Fulda hat in seinem Schauspiel "Das verlorene Paradies" den berechtigten Gefühlen der unterdrückten Arbeiterwelt Ausdruck verliehen. Gerechte Verteilung von Licht und Schatten ist freilich auch in solchen Dichtungen, die nicht die Tendenz des Aufhetzens zur Schau tragen, selten zu finden. Die Fabriksherrn werden als brutale Ausbeuter geschildert, und von Pflichten und Verschuldungen auf Seite der Arbeiter ist nicht die Rede. Es läßt sich daher nicht leugnen, daß in unserer Zeit, wo von den sozialdemokratischen Zeitungen die Aufhetzung gegen die Besitzenden in gewissenlosester Weise betrieben wird, von Dichtungen dieser Art gefährliche Wirkungen ausgehen können. [105])

Alle Charakterzüge der modernen Richtungen, die ich bisher erwähnt habe, lassen sich aus dem gesteigerten Wirklichkeitssinn ableiten oder stehen doch wenigstens mit diesem im Zusammenhang. Es giebt aber auch Charakterzüge anderen Ursprungs, darunter auch solche, die zu dem Naturalismus im engen Sinne, d. h. zu dem Naturalismus im Sinne der möglichsten Wirklichkeitsnachahmung, im Gegensatze stehen.

Objektiver und subjektiver Naturalismus.

Bevor ich zur flüchtigen Kennzeichnung dieser weiteren Züge übergehe, möchte ich mich gegen die oft gehörte Behauptung wenden, daß schon in dem Überwiegen **psychologischen Beschreibens und Zergliederns** und dem Zurücktreten des Schilderns **äußerer** Dinge und Verhältnisse ein Abfall vom Naturalismus liege; und daß schon aus diesem Grunde Bourget, Garborg und andere ein Hinausgehen über den Naturalismus bedeuten. Nicht darauf kommt es an, ob mehr die äußere Natur oder das Leben der Seele beschrieben wird, sondern darauf, ob das Beschreiben den Eindruck einer nichts erlassen wollenden Wiedergabe des Wirklichen macht. Wenn Bourget das verwickelte Motivenspiel in dem Gemüte einer koketten Weltdame oder eines Philosophen, dessen Philosophie an seiner Liebesleidenschaft Schiffbruch leidet, bis in alle seine Schwankungen und Zweideutigkeiten hinein zergliedert, sodaß dem Leser nichts zum Ausfüllen und Ergänzen übrig bleibt, so ist dies nur eine andere Wendung des Naturalismus. Er richtet sich hier nicht auf das Milieu, sondern auf das Innere der dargestellten Personen. So ist Hauptmann in der Novelle „Der Apostel", wo die äußeren Verhältnisse kaum angedeutet und fast ausschließlich innere Vorgänge beschrieben werden, gerade so Naturalist wie in den Webern. Und ebenso wird man Gontscharow wegen seiner alles sagenden und erklärenden psychologischen Zergliederungswut zu den Naturalisten zählen müssen. Also nur von einer mehr objektiven und einer mehr subjektiven **Gruppe** unter den Naturalisten wird die Rede sein dürfen.

Der moderne Individualismus. Ein stark hervortretender Zug der modernen Strömungen ist der **Individualismus**. Nicht in der Kunst allein macht sich sich diese Geistesrichtung geltend; sie drängt sich dem Beobachter in unserem ganzen modernen Leben auf. Auf den verschiedensten Gebieten nehmen wir eine starke, vielgestaltige Strömung wahr, die gegen die Dämpfung und Verwischung der individuellen Unterschiede, gegen die Herrschaft des Allgemeinen und Gleichen entrüstete Einsprache erhebt, starke und kühne Ausprägung der Individualität fordert, ja sogar die schrankenlose, normenfreie Selbstherrlichkeit des Individuums als dessen unveräußerliches Recht verkündigt. Schon in der durch Richard Wagner bezeichneten Geistesrichtung steckt nicht wenig von diesem Individualitätsrausch, von dieser Gegnerschaft gegen Staat und Wissenschaft als gegen Mächte, die das Individuum einengen und um Leben, Wärme, Eigenart bringen.[106] Ungleich einseitiger ausgebildet ist der Individualismus in der Philosophie, die gegenwärtig unter den jüngeren Schriftstellern und Künstlern so weit verbreitet ist wie keine andere: in der Philosophie Friedrich Nietzsches. Hier wird das Individuum verherrlicht, das sich zucht- und gesetzlos bis zum Äußersten auslebt, sich zu den unerhörtesten Kunststücken heroischen Wollens und geistigen Genießens, zu unüberbietbaren Synthesen entgegengesetzter Stimmungen hinaufsteigert.[107] In diesem Zusammenhang kann ich auch auf den Beifall hinweisen, den das Buch „Rembrandt als Erzieher" gefunden hat. Sodann aber haben wir uns hier der wachsenden Verbreitung des Anarchismus und der Unabhängigkeitsbewegungen innerhalb des Sozialismus als weiterer Belege für die Stärke der individualistischen Strömung zu erinnern. Auch der philosophische Positivismus hat Seiten, nach denen er mit dieser Geistesrichtung im Zusammenhang steht.[108] Und selbst in der protestantischen Theologie kommt der Individualismus insofern zum Vorschein, als auf Grundlage kantisch und positivistisch erkenntnistheoretischer Überzeugungen eine Auflehnung des Individuums gegen die Dogmen stattfindet. So tritt uns, wohin wir blicken, Individualismus entgegen, in zahmen und kühnen, in berechtigten und schrankenlosen Formen.

Das Betonen und überschätzen der eigenartigen Künstlerindividualität.

In drei Beziehungen finde ich in der modernen Kunstbewegung das Hervortreten von Individualismus. Erstlich in der Wertschätzung, ja Überschätzung der eigenartigen Künstlerindividualität. Ich erblicke in dem Verlangen, daß in dem Kunstwerk die Wirklichkeit nicht trocken wiedergegeben werde, sondern als durch einen eigenartig, stark, vielleicht sogar schroff umbildenden Künstlergeist hindurchgegangen erscheine, eine freudig zu begrüßende Wandlung in der Entwicklung der modernen Bewegung. Es ist damit ein siegreicher Feind des geistesleeren und langweiligen Trivialismus erstanden. Wenn den heutigen Deutschen, trotz allen Einwendungen, die er haben mag, doch stolze Freude über das gegenwärtige Kunstleben im Vaterlande erfüllen darf, so ist dies besonders darum berechtigt, weil Deutschland Künstler von so gewichtvoller Eigenart — um nur Maler zu nennen — wie Max, Böcklin, Thoma, Stuck, Klinger, Liebermann, Uhde besitzt. Freilich wird der Ruf nach eigenartigen Künstlerindividualitäten oft in übertriebenem Sinne gehört. Es kommt in den Augen vieler Kritiker nur darauf an, daß der Künstler überhaupt apart sei, apart um jeden Preis, daß er noch nicht Gewagtes wage — mag Gehalt und Darstellungsweise edel oder gemein, wertvoll oder nichtig sein. So ist denn vielfach unter den heutigen Künstlern — und ich bemerke dies insbesondere unter den Malern und den Lyrikern — eine wahre Jagd nach apartester Eigenart entfesselt. Was liegt an sachlichen Werten, wenn sich nur das Ich des Künstlers in interessantem Lichte darzustellen weiß! Selbst große Künstler unserer Zeit sind von Interessantthuerei nicht frei. Was uns an Goethe so herzlich erfreut, das ist das Aufgehen der Persönlichkeit in die Sache. Das Schaffen des Individuums ist hier ein Schaffen in der Sache und um der Sache willen. Das Individuum will nichts Eigenes sein über die als wertvoll erkannte Sache hinaus. Eigenartige Auffassung ist vorhanden; allein dies eigenartige Subjektive ist von dem Gefühl durchdrungen, damit der Sache und nur der Sache gerecht zu werden. Diese Sachlichkeit findet man bei unseren Künstlern so selten. Sind es nun gar kleine Geister, deren sich die Sucht nach Eigenart bemächtigt, so entsteht eine ganz besonders widerwärtige Art von Eitelkeit und Koketterie. Hinter dem Großthun mit gigantischen Gefühlen sieht man überall das kleine, aber um jeden Preis großseinwollende Ich hervorgucken. Besonders an lyrischen Ergüssen mancher neuester Dichter merkt man, wie sie vor Eitelkeit, etwas Seltsames, Unerhörtes zum Ausdruck zu bringen, fast platzen. Und Bilder, die im besten Fall als interessante Experimente mit Farben und Pinsel gelten können, wollen als bedeutende, für sich geltende Kunstwerke anerkannt sein. Und folgt nicht sofort lauter Beifall, so gebärden sich diese Jungen und Jüngsten und ihre Gönner wild und grimmig und schreien über Verkennung und Unterdrückung von Seite der zopfigen alten Größen.[109])

Mit dem übertriebenen Betonen der aparten Individualität hängt auch das Überschätzen der Technik zusammen. Besonders im technischen Können zeigt sich individuelle Eigenart; und so führt jene Einseitigkeit leicht dazu, das Künstlerische, wenn nicht ausschließlich, so doch vorwiegend in eine neue oder doch Neues abgewinnende Behandlung der Darstellungsmittel, in ein virtuoses Bewältigen der in ihnen liegenden Schwierigkeiten und Hindernisse zu setzen. In der

Das Überschätzen der Technik.

That scheint in Künstlerkreisen die Ansicht weit verbreitet zu sein, daß es nicht auf Geist, nicht auf Sinn für Anmut und Schönheit, nicht auf bedeutungsvollen Gehalt ankomme, sondern daß vorzugsweise oder gar allein in der möglichst eigenartigen, neue Wege eröffnenden Technik der Preis der Künstlerschaft bestehe. Es wird mitleidig als Laienstandpunkt belächelt, wenn jemand an einem Kunstwerk Anmut, Schönheit, Tiefe des Gehalts bewundert. Und doch ist die technische Meisterschaft bloßes Mittel, nicht aber Zweck der Kunst. Es heißt das Mittel über den Zweck setzen, wenn, wie so oft geschieht, ein Gemälde, das nach Geist, Gehalt und Form einen negativen Wert bedeutet, nur darum, weil es irgend ein neues Farbenexperiment darstellt, als Kunstwerk ersten Ranges gerühmt wird. Auch an manchen modernen Dichtungen kommt die Überschätzung der Technik zum Vorschein. So verdankt vieles, was Arno Holz gedichtet hat, seine Entstehung lediglich dem Streben nach raffiniertester technischer Künstelei.

Forderung der innern Wahrhaftigkeit im künstlerischen Darstellen.

Eine zweite Art, wie sich der Individualismus in den modernen Kunstbewegungen zum Ausdruck bringt, ist durch die Forderung gegeben: der Künstler solle nur wahrhaftig innerlich Erlebtes darstellen, und er solle sich nicht scheuen, das aus seinem Innern heraus Erlebte zum Ausdruck zu bringen.[110]) Diese Forderung ist gegen das gezierte, verschönernde, zaghaft abschwächende Ausdrücken der Gefühle, gegen die Ersetzung wirklichen Erlebens durch eingebildetes Erleben gerichtet. Damit ist allerdings nichts Neues ausgesprochen. Den Psalmen wie den Dramen des Aeschylos, den Räubern und dem Don Carlos wie Werther und Tasso liegt starkes inneres Erleben zu Grunde. Doch muß zugegeben werden, daß der Dichtung der vorausgegangenen

Zeit gegenüber das nachdrückliche Bestehen auf der Ursprünglichkeit des inneren Erlebens nicht überflüssig war. Man vergleiche die Dramen Augiers oder Sardous, Heyses oder Wilbrandts mit denen von Ibsen, so stehen die letzteren, was die Gewalt des zu Grunde liegenden inneren Erlebens betrifft, weit überragend da. Freilich wird von den Modernen nun wieder nach der anderen Seite viel zu weit gegangen. Besonders die Anfänge der naturalistischen Bewegung in Deutschland sind überreich an Beispielen, an denen die Verwechselung der Ursprünglichkeit des inneren Erlebens mit Roheit und wüster Unreife fühlbar wird. Das Klären und Veredeln der eigenen Gefühle, wie es etwa Heyse in so wohlthuender Weise zeigt, ist gleichfalls ein wahrhaftiges inneres Thun und Erleben; von den neuesten Stürmern dagegen wird es ohne weiteres als ein äußerliches Schön- und Glattmachen, als ein Zeichen von Schwäche und Ohnmacht angesehen.

Hier wird an einem einzelnen Punkte sichtbar, wie verwickelt die moderne Bewegung ist. Der Individualismus im ersten Sinne führt, so sahen wir, in seiner Ausartung zum Kokettieren mit den eigenen Gefühlen, zum Hinaufschrauben der eigenen Individualität, zu möglichst interessanten Stellungen, also zur Unwahrhaftigkeit des inneren Erlebens. Der Individualismus im gegenwärtigen zweiten Sinn fordert im Gegenteil innere Wahrhaftigkeit. Beides findet sich nicht selten bei einem und demselben modernen Dichter. Ein viel versprechendes Talent war der zu früh hinweggeraffte Hermann Conradi. Ohne Frage glüht uns aus seinen Gedichten „Lieder eines Sünders" eine ungewöhnliche Leidenschaft entgegen: die Stürme und Zerklüftungen, der rasende Durst nach Leben, Liebe, Freude und der Ekel vor der Welt und ihrem Treiben

— dies alles hat der Dichter ehrlich durchgekostet. Allein man sieht sich zugleich genötigt, von der Echtheit des Fühlens einen starken Abzug zu machen; denn häufig erhält man den Eindruck, daß sich der Dichter aufbläht und mit seinen kolossalen Gefühlen wichtig thut.

Der ethische Individualismus in der modernen Dichtung.

Noch bedeutungsvoller ist die dritte Gestalt, in der sich in den modernen Richtungen Individualismus zum Ausdruck bringt. Ich habe dabei den Individualismus als Lebensanschauung im Auge, die der Künstler, besonders der Dichter, in seine Schöpfungen hineinarbeitet. Es kann dem aufmerksamen Beobachter nicht entgehen, daß sich gegenwärtig in den moralischen Gefühlen, — und zwar gerade innerhalb der Kreise der geistig Hochstehenden — eigentümliche Wandlungen in der Richtung des Individualismus vollziehen. Den mir berechtigt erscheinenden Kern in dieser Wandlung will ich mit ein paar Worten zu charakterisieren versuchen.

Immer stärker macht sich ein Widerstreben gegen alle eintönige, magere moralische Schablone geltend. Das Individuum — so fühlt man — hat das Recht, sich seiner Eigenart gemäß zu entscheiden. Es wird als eine ungerechte Zumutung empfunden, daß die Moral vor der Vielgestaltigkeit der Individuen, vor den einschneidenden Unterschieden nach Anlagen und Bedürfnissen, nach Grobheit und Feinheit ihrer geistigen Zusammensetzung einfach die Augen verschließen solle. Es schwebt eine gewisse Individualisierung des Moralgesetzes vor. Das Sittliche — so ist man überzeugt — entwickelt sich in jedem Menschen organisch aus der Eigentümlichkeit seines individuellen Bodens und trägt demgemäß individuelle Bestimmtheit an sich. Die allgemeinen sittlichen Mächte geben sich unablässig neue individuelle Gestaltungen,

indem sie durch die menschlichen Individualitäten hindurch=
gehen. Und Hand in Hand mit dieser Wandlung des
moralischen Fühlens geht eine verwandte Veränderung. Es
ist der Drang vorhanden, der Tugend ein frischeres, freudigeres
Aussehen zu geben. Ihr sollen die griesgrämigen Runzeln
genommen werden, die Christentum und Kantische Moral in
ihr Antlitz gegraben haben. Hochgestimmte Lebensbejahung,
Verlangen nach Beglückung des ganzen, ungeteilten Menschen,
tapferes Aufsichnehmen von Lust und Leid des Erdendaseins
soll zur sittlichen Lebenshaltung gehören. Und das Gute
soll seine hausbackene, zahme Gestalt verlieren. Es soll
wieder Wagemut und stolzer Aufschwung in das sittliche
Handeln kommen. Sich rücksichtslos zu bekennen, sich ein=
zusetzen, sich vom Gewohnten zu unterscheiden, gefahrvolle
Bahnen zu gehen — dies soll als etwas den Menschen
Adelndes angesehen werden.

Ich halte diese soeben angedeutete Wandlung des mora=
lischen Fühlens nicht nur für thatsächlich vorhanden, sondern
auch für berechtigt und segensreich. Und ich kann es nur
begrüßen, wenn diese veränderten Wertschätzungen auch in
der Dichtung zu anschaulichem Ausdrucke kommen. Jedem
von Ihnen fällt hierbei wohl Sudermanns Heimat ein.
Magdas Tragik liegt darin, daß sie nach freierer, kühnerer,
phantasievollerer, individuell geprägter Lebensgestaltung strebt
und hierdurch mit ihrer Familie zusammenprallt, die an der
engen, unduldsamen bürgerlichen Ehrenhaftigkeit starr fest=
hält. Und ebenso kommt in Fuldas Schauspiel „Die Sklavin"
das Recht auf individuelle Sittlichkeit zur Geltung. Der
Dichter stellt scharf und unmißverständlich gezeichnete Be=
dingungen hin, unter denen die Zerreißung der Ehe und das
Eingehen eines freien Verhältnisses mit dem Geliebten in

höherem Sinne sittlich ist als das Verharren in den entwürdigenden Banden. Das innere Glück und Heil Eugeniens steht auf dem Spiel. Darin liegt ihr Recht, sich gegen ihre Ehe aufzulehnen.

Freilich muß ich nun hinzufügen, daß diese individualistische moralische Bewegung zum großen Teil höchst einseitige, ja gefährliche Formen angenommen hat. Goethe hat recht, wenn er sagt, daß in jedem Künstler ein Keim von Verwegenheit liegt.[111] In dem jungen Geschlechte der Schriftsteller und Dichter hat sich vielfach eine Moral des schrankenlosen Egoismus, eine wahre Vergötterung des Ich entwickelt. Das Ich erkennt keine Willensnormen an; es giebt für das Individuum kein anderes Gesetz als eben das Individuum selbst. Als Höchstes gilt: sich möglichst im Gegensatze zu den üblichen Ordnungen, möglichst hart, kühn und schroff ausleben. Gewaltthätige, freche, grausame Geistesart — dies gilt als Lob, nicht als Tadel. Alles Streben und Arbeiten wird als Mittel für das Genießen angesehen, und das Genießen ist ein Ausgehen auf raffinierte, voraussetzungsreiche, verwickelte, sinnlich-geistige Nervenerregungen. Als Ideal schwebt eine gewisse Vereinigung von naturartig elementarer und raffinierter Selbstbethätigung vor. Die Leidenschaften sollen sich naturartig, unwiderstehlich ausleben; Klärung durch Vernunft wird verachtet; zugleich aber wird die Intelligenz in den Dienst ausgeklügeltsten Nervengenusses gestellt. Schuld und Reue, Gewissen und Pflicht, Gut und Böse — dies alles wird als Überlebsel einer vergangenen Periode moralischer Selbstquälerei behandelt. Mit diesen „Gespenstern" räumt der moralisch Aufgeklärte gründlich auf. Macht, Natur, Freiheit — dies mischt sich ihm zu einer Art Ideal zusammen, durch das er sich aus dem düstern Reich der Moral hinausgeführt wähnt. An die Stelle der Moral tritt der „Immoralismus". Es steht hierbei vielen wohl die italienische Renaissance vor Augen, deren Immoralismus Jacob Burckhardt mit gewohnter Meisterschaft hervorgehoben hat.[112])

Derartige Bestimmungen und Bestrebungen sind es, die sich vor allem in unserer geistig vornehmen Jugend in mannigfacher Weise, mit verschiedenen Verschiebungen und Schwankungen, verbinden. Besonders Nietzsche hat in dieser Richtung gewirkt. Auf Schritt und Tritt begegnet man dem verwirrenden, verblendenden Einflusse seiner Lehre vom „Übermenschen", die dem Streben nach Selbstüberhebung gleichsam seine absolute Formel giebt. Bei Nietzsche selbst erscheinen seine gewaltthätigen Überspannungen, seine funkelnden, stahlharten Bosheiten, seine wollüstig grausamen Selbstverwundungen, seine als möglichst steil und gefahrvoll hingestellten Halb-, Viertel- und Achtelwahrheiten in adelndem Zusammenhange mit seiner fast übermenschlich ringenden und leidenden Persönlichkeit, die in ihren Bekämpfungen und Umstürzungen alles, was bisher an revolutionären Philosophen da war, weit übertrifft. Bei seinen nachsprechenden Jüngern dagegen fehlt dieser Zusammenhang; Nietzsches in tragischem Lebenskampfe errungene Gedanken erscheinen hier wohlfeil erworben. So tritt hier das Wirre und Freche seiner Philosophie in abschreckender Nacktheit heraus. Natürlich will ich hiermit nicht in Abrede stellen, daß es auch Geister giebt, auf die Nietzsches Gedankenwagnisse in befreiendem und vertiefendem Sinne gewirkt haben.

Wir finden diesen einseitigen Individualismus, freilich in sehr verschiedenen Ausprägungen, bei Bruno Wille, der sein Ideal vom „freien Vernunftmenschen" auch philosophisch zu entwickeln versucht hat,[113]) bei John Henry Mackay, der sich mit Stolz als den „ersten Sänger der Anarchie" bezeichnet,[114]) bei Ibsen und Strindberg. Ibsen ist in seinen Dichtungen zugleich philosophischer Seher. Ihm schwebt das Ideal einer höheren Menschheit, einer neuen, von allem Dumpfen, Gedrückten, Ängstlichen gründlich befreiten Sittlichkeit vor. Er will, wie Nietzsche, die bestehenden Werte in der Richtung hellklingender Lebensfreude umwerten. Er stellt seine neue Menschheit als ein sonniges, abliges, von kräftiger Bergluft umwehtes Geschlecht hin. Doch dem tiefer Blickenden zeigen sich bald seine Ideale als nebelhaft und als ohne Rücksicht auf die bestehende Menschennatur ersonnen, und aus ihrem Grunde blickt uns ethischer Nihilismus, freche, kalt egoistische, ja widernatürliche Selbstvergötterung des Individuums an. Schon in der vergleichsweise noch zahmen Nora — die übrigens Tragik von tiefer und zusammengedrängter Art enthält — finde ich eine Verherrlichung jener Ichsucht, die, unter heftiger, schroffer Ablehnung der Pflichten gegen alle anderen, sich einzig von der Rücksicht auf das eigene Glück und Heil bestimmen läßt. Bei Strindberg verbinden sich Nietzschische und darwinistische Ideen zu einem hochmütigen Intellektualismus. Mit Nietzsche hat er gemein den Glauben an die Selbstherrlichkeit des großen, starken Individuums, die Verachtung des Mitleids und der Menschenliebe als schwächlicher, kleingeistiger Regungen, die Verachtung des Weibes als eines Mittelgeschöpfes zwischen Tier und Mensch, das Ideal der Herauszüchtung eines Übermenschen aus dem Tier. Auch Sudermann übrigens hat sich, wie der Schluß seines Katzenstegs beweist, vom Nietzschischen Immoralismus bestricken lassen.[115])

Die neuesten phantastischen und Schließlich habe ich noch auf die **phantastischen** und **mystischen** Bestrebungen hinzuweisen, die aus der im

engeren Sinn naturalistischen Bewegung immer mehr heraus- *mystischen Richtungen in der Kunst.*
wachsen. Zur Zeit, als Vor Sonnenaufgang und Die Familie
Selicke erschienen, hielt ich es für unmöglich, daß so bedeutende dichterische Talente, wie die Verfasser dieser Dramen,
es längere Zeit hindurch aushalten könnten, gegenüber Geist,
Idee und Phantasie eine so weitgehende Entsagung aus-
zuüben. In der That haben selbst diese Naturalisten der
strengsten Richtung ihrem Drang nach Phantasie in späteren
Dichtungen Befriedigung verschafft. Gegenwärtig gilt vielen
der Naturalismus, insofern man ihn dem Thatsächlichkeits-
fanatismus gleichsetzt, für überwunden. Wir begegnen allenthalben einem wahren Heißhunger nach seltenen und neuen
Phantasiegenüssen, und wir sehen, wie selbst das Gebiet des
Mystischen herangezogen wird, um die verwöhnten Nerven
zu reizen. Doch dürfen wir diese Wendung nicht so auffassen, als ob in ihr ein Bruch mit allen den Charakter-
zügen gegeben wäre, die ich als für die moderne Bewegung
maßgebend gekennzeichnet habe. Der gesteigerte Wirklichkeitssinn, die naturwissenschaftliche Tendenz, die Vorliebe für das
Milieu, die Überanschaulichkeit, der Intimismus, die Bevorzugung des Charakteristischen und andere wesentliche Züge
sind, wenn auch mit Abänderungen, in die phantastischen
und mystischen Richtungen eingegangen. Jene Potenzen sind
für diese neue Wendung fast der selbstverständliche Boden, in
dem sie selbst wurzelt. Ich darf daher auch auf diese neuesten
Gestaltungen den Namen „Naturalismus" ausdehnen. Und
um so mehr darf ich das, als Gefühl und Phantasie in den
Erzeugnissen dieser Richtung nur zu häufig einen ungeord-
neten, zuchtlosen, **der rohen Natur angenäherten**,
also — naturalistischen Charakter an sich trägt. In diesem
Sinne läßt sich auch der vorhin gekennzeichnete Individualis-

mus als naturalistisch bezeichnen. Denn vorwiegend ist es das **nicht** durch Vernunft geordnete und gemäßigte, elementare, stark naturartige Individuum, was zur Geltung gebracht werden soll.

Hervorbrechen der Phantasie.

Es ist ein Glück, daß der Trivialismus in Malerei und Dichtung immer mehr einer phantasievolleren Art weicht, daß die Phantasie wieder nach Wagnissen im Reich des Heroischen und Übermenschlichen dürstet. Schon Richard Wagner hat durch seinen auch als Dichtung gewaltig emporragenden Ring der Nibelungen dargethan, daß sich in mythologische Stoffe moderne Geistesart hineinarbeiten läßt. Als ein Beleg hierfür kann auch Siegfried Lipiners vor fast zwanzig Jahren erschienene Dichtung „Der entfesselte Prometheus" gelten, die uns in die letzten Fragen der Geschichtsphilosophie und Metaphysik hineinführt.[110] Seit längerer Zeit sind es die beiden Hart, die in ihren hoch dahinschreitenden, die gewaltigsten Stoffe des Mythus und der Sage bearbeitenden Dichtungen dem tiefsten Sehnen und Ringen der Menschheit Ausdruck zu geben versuchen. Und wie sehr dieses Schaffen von Phantasiewelten in unserer jüngsten Dichtung im Anwachsen begriffen ist, kann der Moderne Musenalmanach dieses Jahres zeigen.

Die Weltgefühle der neuesten Richtungen.

Mit dem Steigern der Phantasiethätigkeit geht naturgemäß ein Hereinziehen der großen Weltgefühle in die Kunst Hand in Hand. Der philosophisch und religiös erregte Mensch spricht sich wieder mehr in der Kunst aus, als dies der Naturalismus im engeren Sinn zugeben könnte. Wie ich schon bei Erwähnung der zuletzt genannten Dichter andeutete, sind es die Gedanken über Ziel und Wert von Dasein und Streben, die in der Dichtung nach Ausdruck ringen. Besonders scheint mir die Gedankenwelt dieser neuesten Dich=

tung durch einen gewissen **Pantheismus der Natur
und des Lebens** charakterisiert zu sein. Ich sage
dies im Gegensatz zu jenem Pantheismus, der die Natur
in Geist zu verflüchtigen geneigt ist. Das All=Eine, dem
sich der Einheitsdurst der jüngsten Dichtung zuwendet, hat
einen mehr naturartigen Charakter. Es ist ein Pantheis=
mus, der von dem sinnlich=seelischen Lebensgefühl ausgeht,
das sich uns in jedem Augenblick unmittelbar und doch
so geheimnisvoll zu spüren giebt; ein Pantheismus des
zeugenden, liebenden Lebens. Selbst bei Zola, in seinem
Doktor Pascal, ist der durch den ganzen Roman hin=
durchklingende Grundton eine fast mystische Vergötterung
des sich ewig verjüngenden Lebens. Um wieviel mehr
tritt dieser Lebenspantheismus bei Bleibtreu, Conradi,
in Schlafs Dichtung „Frühling" und bei anderen lyrisch
hochgestimmten Dichtern hervor! Soll ich noch einen
weiteren charakteristischen Zug nennen, so möchte ich eine
eigentümliche Verbindung von Pessimismus und Optimismus
namhaft machen. Freudige, lachende, stürmische Weltbejahung,
göttergleiches Ichgefühl ist der Grund= und Schlußton der
Lebensstimmung; aber hindurchgegangen ist diese Freudig=
keit durch alle Bitternisse des Weltwehs. Es werden stark
und schneidend die jammervollen, erniedrigenden Seiten des
Daseins hervorgekehrt, ja mit Wollust darin gewühlt; allein
aus allen diesen Schmerzen geht die Weltfreude triumphie=
rend hervor. Auch hierin ist Lipiner mit kraftvollen, hohen
Tönen vorangegangen. Besonders nach dieser Richtung wirkt
Nietzsche für das junge Geschlecht bestimmend. Wenn irgend=
wo, so ist bei ihm übermütige, ja harte Lebensbejahung mit
hellsehender Einsicht in die Qualen und Zerrüttungen des
Daseins verbunden.

Ausartungen der Gefühlsschwelgerei. Es wird Sie nach allem vorangegangenen nicht wundern, wenn ich auch hier ein starkes Aber hinzufüge. Die schon gelegentlich des Individualismus hervorgehobene Zuchtlosigkeit des Fühlens macht sich besonders dort geltend, wo ein Schwelgen in erhabenen Gefühlen stattfindet. Die Ergüsse der Modernen finden häufig ein sichtliches Gefallen daran, das Krankhafte, Zerrissene, Gierige, Schwüle auf die Spitze zu treiben. Man fühlt die überverfeinerten Nerven heraus, die nur noch in stöhnenden Krämpfen, in dem grellen Sichzerreißen zu widersprechendsten Aufregungen ein intensives Lebensgefühl zu empfinden vermögen. Und gar zu oft mischt sich überhitzte Geschlechtlichkeit hinein, die um so unangenehmer wirkt, als sich Müdigkeit und Betäubtheit des Genießens mit erregtem Lechzen nach immer heißeren Genüssen verbindet. Überschreitet dieser Hexensabbat einen gewissen Grad, so fängt er an komisch zu wirken. Nirgends ist mir dies so aufgefallen wie in den Ausgeburten eines Allermodernsten: Przybyszewskis.[117]

Symbolismus. Es ist nur natürlich, daß in die moderne Kunst mit der Steigerung der Phantasie auch das Symbolische seinen Einzug gehalten hat. Ich fasse dabei das Wort „symbolisch" nicht, wie so oft geschieht, in dem weiten Sinn des Hochbedeutungsvollen, — dann wären auch Zolas Romane symbolisch —[118] sondern in dem engeren Sinne, daß sich ein Gehalt in einer prinzipiell unangemessenen Form zum Ausdruck bringt, aber gerade dadurch sich eine eigentümliche und eindrucksvolle Verkörperung giebt.[119] In diesem Sinne ist z. B. Max Klinger ein in hervorragendem Maße symbolisch gestaltender Künstler. In der Dichtung findet sich Symbolisches insbesondere reichlich bei Ibsen. In fast quälender Weise sind manche seiner Stücke von Symbolen durchzogen. Gewisse Vorstellungen führt uns der Dichter in symbolischer Hülle mit nachdrücklicher Wiederholung als geheimnisvoll vielsagend vor: z. B. in Nora den Tanz und das Erwarten des Wunderbaren, in den Gespenstern die Sonne, in der Frau vom Meere das Meer, in der Wildente die im Bodenraum der Ekdalschen Wohnung gefangen gehaltene Wildente, im Baumeister Solneß das Steigen auf den Turm und den Gesang droben. Manchmal freilich drohen sogar die lebendigen Personen Ibsens zu bloßen Symbolen zu werden. Ähnlich wie im zweiten Teil des Goethischen Faust weiß man kaum mehr, ob man es mit wirklichen Menschen oder bloßen Begriffen in Menschengestalt zu thun hat.[120]

Wohin wird der Naturalismus führen? Wird er uns große Künstler bringen, Künstler, durch die sich noch die Geschlechter ferner Jahrhunderte kräftigen, begeistern, beglücken lassen werden? Wie sollte ich hierüber etwas zu prophezeien wagen? Doch so viel steht fest, daß der Naturalismus, trotz seinen Einseitigkeiten und Verzerrungen, die Kunst aus mattem Dasein gewaltig emporgerüttelt und eine Fülle starker und verheißungsvoller Kräfte entbunden hat.

Sechster Vortrag:

Die gegenwärtigen Aufgaben der Ästhetik.

Indem ich mich anschicke, über die gegenwärtigen Auf= *Vorurteile gegen die Ästhetik.* gaben der Ästhetik zu Ihnen zu reden, bin ich von dem Bewußtsein erfüllt, daß es sich um eine Wissenschaft handelt, die auch heute noch um ihre Daseinsberechtigung zu kämpfen hat. Man trifft noch immer, und vielfach auch dort, wo man es nicht erwarten sollte, die Ansicht an, daß die Ästhetik sich auch gegenwärtig noch in ungefähr denselben Geleisen bewege wie zur Zeit Schellings und Hegels; daß sie auch heute noch hauptsächlich in der Gewinnung der Ideen des Schönen und seiner Gestaltungen aus den Tiefen der Meta= physik bestehe, und daß die Kunstwerke auch heute noch von den Ästhetikern durch das Hineindeuten philosophischen Tief= sinns und das Anlegen starrer und enger Maßstäbe ver= gewaltigt werden. Es wird übersehen, daß durch Köstlins „Ästhetik", durch Friedrich Vischers Selbstkritik, durch Fechners „Vorschule der Ästhetik" und andere Erscheinungen auch in diese Wissenschaft ein neuer Geist eingezogen ist, — ein Geist, der den Thatsachen in ihrer Vielgestaltigkeit und Beweglich= keit unbefangen und treu zu folgen gewillt ist. Zudem bilden sich die Gegner der Ästhetik von dem früheren, spekulativen Betriebe dieser Wissenschaft zumeist eine fast karikaturartige Vorstellung. Die spekulativen Ästhetiker werden viel zu sehr als licht= und gestaltenscheue, maulwurfsartige Grübler und

Wühler angesehen. Und weil ihre Methode unmodern und verfehlt ist, sollen auch ihre Gedanken und Ergebnisse durchweg nichts taugen. Es bleibt unbeachtet, daß ihren grundsätzlich freilich apriorisch sein sollenden Ableitungen thatsächlich ein Kunstverständnis großer und zarter Art und — man denke etwa an Rosenkranz und Friedrich Vischer — auch eine reiche Masse künstlerischer Anschauungen und Kenntnisse zu Grunde liegt. Auch nimmt man sich selten die Mühe, nachzuspüren, ob ihre kühnen Intuitionen nicht doch — trotz ihrer Verstiegenheit — kostbare Wahrheitsfunde enthalten.

Doch hiervon soll hier nicht die Rede sein; ich will nur hervorheben, daß man sich auch gegenwärtig sehr oft ein falsches Bild von der Ästhetik macht und sich daher mißtrauisch und ablehnend zu ihr verhält. Und gerade unter den Künstlern, die doch gute Nachbarschaft mit ihr pflegen sollten, und häufig auch unter den Vertretern der Kunstgeschichte findet sich diese mißtrauische und ablehnende Haltung lebhaft entwickelt. Es besteht hier oft wie selbstverständlich die Annahme, daß die Ästhetik von der Kunst — stark ausgedrückt — wie der Blinde von der Farbe rede. Sie handle zwar, und oft recht geistreich, über alles mögliche, was zur Kunst einige Beziehung habe, aber für das eigentlich Künstlerische, für die Form und für die Bedingungen, unter denen die Formgebung stehe, scheine ihr das Auge zu fehlen. Und doch maße sie sich an, vom hohen Thron herab der Kunst unumstößliche Vorschriften zu geben, — Vorschriften, die im günstigsten Falle Selbstverständliches enthalten, in anderen Fällen dagegen den Künstlergenius, und besonders den reichen und freien, zu pedantischer Gebundenheit verurteilen oder auch Dinge einschärfen, die den Künstler überhaupt nichts angehen.

Doch noch eine andere Sachlage fordert auf, sich über die gegenwärtigen Aufgaben der Ästhetik Rechenschaft zu geben. Ich meine die neuen Richtungen in der Kunst. Wenn man etwa die Dramen Ibsens, Strindbergs, Sudermanns, Hauptmanns betrachtet, so kann es nicht zweifelhaft sein, daß diese Dichtungen zu den üblichen Auffassungen der Ästhetik in vielen Stücken nicht passen. Die übliche Ästhetik verlangt, daß der Dichter sich aller moralisierenden Tendenz enthalte; sie schreibt dem Tragischen die Wirkung des Erhebens und Reinigens zu; sie setzt das Dramatische in das unaufhaltsame, straffe Fortschreiten der Handlung. Gegen diese und andere Forderungen sündigen die genannten Dichter, wenn auch nicht jeder gegen eine jede von ihnen. Sind darum nun die neuen Bestrebungen der Dramatiker schlechtweg zu verwerfen? Oder hat die Ästhetik ihre Bestimmungen gemäß den neuen Richtungen zu erweitern und umzugestalten? Oder man denke an die Malerei: an die herbe, rücksichtslose Darstellung des harten, stumpfsinnigen Lebens der Bauern und Proletarier, an die Bevorzugung, welche die Landschaftsmalerei dem Unscheinbaren, Trivialen, Prosaischen zu teil werden läßt; an das mit Nachdruck und Lust geschehende Hereinziehen des Unerquicklichen und Häßlichen, an das absichtliche Verletzen der üblichen Anmuts= und Schönheitslinien, an das Zurücktretenlassen der klaren und reinen Begrenzungen der Gestalten gegen das unbestimmte und mystische Element der Farbe. Auch hier handelt es sich für die Ästhetik um die Frage: soll sie diese neuen Wege der Malerei verwerfen oder von ihnen lernen und demgemäß ihre Begriffe umbilden? So werden wir auch von dieser Seite auf das Nachdenken über die gegenwärtigen Aufgaben der Ästhetik hingewiesen. Soll die Ästhetik, wie bisher, ausschließlich oder doch weitaus über=

Der Naturalismus ist ein Anstoß zur Erwägung der Aufgaben der Ästhetik.

wiegend die als klassisch anerkannten Kunstwerke zu ihrer Grundlage machen? Oder hat sie sich bisher zu einseitig an das Hohe und Vornehme in der Kunst gehalten?

Die Ästhetik als psychologische Wissenschaft.

Soll der Charakter der gegenwärtigen ästhetischen Forschung bezeichnet werden, so ist zuerst auszusprechen: die Ästhetik beruht durchweg auf **psychologischer Grundlage**, ja ihr Verfahren ist in allen ihren Teilen — mit Ausnahme eines einzigen — geradezu **psychologisches Analysieren**. Diese Ausnahme bildet die abschließende Behandlung der ästhetischen Fragen, ich kann auch sagen: die Metaphysik der Ästhetik. Ich werde zum Schluß von diesem metaphysischen Teile der Ästhetik einige Worte zu sagen haben. Hier sei nur hervorgehoben, daß er keinesfalls an den Beginn der Ästhetik gehört, keinesfalls also grundlegender Natur ist. Die Ästhetik als psychologisch verfahrende Wissenschaft würde auch für den bestehen bleiben, der diesen metaphysischen Abschluß leugnen wollte.

Um einzusehen, daß die Ästhetik eine psychologische Wissenschaft ist, braucht man sich nur auf den durch die Erfahrung gegebenen Gegenstand der Ästhetik zu besinnen. Dieser Gegenstand tritt uns in zwei Gestalten entgegen: als ästhetisches Schaffen und als ästhetisches Aufnehmen. Das ganze Geschäft der Ästhetik besteht — immer abgesehen von jenem metaphysischen Teil — in der Analyse des künstlerischen Hervorbringens und des künstlerischen Betrachtens. Was man schön, anmutig, erhaben, tragisch, komisch nennt, besteht nicht in Eigenschaften an Dingen der Außenwelt; alle diese Ausdrücke gewinnen einen Sinn erst dadurch, daß der anschauende, phantasiebegabte, fühlende, sinnende Mensch gewisse Eindrücke in bestimmter Weise verarbeitet. Die Lehre vom Schönen, Charakteristischen, Reizenden, Anmutigen u. s. w.

behandelt sonach bestimmte seelische Vorgänge, und zwar Vorgänge von recht zusammengesetzter Natur. Jede der beispielsweise angeführten ästhetischen Gestaltungen besteht in einer eigenartigen Verknüpfung von Wahrnehmung, Vorstellungsassoziation, Phantasie, Gefühl und Willen. Da nun für das Zustandekommen der angedeuteten ästhetischen Unterschiede — was ich hier freilich nicht beweisen kann — ganz besonders **Phantasie und Gefühl** maßgebend sind, so darf ich alle jene ästhetischen Gestaltungen als **charakteristische Phantasie- und Gefühlstypen** bezeichnen. Erörtert die Ästhetik z. B. die Anmut und ihre Arten, als welche ich etwa die liebliche, holde, hohe und herbe Anmut nennen könnte, oder spricht sie über das Tragische der edlen und das der verbrecherischen Größe, das Tragische der befreienden und das der niederdrückenden Art: überall handelt es sich um weitere oder engere, markiger oder feiner ausgeprägte Phantasie- und Gefühlstypen.

Doch hat dieser Begriff eine noch weitere Ausdehnung. Auch die verschiedenen Stile und Künste sind im Grunde nichts anderes als verschiedene Arten und Weisen, wie Phantasie und Gefühl — um wieder nur diese beiden seelischen Bethätigungen zu nennen — erregt werden. Der individualisierende Stil z. B. — wir denken etwa an Shakespeare im Gegensatz zu Sophokles, der im typisierenden Stile schafft — nötigt die Phantasie zu dichtgedrängtem Auftragen und anschaulichstem Zuspitzen der Züge, er bringt, im Vergleiche zum typenschaffenden Stil, die Phantasie zu einer beweglicheren und mehr bis ans Äußerste gehenden Thätigkeit, zu einer Thätigkeit ferner, in der sich straffes Zusammenfassen mit locker lassendem Freigeben paart. Und auch auf das Gefühl wirkt der individualisierende Stil anders als der typisierende: er läßt in uns das stark entwickelte Gefühl von der Daseinsfähigkeit und Lebenskraft der dargestellten Gegenstände entstehen, er erfüllt uns mit dem Gefühl strotzender, aus ihrer Überfülle uns gleichsam durchatmender Wirklichkeit, er erweckt verhältnismäßig viel unlustvolle Gefühle, indem er uns in reichem Maße mit Vorstellungen des Herben und Gemeinen erfüllt; wogegen der typisierende Stil ein gedämpfteres Gefühl von der Lebensfähigkeit seiner Gegenstände erzeugt, unseren Wirklichkeitssinn in zarterer und schwebenderer Weise in Anspruch nimmt und seine wehethuenden Gefühle viel schonender an uns heranbringt. Auf derartige Phantasie- und Gefühlsunterschiede ungefähr läßt sich die Eigentümlichkeit des individualisierenden Stils im Vergleiche zum typisierenden zurückführen, und ich wüßte nicht, worin sonst noch außer diesen psychologischen Wirkungsweisen das Eigentümliche dieses Stiles liegen könnte.[121]) Oder stellen wir uns die Unterschiede von Malerei, Musik und Dichtung vor Augen! Wir werden dabei immer nur auf verschiedene Arten und Weisen stoßen, wie unsere Sinnes- und Phantasiethätigkeit, unser Vorstellungs- und Gefühlsleben in Bewegung gesetzt werden.

Einwurf des naiven Menschen. Der naive Mensch wird freilich mit dem Einwurf bei der Hand sein, daß jedes Kunstwerk doch in einem Dinge der Außenwelt sein Bestehen haben. Der Apollo vom Belvedere — so wird er vielleicht ausrufen — steht doch als selbständige Gestalt vor mir; und wären Geigen, Flöten, Posaunen, Kehlen nicht in Thätigkeit, so wäre dieses Oratorium nicht für mich vorhanden! Wer so denkt, möge sich indessen doch nur besinnen, was z. B. ein Gemälde als Ding der Außenwelt bedeutet. Hat etwa die Perspektive, die Tiefenerstreckung, in der wir die Gegenstände des Bildes sehen, eine Außenwirklichkeit? Offenbar nicht; erst unser Auge, das geübt und geschult ist, die Eindrücke der Netzhaut nach Tiefenerstreckung zu ordnen, gestaltet die flächenhaften Farbenauftragungen zu körperhaftem Dasein um. Oder gehört etwa die Beseelung, mit der uns die Personen, aber auch die übrigen Gegenstände des Bildes entgegentreten, zu dem Gemälde als einem Dinge der Außenwelt? Offenbar nicht; wir allein sind es, die aus eigener Brust den Gestalten des Gemäldes Leben und Seele leihen. Und hat etwa die Gliederung des Gemäldes mit ihren kleineren und größeren Gruppen, mit ihren Steigerungen und Gegensätzen in dem Gemälde als solchem ihr Bestehen? Wiederum offenbar nicht; die Farbenstriche reihen sich vollkommen gleichgiltig und unzusammengefaßt aneinander; erst unser beziehendes Bewußtsein bringt Gruppierung und Gliederung in das Farbengewoge des Bildes. Und ist denn auch nur die Farbigkeit eine außerhalb unserer Seele vorhandene Eigenschaft? Jedermann weiß, daß die Farbe nur in unserem Empfinden besteht. Was bleibt sonach von dem an der Wand hängenden Kunstwerk als Ding der Außenwelt übrig? Ein Aggregat von Molekülen, das uns in seiner Eigenbeschaffenheit überhaupt nicht in die Sinne fällt. Das Kunstwerk hat in der Außenwelt **nur seinen Unterbau**. Was der Künstler in Marmor, Erz, Malerfarben, Notenzeichen, Buchstaben niederlegt, das sind **nur Bedingungen und Anweisungen**, die den Beschauer oder Zuhörer möglichst eindeutig und möglichst mühelos zur Gestaltung des Kunstwerkes in seiner Phantasie veranlassen sollen. Das Kunstwerk ist also auch im aufnehmenden Menschen ein seelisches Erzeugnis, hervorgebracht allerdings in genauem Anschluß an die vom Künstler in der Außenwelt festgelegten Bedingungen.

Die objektive Betrachtungsweise der Äſthetik.

Hiermit wird es indeſſen für die Äſthetik keineswegs zu etwas Sinnloſem, die Kunſt auch nach ihrer **objektiven** Seite ins Auge zu faſſen. Es wird ſich ſogar als zweckmäßig ergeben, die Betrachtung des äſthetiſchen Schaffens und Schauens durch eine Betrachtung des äſthetiſchen Gegenſtandes zu ergänzen. Doch wird unter dem äſthetiſchen Gegenſtand nichts anderes verſtanden werden dürfen als das gegenſtändliche Ergebnis, welches das künſtleriſche Schaffen und Schauen abſchließt, und das zum Zweck der wiſſenſchaftlichen Unterſuchung von den ſubjektiven künſtleriſchen Akten abgelöſt wird. Das Kunſtwerk hat ſein Beſtehen und ſeinen Sinn immer nur auf dem Boden der lebendigen künſtleriſchen Thätigkeiten. Doch kann es im Intereſſe einer zerlegenden und denſelben Vorgang von verſchiedenen Seiten aus zergliedernden wiſſenſchaftlichen Betrachtung liegen, von den ſchaffenden und nachſchaffenden Thätigkeiten für einige Zeit abzuſehen und die Aufmerkſamkeit lediglich auf ihr Ergebnis hinzulenken, das als fertiger Gegenſtand dem Subjekte gegenüberſteht.

Wichtige pſychologiſche Aufgaben der Äſthetik.

Soll ich nun einige Aufgaben andeuten, die mir für die pſychologiſch analyſierende Äſthetik als in der Gegenwart beſonders wichtig erſcheinen, ſo könnte ich etwa folgendes als vorzüglich hervorhebenswert bezeichnen. Seit Kant und Schiller iſt das Intereſſeloſe, Willenloſe, Zweckloſe, Spielende als ein entſcheidender Charakterzug des äſthetiſchen Betrachtens immer wieder und oft mit Übertreibung behandelt werden. Damit im Zuſammenhange haben die Begriffe der reinen Form und des äſthetiſchen Scheines hervorragende Wichtigkeit für die Äſthetik gewonnen. Soviel nun auch in der Behandlung dieſer und verwandter Fragen bisher Treffliches geleiſtet iſt, ſo ſcheint mir doch, daß es hier vielfach noch an genauer psychologischer Analyse fehle. Was ist psychologisch damit gesagt, wenn wir das ästhetische Betrachten als willenlos und begrifflos bezeichnen, wenn wir das Ästhetische als reine Form dem Stoff entgegensetzen, und wenn wir doch wieder von der ästhetischen Form Erfüllung mit Gehalt verlangen? Was ist psychologisch gesagt, wenn das Ästhetische dem Ernst des Lebens als Spiel, dem Wirklichen als Welt des Scheines entgegengestellt wird? Diese Fragen sind nach meiner Überzeugung bisher nach der psychologischen Seite hin zu sehr in Bausch und Bogen behandelt werden. Auch die Stellung des sinnlich Angenehmen und die der Vorstellungsassoziation und der Phantasie im ästhetischen Betrachten scheint mir einer gründlicheren Analyse bedürftig zu sein. Namentlich wird es darauf ankommen, das Eigentümliche, was man im Unterschiede von der Vorstellungsassoziation als Phantasie bezeichnen darf, in seine elementaren Funktionen auseinander zu legen und so seiner mystischen Nebelhülle zu entkleiden.[122]

Mit der Betonung der Ästhetik als einer psychologisch verfahrenden Wissenschaft wollte ich nichts Neues sagen. Auch in Deutschland ist auf die Ästhetik durch Köstlin,[123] Fechner, Siebeck, Lipps u. a.[124] die Arbeitsweise der Psychologie erfolgreich angewendet worden. Selbst bei Hartmann, dessen Ästhetik doch in so hohem Grade in metaphysische Voraussetzungen hineingebaut ist und an metaphysischen Hinaufschraubungen leidet, sind es ganz besonders psychologische Unterscheidungen und Erörterungen, wodurch viele wichtige Fragen aufgehellt und gefördert werden. Auch die experimentelle Psychologie fängt an, durch sinnreich ausgedachte Bemühungen die Untersuchung elementarer ästhetischer Fälle mit Glück in die Hand zu nehmen.[125] Dagegen kann nur

Der gegenwärtige psychologische Betrieb der Ästhetik.

Verwirrung in der Ästhetik entstehen, wenn ihr eine Psychologie zu Grunde gelegt wird, die derart unter dem Zauber des Physiologischen steht, daß sie in entfernten physiologischen Veranlassungen, in ungefähren und groben physiologischen Analogien oder vielleicht gar in dem Nimbus bloßer physiologischer Worte Erklärungen seelischer Vorgänge zu besitzen glaubt. Während die Begründer und hervorragenden Vertreter der experimentellen Psychologie, so sehr sie auch die engen Beziehungen zwischen Psychologie und Physiologie betonen, doch zugleich die Leistungsfähigkeit dieser Wissenschaft für jene mit Kritik und frei von Überschätzung abgrenzen, giebt es minder kritische Köpfe, die jeden physiologischen Anklang als exakte psychologische Erklärung hinstellen. Wenn eine derartige Psychologie sich der Ästhetik bemächtigt, so wird natürlich die Forderung laut werden: es sei die Ästhetik auf Physiologie zu gründen. Die Hilfe, welche die Physiologie in manchen Fragen ohne Zweifel der Ästhetik zu leisten vermag, wird in ungeheurer Übertreibung zu grundlegender Methode emporgesteigert.[120])

Beschreibende und normative Ästhetik. War ich mit der Behauptung der grundlegenden Bedeutung der Psychologie für die Ästhetik so ziemlich allgemeiner Zustimmung sicher, so kann ich dies für die folgenden Ausführungen nicht erwarten. Ich habe jetzt nämlich auf einen tiefgreifenden Unterschied der ästhetischen und der psychologischen Methode hinzuweisen. Dieser Unterschied besteht darin, daß die Ästhetik zugleich eine **normative Wissenschaft** ist, eine Wissenschaft der Werte und Ideale. Die gegenwärtige Geistesrichtung ist dieser Auffassung nicht günstig. Schon längst hatte in Frankreich Taine die Ersetzung der vorschreibenden Ästhetik durch eine Ästhetik gefordert, die lediglich Thatsachen feststelle und erkläre. Er

giebt dem Künstler und Kunstwerk gegenüber keinen anderen
Standpunkt zu als den, daß sie als Erzeugnisse der sie um=
gebenden geistigen Temperatur verstanden werden.[127] In
derselben Richtung wirkte der Däne Georg Brandes mit seiner
oft hinreißend ausgeübten Betrachtungsweise, welche, ganz
im Sinne Taines, die Dichtungen durch psychologische
Analyse der Verfasser und durch Herbeiziehen der sie um=
gebenden geistigen Atmosphäre zu verstehen sucht.[128] In
Deutschland war es insbesondere Wilhelm Scherer, der die
gründliche Neugestaltung der Ästhetik davon abhängig machte,
daß sie zu einer bloß beschreibenden Wissenschaft
werde.[129] Heutigen Tags findet man diese Forderung am
lautesten von den Schriftstellern und Kritikern der natura=
listischen Schule erhoben.[130] Die Ästhetik — so wird ge=
sagt — habe sich aller Normen, aller Vorschriften, aller
Werturteile zu enthalten, sie dürfe immer nur von that=
sächlichem Sein, niemals von Seinsollen reden. Sonst stehe
sie der lebendigen, überraschungsreichen Entwicklung der Kunst
schablonenhaft, armselig und zudem anmaßend gegenüber; sie
predige vom „wahren" Epos, vom „echten" Drama, von der
„wahrhaften" Kunst und lebe darin doch nur in engen,
hinaufgeschraubten Einbildungen!

Im Gegensatze hierzu glaube ich, daß die Ästhetik, wenn
sie lediglich beschreibende Wissenschaft sein wollte, zu einem
Unding würde. Nach meiner Überzeugung steht die Sache
vielmehr so, daß die Ästhetik ihre psychologischen Analysen
nur unter der Voraussetzung vornehmen kann, daß es wert=
volle Bedürfnisse und Zwecke der menschlichen
Natur seien, denen die zu analysierenden Phantasie= und
Gefühlstypen zu dienen haben. Die Ästhetik kann unmöglich
alles, was sich ihr als ästhetisch und künstlerisch ausgiebt,

*Begründung des norma=
tiven Cha=
rakters der
Ästhetik.*

als gleichwertig hinnehmen. Wollte sie mit ihrer Normenlosigkeit Ernst machen, so müßte sie ja alles Stümperhafte und Langweilige, alles Schrullenhafte und Verfaulte in den künstlerischen Leistungen nicht nur ebenso ausführlich analysieren wie das Reife, Interessante und Große, sondern es auch auf gleiche Linie mit diesem stellen. Die Ästhetik geht vielmehr von der Anerkennung bestimmter Bedürfnisse und Werte aus, die thatsächlich für unser Gefühls- und Phantasieleben bestehen. An diesen Bedürfnissen und Werten mißt sie die sich ihr darbietenden Gestaltungen und Richtungen des Ästhetischen. Ihr Analysieren ist sonach zugleich immer ein Messen nach Wertmaßstäben. Erstlich analysiert sie von vornherein nur das, was irgendwie zur Erreichung gewisser eigenartiger Werte — eben der ästhetischen — dient; und zweitens stellt sich durch die vollzogene Analyse bestimmt und genau heraus, in welchem Grade und nach welchen Seiten hin die verschiedenen ästhetischen Werte durch die von ihr analysierten Typen verwirklicht werden. So ist die Ästhetik nicht in einem Teile psychologisch, in einem anderen normgebend; sondern beides, Analysieren und normatives Verhalten, geht Hand in Hand.

Der normative Charakter der Ästhetik gäbe zu zahlreichen Erörterungen und Erläuterungen Anlaß; hauptsächlich infolge der vielen Mißverständnisse und Einwürfe auf Seite der Gegner. Der Kern der Sache indessen liegt sehr einfach. Unser ganzes Seelenleben steht unter der Leitung von Zielen, Werten, Idealen; und diese Ziele sind ihm nicht etwa von außen aufgezwungen, sondern sie erwachsen naturgemäß mit der Entwicklung des seelischen Lebens als dessen innewohnende Tendenzen, die, wenn freilich auch mit ungleichem Erfolg, die seelischen Vorgänge zu bestimmen trachten. So

wird unser Wahrnehmen, Vorstellen und Denken von einem
Ziele beherrscht, das man Richtigkeit oder Wahrheit zu nennen
pflegt. Kraft dieses Zieles weisen wir das Schiefe und Ver=
kehrte, das Faselnde und Widersinnige in unseren Vor=
stellungsakten ab. Und so hat sich denn mit Fug und Recht
eine Wissenschaft gebildet, welche an die Thätigkeit des Er=
kennens die Norm des Richtigen als Maßstab anlegt. Diese
normative Wissenschaft ist die Logik und Erkenntnistheorie.

Genau ebenso verhält es sich mit der Ästhetik. Wie
unser Denken, so läßt sich auch das Phantasie= und Gefühls=
leben nicht alles Beliebige gleichmütig bieten. Auch nach
dieser Seite hat die menschliche Natur gesetzmäßige Bedürf=
nisse, Werte, die sie freudig bejaht, und Mißwerte, die sie
von sich stößt. So liegt für die Phantasie z. B. in der
Anschaulichkeit, in dem vollen Heraustreten des Gehaltes zu
bestimmt und eindeutig sprechender Sinnenfälligkeit ein un=
bestreitbarer Wert, während Unanschaulichkeit, matte, schwan=
kende, vieldeutige Gestaltung, eine Gestaltung, die gleichsam
auf dem Wege von Gefühl und Begriff zur Leibhaftigkeit
des Schauens in der Hälfte stecken geblieben ist, der Pantasie
Unbefriedigung und Pein bereitet. Ein anderes Bedürfnis
der Phantasie besteht in der leicht gelingenden Zusammen=
fassung der sinnlichen Form zur Einheit; wogegen Unüber=
schaubarkeit, wirres Durcheinander, Zerstückelung und Auf=
lösung des berechtigterweise erwarteten Zusammenhanges von
der Phantasie als zweckwidrig abgewiesen wird. Und wird
man nicht geistloses Nachtreten, Verfallen in starre Konvention,
mattes Naturgefühl, Erweichung aller Gegenstände zum Süß=
lichen und Rührseligen als Mißwerte bezeichnen dürfen, denen
gegenüber wir uns nicht bloß als beschreibend und fest=
stellend, sondern zugleich als geringschätzend und verurteilend

zu verhalten das Recht haben? Wollte die Ästhetik allen Ernstes jegliche Norm und Wertbestimmung vermeiden, so dürfte sie nie davon reden, daß die eine Erscheinung uns in umfassender und harmonischer Weise befriedige, eine andere dagegen uns oberflächlich und beunruhigend berühre und eine dritte uns zu entschiedenem ästhetischem Widerspruch nötige. Schon indem die Ästhetik zugiebt, daß Phantasie und Gefühl ein Recht haben, Befriedigung zu fordern, prägt sie sich den Charakter des Normativen auf. Denn nun wird es sich darum handeln, welche Gestaltungen und Richtungen, welcherlei Künstler und Kunstwerke der gefühls= erfüllten Phantasie Lust, Vergnügen, Befriedigung zu ver= schaffen und in welchen Graden und Abstufungen sie diesen Erfolg zu verschaffen vermögen. Es müßte denn behauptet werden, daß die ästhetische Befriedigung keinerlei Gesetzmäßig= keit unterworfen, sondern so willkürlich und launenhaft wie die Gaumen= und Nasengenüsse seien. Indessen wird jeder, der sich einerseits mit der Psychologie tiefer eingelassen und anderseits sein eigenes ästhetisches Urteilen ernster Zucht unterworfen hat, von dieser bequemen und trägen Ansicht zurückkommen, als ob die ästhetischen Wertschätzungen den springenden Launen des Geschmacks und Geruchs gleich= zusetzen seien.[131])

Die ästheti= schen Normen in der normenlosen Ästhetik. Sieht man übrigens die Arbeit der nicht normativ sein wollenden Ästhetiker etwas näher an, so bemerkt man bald, wieviel Werturteile sich in die angeblich rein beschreibende Darstellung einmengen. Nur sind die normativen Bestand= teile — wegen des Unerlaubten, Heimlichen und nicht klar Bewußten, das sie an sich tragen — begreiflicherweise von bruchstückartiger, unbegründeter, unbestimmter und wenig gesichteter Art. Auch treten sie gleichsam harmlos ein=

gewickelt auf. In einem unscheinbaren Satzglied, einem kurzen Satz, einer Nebenbemerkung liegt oft eine ganze normative Ästhetik in dunklem Keime. Wenn z. B. Richard Muther sagt: „Alles ist willkommen, sobald nur ein künstlerisches Temperament nach Aussprache drängt", [132]) so ruht in dem Worte „künstlerisch" ein gewaltiger Normenkomplex keimartig beschlossen. Ja noch mehr: die versteckt angewandten Wertmaßstäbe leiden zumeist an einer Enge und Unduldsamkeit, wie sie in der so verschrieenen spekulativen Ästhetik kaum irgendwo zu finden ist. Bald wird der modernen Dichtung zugemutet, daß sie die sogenannte „naturwissenschaftliche Weltanschauung", bald wieder, daß sie die Lehren der Nietzschischen Philosophie zur Darstellung zu bringen habe. Hier liest man die Ansicht heraus, daß der Dichter seine Charaktere wie einen wissenschaftlichen Gegenstand analysieren und als vollkommen verständliche Erzeugnisse aus Vererbung und Milieu durchsichtig machen solle. Dort wieder tritt uns die Auffassung entgegen, als ob es ein Beschönigen und Abschwächen der Wirklichkeit wäre, wenn der Dichter unschuldsvolle, schwärmerische Liebe, einfach tüchtige, gehaltvolle Seelen darstellt; als ob der Hauptgegenstand der fortgeschrittenen Dichtung vielmehr in jener Mischung von Gier und Müdigkeit, von nervöser Überverfeinerung und Roheit, von Skepsis und Phantastik, von Interessantthuerei und Ekel vor sich selbst, von Leere und Jagd nach neuen Empfindungsreizen und aufregenden Idealen, kurz in jener Mischung bestünde, die man mit widerlich kokettem Namen als fin de siècle bezeichnet." Noch an einem anderen Ort zeigt sich der angeblich normenlose Kritiker insgeheim von dem Maßstabe bestimmt, daß nur eigenartige und kühne Individualität, ein Wagen des noch nicht Gewagten Anspruch auf echte Künstlerschaft verleihe. So steckt also die naturalistische Ästhetik, wiewohl sie Haß gegen alle Normen zur Schau trägt, doch voll von Wertbegriffen, und noch dazu von solchen fraglichster und despotischester Art. Immer aber sind die versteckt mitgeführten Wertbegriffe, und oft mit unglaublicher Naivetät, so eingerichtet, daß sie zur Herunterdrückung der Kunstrichtungen des feindlichen Lagers und zum Ruhme der eigenen Partei führen sollen.

Das Relative der ästhetischen Normen.

Im Gegensatze zu diesem Erschleichen und Dekretieren von Werten durch die vorgeblich nur beschreibende Ästhetik sieht die normative Ästhetik ihre Aufgabe darin, mit freiem, weitherzigem Sinn und mit offenem Verständnis für die Fülle und den Wechsel der ästhetischen Ideale und Richtungen ihre Wertbestimmungen zu treffen. Die normative Ästhetik hält die Einseitigkeit von Geschmack und Begeisterung für ein bedenkliches Übel; sie verlangt von dem Ästhetiker, daß er in allem, was jemals in der Entwicklung der Menschheit von starker ästhetischer Wirkung gewesen ist, nach dem positiv Wertvollen suche. Ihr gilt Anpassungs- und Selbstverwandlungsfähigkeit als eines der wichtigsten Erfordernisse des Ästhetikers. Ihr erscheint die Kunst als eine Macht, die das Streben hat, sich in einer Fülle abweichender und entgegengesetzter Gestalten, in reichen Abstufungen, Übergängen und Abzweigungen zu äußern. Ein Ästhetiker, der in der künstlerischen Entwicklung der Menschheit nur einige Höhepunkte preist, alles andere aber für Verirrung und Verfall erklärt, erscheint ihr von vornherein als verdächtig, wogegen sie es als ein für die Wahrheit des eingenommenen Standpunktes sprechendes Zeugnis ansieht, wenn der Ästhetiker selbst im Einseitigen, in der Abart, im Verfall eigenartig Anziehendes und relativ Berechtigtes zu entdecken bemüht ist.[133])

So werden wir z. B. den weich fließenden, leicht spie=
lenden, abrundenden, ausgleichenden Schönheitslinien, wie sie
etwa Raffael und Mozart haben, einen hohen ästhetischen
Wert zuschreiben, dadurch uns aber nicht abhalten lassen,
auch in den heftig erregten, schroffen, kühnen, schonungslos
und herb individualisierenden Formen, wie sie z. B. die
Quattrocentisten oder Shakespeare zeigen, einen in seiner
Weise ebenso hohen ästhetischen Wert anzuerkennen. Wir
werden die klassisch gereifte Kunst mit ihren klaren Formen
und zügelnden Maßen, mit ihrer festen, greifbaren Anschau=
lichkeit als einen Höhepunkt künstlerischer Entwicklung preisen,
aber wir werden auch für den romantischen Stil mit seinem
Klingen und Wehen, mit seinem Drängen nach dem Über=
schwenglichen, nach dem ahnungsvoll Unbegreiflichen hin
Verständnis und Liebe haben und daher neben Homer,
Sophokles, den Schöpfungen Goethes und Schillers aus der
Zeit ihrer Reife auch Calderon, Byron, Jean Paul ihre
ästhetisch berechtigte Stelle anweisen. Und wenn wir bei
einem Meister, wie etwa bei Böcklin, beides vereinigt finden:
eherne, heroische, zwingende Prägung und wagende Abenteuer
der Phantasie, so werden wir dies nicht als fehlerhafte Ab=
weichung von der Regel, sondern als Beispiel einer wunder=
baren Vereinigung beider Stile betrachten. Durch die ganze
Ästhestik muß uns der Gesichtspunkt begleiten, daß die Kunst
in verschiedene Weisen auseinandergeht, von denen jede ihre
eigenartigen Vorzüge besitzt, und die daher bestimmt sind,
einander zu ergänzen und die Fülle des Ästhetischen zu er=
schöpfen. Wollte eine einzelne Kunstweise ausschließliche
Geltung für sich in Anspruch nehmen, so wäre dies eine
Überhebung. Insofern darf man sagen: eine jede der Rich=
tungen und Gestaltungen, in die das Ästhetische auseinander=

geht, ist relativ berechtigt. Goethe äußerte einmal zu Eckermann: „Ich muß über die Ästhetiker lachen, welche sich abquälen, dasjenige Unaussprechliche, wofür wir den Ausdruck schön gebrauchen, durch einige abstrakte Worte in einen Begriff zu bringen. Das Schöne ist ein Urphänomen, das zwar nie selber zur Erscheinung kommt, dessen Abglanz aber in tausend verschiedenen Äußerungen des schaffenden Geistes sichtbar wird und so mannigfaltig und so verschiedenartig ist als die Natur selbst."[134]) Eine Ästhetik, die den Gedanken des Relativberechtigten in der angedeuteten Weise zum Ausdruck bringt, würde sich mit der Überzeugung, die Goethe in diesen Worten über das Schöne ausgesprochen, in vollem Einklang befinden.

Der Begriff des ästhetisch relativ Befriedigenden.

Indessen muß der Begriff des relativ Berechtigten in der Ästhetik in einem noch weitergehenden Sinne angewendet werden: in dem Sinne nämlich des nicht vollkommen, sondern nur überwiegend Befriedigenden, des nur relativ Befriedigenden. Zahlreichen Schöpfungen der Kunst gegenüber empfinden wir kein reines Wohlgefallen; wir fühlen uns teilweise gestört und gehemmt, wir fühlen gewissen Bedürfnissen und Forderungen, die angesichts des Kunstwerkes erweckt werden, widersprochen; und dennoch werden wir in überwiegendem oder wenigstens hohem Maße ästhetisch angezogen; bei fühlbarer Nichtbefriedigung wird uns doch der Genuß einer nur im Zusammenhang mit diesen Schranken möglichen eigenartigen Schönheit zu teil. Wir sagen uns: wäre diese künstlerische Schöpfung aller Mängel ledig, so besäße sie gewisse eigenartige ästhetische Vorzüge nicht; und es wäre schablonenhaft und schulmeisterlich geurteilt, wenn wir um gewisser Unvollkommenheiten willen den Gewinn neuer und anziehender ästhetischer

Werte preisgeben wollten. Die Ästhetik hat ihre Normen so einzurichten, daß damit auch Nebenzweigen, einseitigen Richtungen, unvollkommenen Stufen Raum gegönnt und ihnen ihr besonderer unersetzlicher ästhetischer Wert zuerkannt wird. So wird bei der Behandlung der Tragödie auch dem Tragischen der niederdrückenden, beklemmenden Art, wie es etwa in Hebbels Judith, in seiner Maria Magdalena und auch in seinen Nibelungen vorliegt, ja auch dem Übergang des Tragischen in das bloß Entsetzliche und Grausige, wie es uns in mehreren der kleinen Erzählungen desselben Dichters [135]) entgegentritt, seine berechtigte Stelle anzuweisen sein. Und wenn wir das Dramatische behandeln, so werden wir das handlungsarme Seelendrama, wie etwa Goethes Tasso, nicht als Verirrung und Ausartung abseits stellen, sondern ihm eigentümliche Vorzüge zugestehen. Auch wird die Ästhetik den Kraftstil nicht nur in seiner edel ausgereiften Gestalt gutheißen, sondern auch den Stil der noch unbeholfenen Kernkraft — denken Sie an das Nibelungenlied —, und ebenso den Stil des ungebändigt Kolossalen, wie er uns etwa in Schillers Räubern entgegentritt, in seinem eigentümlichen Rechte anerkennen. Es würde heißen: die Kunst verhältnismäßig arm und einförmig machen, wenn man neben den Kunstgattungen, die in vollkommener Weise befriedigen, die zahlreichen anderen, deren eigenartige Vorzüge nur durch ästhetische Mängel möglich werden, verwerfen oder geringschätzen wollte. [136])

Noch eine weitere Zuschärfung hat meiner Überzeugung nach der angebahnte Gedankengang zu erfahren. Mit der Anerkennung des relativ ästhetisch Befriedigenden ist es nicht genug; es hat sich daran der Begriff der ästhetischen Antinomie zu knüpfen. Und hiermit komme ich

Der Begriff der ästhetischen Antinomie.

auf einen Gesichtspunkt, der mir bisher in der Ästhetik mehr nur gestreift als in prinzipieller Schärfe zur Geltung gelangt zu sein scheint. Besonders bei Fechner zielt vieles auf jenen Begriff hin, ohne daß er indessen seiner habhaft würde.¹³⁷) Das Ästhetische ist ein Gebiet, dessen Grundforderungen nicht schlechtweg verträglich untereinander sind, sondern teilweise in Widerstreit miteinander stehen. Es giebt ästhetische Grundforderungen, die nach entgegengesetzten Richtungen hinweisen; die eine von ihnen hat die Tendenz, hemmend, verbietend auf die andere zu wirken und bringt doch mit ihrer Tendenz nicht durch; vielmehr verwirklicht sich **jene** trotz der entgegenwirkenden Tendenz **dieser**. Zwei Beispiele werden dies deutlicher machen.

Die ästhetische Antinomie zwischen der Harmonie des Inhalts und dem Menschlich-Bedeutungsvollen.

Nach meiner Überzeugung kommt die eigentümliche Freiheit des ästhetischen Verhaltens in vollkommenem Maße nur dort zustande, wo der dargestellte Inhalt die eudämonistischen und ethischen Grundforderungen des Gemütes, wenn auch nicht durchweg, so doch letzten Endes befriedigt. Wenn uns das Leben als ein trostloses, nichtiges Getriebe, als ein Tummelplatz des Gemeinen und Bösen dargestellt wird, so kann jene beschauliche, spielende, abgelöst schwebende Haltung, die das Auszeichnende der künstlerischen Stimmung bildet, nur in gehemmter Weise zustande kommen. Es wird daher als ein Hauptziel der Kunst bezeichnet werden können, daß sie erquicke, beseilige, befreie, erlöse. Und doch wäre es verfehlt, hierin eine **schrankenlos** geltende Norm zu erblicken. Das ästhetische Verhalten wird nämlich anderseits durch eine Norm bestimmt, die in ihren Konsequenzen dahin treibt, daß jene ebengenannte Norm — ich möchte sie als **Harmonie des Inhalts** bezeichnen — verletzt werde. Diese zweite Norm besagt, daß die Kunst uns das Leben nach **allen** bedeutungsvollen Seiten im Bilde zu zeigen habe. Nun gehört aber zur Bedeutung des menschlichen Lebens auch der Sieg und die Herrschaft des Gemeinen und Nichtigen, die Verkümmerung und Zertretung edler Anlagen und großer Seelen, Schicksale von jammervoller und niederdrückender Art. Es wäre eine Entstellung des Sinnes und Wertes des Lebens, eine schwachnervige oder gar feigherzige Schönfärberei, wenn diese unerfreulichen, abstoßenden, zermalmenden Seiten des Lebens aus der Kunst verbannt würden. Freilich klingt es bezaubernd, wenn Jean Paul von der Poesie fordert, sie solle die fröhliche Wissenschaft sein und uns zu Göttern und Seligen machen; und wenn er hinzufügt: „Ihre Welt muß die beste sein, worin jeder Schmerz sich in eine größere Freude auflöset, und wo wir Menschen auf Bergen gleichen, um welche das, was unten im wirklichen Leben mit schweren Tropfen auffällt, oben nur als Staubregen spielet".[138] Doch wir sind eben Menschen, und so wirft die Not und Härte des Lebens bis in die Kunst hinein ihre Schatten. So werden wir denn Kunstwerke nicht nur zu dulden, sondern geradezu zu fordern haben, die uns ihrem Inhalt nach mit dem Eindruck des Schwerlastenden, Niederdrückenden, Beängstigenden entlassen.[139] Neben den Kunstwerken der inhaltlich erfreuenden Art soll es Kunstwerke geben, die durch ihren Inhalt — ich sage: „Inhalt" und nicht „Form" — Eindrücke mit starker Unlustbeimischung erzeugen. In den Kunstwerken dieser Art ist zwar die Freiheit und Befriedigung des ästhetischen Betrachtens nur in eingeschränkter Weise möglich; dennoch aber haben sie ihr gutes Recht, weil für die Kunst die Forderung des Menschlich=Bedeutungsvollen besteht und in ihren Konsequenzen zu ihnen hinführt. Sie ermessen sofort, in welchem Grade die Einsicht in diese ästhetische Antinomie die anerkennende Würdigung vieler Erscheinungen der neuesten Kunstrichtungen fördern muß.

Die Antinomie zwischen der sinnlich wohlthuenden und der möglichst individuellen Form der ästhetischen Erscheinung.

Von ähnlicher Art ist eine zweite Antinomie. Sie ergiebt sich, wenn wir nicht, wie soeben, auf den Inhalt, sondern auf die Form achten. Zu seiner vollen Auswirkung bedarf das ästhetische Verhalten des sinnlich Wohlthuenden. Soll das ästhetische Schauen jene eigentümliche Freiheit vollauf entfalten können, die den Vorzug des Künstlerischen bildet, so muß es dem Auge, dem Ohr, der Phantasie eine Lust sein, ihre sinnlichen Bethätigungen auszuführen. Es giebt Linien, die dem Auge und der Phantasie, wenn wir ihnen folgen und sie zusammenfassen, reines sinnliches Vergnügen bereiten. Und das Gleiche gilt von den Farben, Klängen und Worten. Dabei haben wir nicht nur an die besonderen Lustwirkungen zu denken, die bestimmte Zusammenstellungen von Linien, Farben, Klängen und Worten in uns hervorrufen, sondern auch an die allgemeinere Lust des leichten Gelingens, der mühelosen Bethätigung. An gewissen Linien und Farben lebt sich unser Trieb, zu sehen, hemmungslos und fröhlich aus. Denken Sie an die Gebilde der reifen griechischen Bildhauerkunst, an die Formen und Farben der Meister des Cinquecento. Uns durchströmt die Lust des Wohlgelingens, wenn wir den Fluß und das Spiel dieser Linien, das Zusammenklingen dieser Farben sinnlich aufnehmen. Und selbst an die Gemeinempfindungen haben wir zu denken: wir spüren unmittelbar unsere Leiblichkeit neu belebt, selig beschwingt, wenn wir den sinnlichen Wohllaut solcher Kunstwerke auf uns wirken lassen.

Damit habe ich die Richtung angedeutet, nach der die günstigsten Bedingungen für die volle Auslebung des freien, unstofflichen künstlerischen Verhaltens liegen. Aber ebensowenig läßt sich leugnen, daß zahlreiche Kunstwerke, die wir als solche im vollen Sinne gelten lassen, unserem Sehen, Hören und phantasiemäßigen Aufnehmen, ja selbst unserem unmittelbaren Leiblichkeitsgefühl harte, schwierig zu bewältigende Aufgaben stellen, uns sinnliche Widerstände bieten, uns sinnlich beunruhigen. Der ästhetischen Befriedigung ist keine geringe Menge sinnlicher Unlustgefühle beigemengt. Der Forderung des abgelösten, schwebenden künstlerischen Schauens widerfährt ein fühlbarer Abbruch. Und dennoch möchten wir diese herberen Kunstwerke nicht missen, da ihnen eigenartige ästhetische Reize innewohnen. Welche Verarmung der ästhetischen Welt würde nicht eintreten, wenn alle Künstler dem Schönheitsideal folgten, das Firenzuola im sechzehnten Jahrhundert in seiner Schrift von der weiblichen Schönheit beschrieben hat![140] Neben der Kunst des „schönen, ruhigen Seins",[141] wie sie uns die Renaissance geschenkt hat, wollen wir auch den Barockstil mit seiner Unruhe, Aufregung, Massigkeit, mit seiner Vorliebe für das Dumpfe und Dissonierende genießen.

Und fragen wir nach der ästhetischen Forderung, kraft deren wir auch solche Kunstwerke für ästhetisch berechtigt halten, die dem sinnlich Wohlthuenden fühlbar Abbruch thun, so wird auf die Tendenz der Kunst nach scharfer Ausprägung des Individuellen hinzuweisen sein. Die Norm des sinnlich Wohlthuenden und die der möglichsten Individualisirung lassen sich nicht in eine einfache Harmonie bringen, sondern reiben sich aneinander, schränken sich wechselseitig ein. Das Bedürfnis nach starker, rücksichtsloser Individualisierung läßt uns eine beträchtliche Anzahl von sinnlichen Unlustgefühlen gern in den Kauf nehmen. Um der Befriedigung jenes Bedürfnisses willen verlangen wir auch nach gebrochenen, zerrissenen, unruhigen, gewaltsamen Linien, nach schweren, verzerrten, übermäßig geschwellten Formen, nach verhältnismäßiger Formlosigkeit, nach Entfesselung aller gebundenen Kräfte; auch das Groteske, auch die Karikatur, auch das relativ Häßliche wollen wir nicht entbehren. Die Wagnersche Musik ist mit unruhigen Reizen oft überladen, und doch gewährt sie auch an solchen Stellen ein eigenartiges Entzücken.[142] Und wer wollte die gewaltige künstlerische Wirkung leugnen, die von Rembrandts oder Brouwers Gestalten, die doch nicht wenig Häßliches in sich schließen, ausgeht! Und werden wir nur die blühenden Farbenakkorde Tizians lieben und nicht auch unter gewissen Bedingungen an dissonierenden Akkorden Gefallen finden, mit denen moderne Koloristen, unserem Auge schwierigere Synthesen zumutend, uns überraschen? Selbst in das Gefühl unserer Leiblichkeit können sich durch die starke Ausbildung der Norm des Individualisierens Unlustelemente eindrängen: wir fühlen kaltes Grausen uns durchrieseln, bangen Druck mit leiblichem Wehethun sich auf unser Herz legen, u. dergl.[143] Freilich besteht für alle diese Widerstände und Störungen, die dem angenehmen Zustandekommen der sinnlichen Seite des ästhetischen Eindrucks entgegenarbeiten, eine ästhetische Grenze. Überschreiten die Unlustgefühle, die sich dem sinnlichen Aufnehmen der Kunstwerke beigesellen, ein gewisses Maß, so ist damit der ästhetische Charakter des Eindrucks getilgt. Doch es ist mir unmöglich, auf diese Frage hier einzugehen.[144]

Nutzen des Begriffs der ästhetischen Antinomie. Besonders durch Einführung des Begriffs der ästhetischen Antinomie wird die Ästhetik vor der Gefahr geschützt sein, einseitig zu werden, das Reich der Kunst einzuengen, hinter den Fortschritten der Kunstentwicklung eigensinnig zurückzubleiben und gegen die aus den gewohnten Geleisen führenden Wege manches künstlerischen Genius ungerecht zu verfahren.

Und wie verhält es sich — so frage ich zum Schluß — mit der Metaphysik der Ästhetik? Nach meiner Überzeugung hat die Ästhetik in metaphysische Betrachtungen auszulaufen.¹⁴⁵) Natürlich muß man, um dies zugeben zu können, überhaupt auf dem Standpunkte stehen, daß metaphysische Erwägungen möglich seien. Ist dies der Fall, dann ist es eine unabweisbare Aufgabe, zu fragen, wie sich das Reich und der Wert des Ästhetischen zu den höchsten Daseins- und Wertprinzipien verhalte. Ist die Welt auf Schönheit angelegt? Giebt es in irgend einem Sinn Urbilder der Schönheit? Geht etwa die Erzeugung des Daseins in einer dem Phantasieschaffen analogen Weise vor sich? In welchem Verhältnis steht das ästhetische Schaffen und Schauen zu den Entwicklungszielen der Menschheit? Wie ist der Wert des Ästhetischen neben den Werten der Wissenschaft, des Guten und der Religion zu bestimmen? Auch diese letzten Fragen sind metaphysischer Natur; denn ihre Beantwortung hängt unmittelbar von der Auffassung der letzten Daseins- und Wertprinzipien ab. Ob Wagner mit seiner Vergötterung der Kunst als Offenbarerin der Weltgeheimnisse oder Strindberg mit seiner Verachtung der Kunst als eines Überbleibsels niedriger Entwicklungsstufen recht habe, dies hängt schließlich mit höchsten Überzeugungen über Sinn und Wert des Menschendaseins zusammen. Übrigens hat das Zustimmen oder Nichtzustimmen zu dieser metaphysischen Aufgabe der Ästhetik keinen Einfluß auf die Grundlegung und den Ausbau dieser Wissenschaft. Die Ästhetik als psychologisch verfahrende Normwissenschaft bleibt bestehen, auch wenn man diese metaphysische Krönung leugnet. Übrigens besteht die

Die Metaphysik der Ästhetik.

nächste und dringendste Aufgabe der Ästhetik gegenwärtig wenigstens sicherlich nicht in dem Ausbau der metaphy=
sischen Spitzen, sondern in eindringender und feiner psy=
chologischer Analyse, mit der sich bewegliche Normgebung zu paaren hat.

Anmerkungen.

1. Als ästhetischen Dilettanten habe ich in dem Aufsatz „Dichtung und Naturwissenschaft" (Allgemeine Zeitung 1888, Nr. 270 und 271) Wilhelm Bölsche, wie er sich in seiner Schrift „Die naturwissenschaftlichen Grundlagen der Poesie, Prolegomena einer realistischen Ästhetik" (Leipzig 1887) zeigt, in ausführlicher Kritik behandelt. Ich will übrigens gern gestehen, daß ich ihn in manchem seiner späteren kritischen Aufsätze von einer besseren Seite kennen gelernt habe. In seiner abschreckendsten Gestalt trat mir der ästhetische Dilettantismus in der Schrift von Arno Holz „Die Kunst, ihr Wesen und ihre Gesetze" (Berlin 1891) entgegen (vgl. hierüber mein Buch „Vorträge zur Einführung in die Philosophie der Gegenwart" [München 1892], S. 202). Auch das interessante und an guten Bemerkungen reiche Schriftchen von Ola Hansson „Der Materialismus in der Litteratur" (Stuttgart 1892) leidet an arger Sprunghaftigkeit; und das im Sinne Nietzsches gehaltene individualistische Ideal, das Hansson der Dichtkunst giebt, ist nicht nur übertrieben und engherzig, sondern auch gründlich unklar. In funkelnd geistreicher Gestalt stellt sich der ästhetische Dilettantismus Hermann Bahrs dar (Studien zur Kritik der Moderne, Frankfurt a. M. 1894). Nebstdem, daß seine Aufsätzchen überaus flüchtiger Art sind und das Gesammeltwerden kaum rechtfertigen, sind für seine ästhetischen Gesichtspunkte weit weniger geordnete Gedankengänge als Stimmungen maßgebend. Und unter diesen Stimmungen tritt die Sucht nach pikanten, unerhörten, perversen (das deutsche Wort „verkehrt" ist zu schwach) Aufstellungen und das unmännliche Kokettieren mit den eigenen weichlichen, allen süßen Giften wollüstig hingegebenen Gefühlen ganz besonders hervor. Wenn er die Kritik lediglich zu einem Mittel für eine „neue Gourmandise" des Kritikers machen will (S. 10 ff.), so ist das eine Sünde wider den heiligen Geist.

2. Damit soll nicht gesagt sein, daß in der Litteratur der neuen Richtung die sittliche Wirkung nur in dieser indirekten Weise stattfindet. Es geschieht auch oft, daß die Dichter gewisse Gestalten zu Vertretern und Verkündern der neuen freieren Sittlichkeit machen. Dies ist dann direkte moralische Einwirkung. So sind beispielsweise bei Ibsen Lona in den Stützen der Gesellschaft, Rebekka in Rosmersholm, Doktor Stockmann im Volksfeind, Hilde im Baumeister Solneß Propheten der höheren, gesunderen Menschlichkeit.

3. Kants Vorlesungen über die Metaphysik. Herausgegeben von Pölitz. Erfurt 1821. S. 260f., 269, 294.

4. Friedrich Vischer, Auch Einer. Stuttgart und Leipzig 1879. Bd. 1, S. 25, 28, 45.

5. Besonders die Schlußbetrachtungen des ersten Vortrags über die Förderung, die der „schönen Sittlichkeit" durch die Kunst zu teil wird (S. 37 ff.), und die Betrachtungen des dritten Vortrags über die mit der Kunst verbundene Entlastung (S. 97f.) und über das Menschlich=Bedeutungsvolle (S. 100ff.) bieten weitere Begründungen des im Texte behaupteten Einklanges zwischen Kunst und Sittlichkeit dar.

6. Bruno Wille, Einsiedler und Genosse. Soziale Gedichte nebst einem Vorspiel. Berlin 1890. Wille versteht, dem Ideal, das ihm von der neuen, unverkümmerten, naturfreudigen, sonnigen Menschheit vorschwebt, seherhafte und zugleich anschauliche Darstellung zu geben. Das Sehnen eines kraftvollen und hochfliegenden Geistes ist hier in Bild und Ton hohen Stils umgesetzt.

7. Man denke an Heines Gedichte: Diane, Yolante und Marie, Zum Hausfrieden, Das Hohelied; oder an die Memoiren des Herrn von Schnabelewopski. Übrigens selbst hier, wo Heine sich im Schlamm der Gemeinheit mit frechem Behagen tummelt, fühlt man aus der witzigen Behandlung den freien und starken Geist heraus, und dies nimmt dem Gemeinen etwas von seiner ekelerregenden Stofflichkeit. Es fehlt bei Heine das Gierige, Lechzende, Brünstige, was manche Dichter des jüngsten Deutschland haben. Doch fallen durchaus nicht alle cynischen Gedichte Heines unter diesen Gesichtspunkt. So sind die unter dem Titel „Lazarus" zusammengefaßten Gedichte trotz allem Frechen und Lästernden der Ausdruck eines unerhört tapferen, die Furien der Verzweiflung durch Witz und Gelächter, aber auch durch rührende und stolze Töne bezwingenden Geistes.

8. Hierher zähle ich z. B. die meisten Gedichte von Ludwig Scharf und Richard Dehmel im Modernen Musenalmanach von 1893. Beide Dichter sind hochbegabt; um so mehr muß man diese Wichtigthuerei

mit hinaufgepeitschten, durch Narkotika und Gifte verderbten Gefühlen bedauern. Etwas Ähnliches gilt von dem gleichfalls höchst talentvollen Hermann Bahr. Liest man seine Romane „Die gute Schule" oder „Neben der Liebe", so wird man zwischen Bewunderung und Ekel hin- und hergeworfen. Der Ekel aber überwiegt. Jeder Satz bestätigt das Gefühl, daß der Dichter seine Wollust daran empfinde, uns in eine Welt der ausgeklügeltsten Geschlechtlichkeit, des das Tierische mit subtilster Empfindungsfähigkeit durchkostenden Genusses, in eine Welt kitzelnder und darum nur um so öderer Substanzlosigkeit zu versetzen.

9. Strindberg scheint keine Ahnung davon zu haben, wie sehr sich der Erzähler mit dieser Beschreibung seiner Ehe verächtlich gemacht hat. Es muß uns angesichts dieses pornographischen Machwerks ein Bedauern darüber erfassen, daß ein so hervorragender und origineller Schriftsteller sich so herabzuwürdigen vermag. Strindberg will uns vor den Mannweibern Abscheu einflößen; und doch wendet sich der heftigere Abscheu des Lesers gegen die freche und schamlose, die eigene Ehrlosigkeit und Begierdensklaverei in die Welt posaunende Art der erzählenden Hauptperson. Es ist dieses Buch ein ernstes Zeichen dafür, bis zu welcher Gründlichkeit der Entartung die sittlichen Gefühle vielfach in den Kreisen, die sich als die fortgeschrittensten und freiesten in unserer Zeit dünken, herabgesunken sind.

10. Vgl. Wundt, System der Philosophie (Leipzig 1869), S. 666f.: „Darum ist überall nur der **bedeutsame Lebensinhalt** ästhetischer Gegenstand, mag er nun erst von dem betrachtenden Subjekt in die Objekte verlegt werden, wie bei der Naturanschauung, oder mag er mit Absicht dem Leben und der ästhetischen Auffassung desselben nachgebildet sein, wie bei dem Kunstwerk. . . . Es ist die Aufgabe der Kunst, die Wirklichkeit in der Fülle ihrer bedeutsamen Formen in die Sphäre der reinen Betrachtung zu erheben."

11. Eckermann, Gespräche mit Goethe. 5. Aufl. Leipzig 1883. Bd. 1, S. 249.

12. Die Forderung des Menschlich-Bedeutungsvollen gilt auch für das weite Reich der **untermenschlichen** Gegenstände der Kunst. Mag es sich um ein Bauwerk, ein Tonstück, ein Stilleben, Landschaft, Tierstück handeln: überall besteht die ästhetische Auffassung in einer leihenden Ausfüllung des untermenschlichen Gegenstandes mit Regungen und Strebungen von analog menschlicher Art. Dies ist durch Friedrich und Robert Vischer (vgl. abgesehen von früheren Veröffentlichungen auch des letzteren Aufsatz „Über ästhetische Naturbetrachtung" in der

Deutschen Rundschau, 76. Bd. [1893], S. 192 ff.), durch Lotze, Siebeck, Wölfflin, (Prolegomena zu einer Psychologie der Architektur. München 1886), Groos und andere zur Genüge ins Licht gesetzt worden. Auch meine Schrift „Der Symbol-Begriff in der neuesten Ästhetik" (Jena 1876) beschäftigt sich mit diesem Gegenstande. Für die untermenschlichen Gegenstände hat jene Forderung sonach den Sinn, daß durch die Beseelung, die wir ihnen unwillkürlich zu teil werden lassen, bedeutungsvolle Seiten des Menschlichen berührt werden sollen. Wenn man an einer Melodie oder einem Landschaftsgemälde das Nichtssagende, Leere, Kleinliche, Alltägliche u. dgl. tadelnd hervorhebt, so ist damit nicht gesagt, daß vom Standpunkte der Ansprüche, die der Ton als solcher oder der Baum als solcher zu stellen berechtigt sei, ein Zuwenig vorliege, sondern es ist gemeint, daß die nach menschlicher Analogie vorzunehmende Beseelung an Dürftigkeit, Oberflächlichkeit, Abgenutztheit, kurz an einem Zuwenig leide.

13. Hauptmanns Einsame Menschen scheinen besonders an dem Mangel zu leiden, daß die Hauptperson, Johannes Vockerat, nicht die Bedeutung besitzt, die ihm der Dichter beigelegt haben will. Vockerat soll uns als ein außergewöhnlicher, geistig vornehmer, in seinen Gefühlen der Zeit vorauseilender Mann erscheinen. In Wahrheit aber zeigt er so viel Verschrobenes, Windiges, Ibsen-Nachbeterisches, daß das, was der Dichter aus ihm gemacht hat, sich nicht mit dem deckt, was er aus ihm machen wollte. Damit hängt folgendes zusammen. Der Dichter will das Gefühl der Unbefriedigung und Verlassenheit, in das Vockerat durch sein Mißverhältnis zur Umgebung gerät, als etwas Begründetes erscheinen lassen; und er will ferner die sich hieraus ergebende Leidenschaft für das ihm innerlich verwandte Mädchen als etwas Vornehmes und im höheren Sinne Sittliches angesehen wissen. Der Dichter aber macht es dem Leser (von anderem abgesehen) besonders dadurch, daß Vockerat als zu unbedeutend erscheint, unmöglich, ihm in diesen Wertschätzungen zu folgen. Man sagt sich: Vockerats Benehmen ist vornehmthuerisch, anmaßend; er bemüht sich, durch großklingende Worte seine Verliebtheit in ein vornehmes Licht zu rücken. Doch hat das Stück große Vorzüge. Es spricht sich in ihm eine ungewöhnliche Menschenkenntnis aus; es ist, trotz der geringen Handlung, spannender Fortschritt vorhanden; die Gespräche ergeben sich zwanglos, und mit ihnen entwickeln sich ebenso zwanglos die seelischen Wandlungen; und vor allem: es liegt ein tragisches Thema vor, und dieses Thema hätte auch in der Art, wie der Dichter es thut, tragisch zugespitzt und gelöst werden können, wenn die Durchführung, besonders im Charakter

der Hauptperson, nicht hinter den Absichten des Dichters zurückgeblieben wäre.

14. Sogar Lou Andreas-Salomé, die in einer mir fast unbegreiflichen Verkennung „Vater" und „Fräulein Julie" als „echte Kunstwerke" rühmt, sagt von den Gestalten Strindbergs: „Das Typische, Allgemeine wird gemeint, und das Pathologische, Allerbesonderste wird gegeben" (Freie Bühne, 4. Jahrgang [1893], S. 169, 171; in dem Aufsatz: Ibsen, Strindberg, Sudermann). Andere Dramen Strindbergs, wie „Das Band", „Herbstzeichen", „Vor dem Tode" finde ich, abgesehen davon, daß sie lauter tendenziöse, abstrakte Fratzen enthalten, auch oberflächlich gearbeitet.

15. Siegfried Lipiner hat dieses Nationalepos der Polen in trefflicher Weise übersetzt (Herr Thaddäus oder der letzte Einritt in Lithauen von Adam Mickiewicz. Leipzig 1882).

16. Am leichtesten machen es sich die in unserer Frage, die völlige Gleichgiltigkeit zwischen Ästhetischem und Moralischem annehmen. Diese Stellung nimmt z. B. Groos ein (Einleitung in die Ästhetik. Gießen 1892. S. 74 ff.). Er meint, daß Berührung zwischen beiden Gebieten nur dadurch entstehe, daß derselbe Mensch neben den ästhetischen eben auch moralische Gefühle habe. Daher dürfe durch ein Kunstwerk das moralische Fühlen nicht bis über eine gewisse Grenze hinaus erregt werden, wobei es einerlei sei, ob dies durch starke Betonung oder durch aufdringliche Verletzung der Moral geschehe. Sonst trete eben das von dem ästhetischen völlig verschiedene moralische Interesse in den Vordergrund des Bewußtseins, und zwei Herren könne das Bewußtsein nicht dienen. Man sieht: hier liegt die Annahme des gänzlichen Auseinanderfallens von Ästhetischem und Moralischem zu Grunde. Und diese Annahme bildet bei Groos eine einfache Voraussetzung, die weder begründet noch auch erörtert wird. Noch radikaler verfährt Friedrich von Hausegger, der das künstlerische Schaffen als etwas so Vornehmes und Tiefes hinstellt, daß es von den moralischen Unterschieden nicht berührt werde. Die Kunst erscheint hier als derart heilig, daß moralische Fragestellungen nicht an sie heranreichen. „Was in der Seele des Künstlers nach Gestaltung ringt, ist gereinigt und geheiligt" (Das Jenseits des Künstlers. Wien 1893. S. 305). Ihm folgt Oskar Bie, der gleichfalls die absolute Erhabenheit des Ästhetischen über alle Wertunterschiede der Moral (die ihm übrigens mit dem zum gegenseitigen Schutze des Menschen geordneten Egoismus zusammenfällt) verkündet (Freie Bühne, 5. Jahrgang [1894], S. 360 f.).

17. Freilich läßt Hauptmann im Friedensfest Ida als Erretterin Wilhelms auftreten. Allein erstlich wird die Gestalt der edlen, reinen, aber unbedeutenden Ida durch die jämmerlichen, verpfuschten, die anderen und sich selbst verabscheuenden, einen wahren Dunst von Unbehagen und Widerlichkeit um sich verbreitenden Glieder der Familie Scholz für den Leser völlig übertönt und erstickt. Sodann aber ist es nicht im mindesten glaublich gemacht, daß es Ida gelingen werde, Wilhelm, diesen erblich belasteten, im Willen tief erkrankten Menschen, diesen zwischen entgegengesetzten Stimmungen hin- und hergeworfenen Selbstquäler, durch Liebe und Heirat zu retten. Der Dichter ist hier nicht über die bloße Absicht hinausgekommen. Wir glauben nicht ihm, sondern Robert, dem Bruder Wilhelms, der mit schonungslosem Hohn die trostlose Perspektive dieser Ehe enthüllt. Anders urteilt Litzmann (Das deutsche Drama in den litterarischen Bewegungen der Gegenwart. Hamburg und Leipzig 1894. S. 180 ff.). Er findet, daß die in fast unerträglicher Weise gehäuften Dissonanzen dieses Dramas durch die Gestalt Idas in einen „reinen, tiefen Gleichklang" austönen.

18. Ich bringe diesen wichtigen ästhetischen Gesichtspunkt, den ich als ästhetische Antinomie bezeichne, in grundsätzlicherer Weise gegen das Ende des sechsten Vortrags zur Sprache (S. 215 ff.). Auch der vierte Vortrag stößt an zwei Stellen (S. 128 f. und 142 f.) auf diesen Begriff.

19. Brockes, Irdisches Vergnügen in Gott. Die angeführten Verse sind dem im ersten Teil enthaltenen Gedicht „Der Garte" entnommen. Und vom Kürbis heißt es in dem gleichnamigen Gedichte des zweiten Teiles:

> Wenn wir in einen Kürbs nur zarte Lettern schneiden,
> So wachsen sie. Ach hätt' auch mein Gemüte
> Des Kürbses Art, daß von des Schöpfers Güte
> Die holde Schrift, die Züge seiner Lehren
> Sich möchten stets in mir vergrößern und vermehren!

20. Gottsched, Versuch einer Critischen Dichtkunst für die Deutschen. 2. Aufl. Leipzig 1737. S. 153 ff.

21. Lessing, Hamburgische Dramaturgie. Im 34. Stück.

22. Schiller, Über die ästhetische Erziehung des Menschen. Im 12. Brief und in den folgenden. Auch sonst findet man bei Schiller diese von Individualität, Stoff und Zwang erlösende Wirkung der Kunst mit der ihm eigentümlichen anziehenden Verbindung von Gedankenschärfe und hochfliegender Phantasie hervorgehoben: so in den Gedichten: „Die Künstler" und „Das Ideal und das Leben".

23. Schiller, Über die ästhetische Erziehung des Menschen. Im 27. Brief gegen Ende.

24. Richard Wagner, Gesammelte Schriften und Dichtungen. 2. Aufl. Bd. 4, S. 226 ff. (in dem Werk „Oper und Drama"); Bd. 9, S. 120 ff. (in der Schrift über Beethoven) und sonst oft.

25. Friedrich Schlegel, Über die Grenzen des Schönen (in der Ausgabe seiner prosaischen Jugendschriften von Minor, Bd. 1, S. 22 f.).

26. Es lassen sich noch manche andere sittlichen Förderungen, die von der Pflege der Phantasie und Kunst ausgehen, geltend machen. Schon im ersten Teil des Vortrags war von anderer Seite aus vorübergehend davon die Rede (S. 7 f.). Vgl. auch Anmerkung 5 So hat Köstlin in dem schönen Abschnitt seiner „Ästhetik", der über „die Stellung des ästhetischen Lebens im Gesamtleben des Geistes handelt" (S. 30 ff.), den Zusammenhang von Kunst und Leben von anderen Seiten aus beleuchtet. Auch auf das von weiten Gesichtspunkten beherrschte Kapitel „Schönheit und Sittlichkeit" in Eduard von Hartmanns „Philosophie des Schönen" (Berlin 1887. S. 444 ff.) weise ich hin. Den sittlich erziehenden Wert der Kunst scheint mir Hartmann nicht genügend hoch anzuschlagen.

27. Schillers Werke, herausgegeben von Heinrich Kurz. Bd. 1, S. 125 ff.; Bd. 7, S. 346 ff., 392 ff., 414 ff., 522 ff. — Bei aller Hervorhebung des sittlichen Nutzens indessen ist Schiller gegen die sittlichen Gefahren, die aus der Pflege des Ästhetischen entspringen, keineswegs blind. In dem Aufsatz „Über die Gefahr ästhetischer Sitten" kehrt er mit fast Kantischer Strenge die Notwendigkeit der unmittelbaren Beherrschung des Willens durch die Vernunft hervor. Die Sittlichkeit werde in ihren Quellen vergiftet, wenn die ästhetische Verfeinerung den Menschen dahin bringe, sich im Handeln dem Schönheitsgefühl ausschließlich anzuvertrauen und den Ernst der sittlichen Gesetzgebung dem Interesse der Einbildungskraft zu unterwerfen (7. Bd., S. 434 ff.). Dieser Aufsatz erscheint geradezu als eine Reaktion des strengeren Kantischen Moralprinzips in Schiller gegen seine eigene ästhetische Lebensanschauung. Überhaupt ist bei Schiller das Verhältnis zwischen der schönen Sittlichkeit und der Sittlichkeit der reinen Vernunft einigermaßen schwankend. In den „Künstlern", also bevor Schiller mit der Kantischen Philosophie genauer bekannt war, erscheint die ästhetische Lebensgestaltung einerseits als Vorstufe der freien Menschlichkeit, anderseits aber zugleich als ihre reifste Ausgestaltung. In unvollkommeneren Formen ist sie der Anfang, in ihrer vollendeten Gestalt das Ende der sittlichen Entwickelung der Menschheit. Bald jedoch macht sich der mächtige Eindruck, den Schiller von der Kantischen Philosophie empfangen hatte, geltend: in die ästhetische Lebensanschauung Schillers kommt Schwanken

und Zwiespalt. Jetzt äußert sich in ihm bald schwächer, bald stärker die Tendenz, der sich allein aus der Vernunft bestimmenden, der Sinnlichkeit das ihr fremde Vernunftgesetz aufzwingenden Sittlichkeit den ersten Rang einzuräumen. Doch wird er nie derart Kantisch, daß er der ästhetischen Sittlichkeit alle Berechtigung abspräche. Vielmehr ist er — bald zaghaft, bald kühner — bemüht, der ästhetischen Lebensgestaltung eine mit Rücksicht auf jene Vernunftsittlichkeit vorbereitende und hinführende Stellung zuzuweisen. Zuweilen geht er sogar so weit, daß er die Einführung des ästhetischen Elementes in die Sittlichkeit für einen Vorzug an Menschlichkeit ansieht. Ja, am Schluß der Briefe über die ästhetische Erziehung stellt er, wie in den „Künstlern", die ästhetische Lebensgestaltung als die reifste und vollendetste Sittlichkeit hin. So wird Schillers ästhetische Lebensanschauung unter dem Einfluß der Kantischen Moralphilosophie zwar zurückgedrängt und in sich entzweit; aber völlig verdrängen läßt sie sich doch nicht. Sie strebt gegen jenen Einfluß an und schlägt ihn zuweilen siegreich zurück.

28. Ähnlich äußert sich Ludwig Fulda in dem Aufsatz „Moral und Kunst" (Freie Bühne, 1. Jahrgang [1890], S. 8 f.).

29. Freie Bühne. 1. Jahrgang, S. 713 ff.

30. Vgl. S. 28 ff., 34, 40 f.

31. Jean Paul in der Vorschule der Ästhetik (Sämtliche Werke [Berlin 1826 ff.], Bd. 41, S. 44).

32. Trete ich in eine Kirche oder sehe ich eine Allee vor mir, so steht mir die Tiefenerstreckung mit einem Schlage vor Augen und verharrt, ohne in ihrer Deutlichkeit — vorausgesetzt, daß die Beleuchtung nicht wechselt — merklich zu schwanken. Dies läßt sich von der malerischen Perspektive nicht behaupten. Es bedarf einiger Zeit, bevor sich die flächenhaften Auftragungen gehörig vertiefen, und ist dies geschehen, dann fehlt dieser Scheinvertiefung die unwankende Ruhe, die der Anblick der wirklichen Vertiefung gewährt. Bald scheinen die Gegenstände deutlicher, bald weniger deutlich sich in ihrer Erstreckung nach hinten voneinander zu entfernen und loszulösen. Dies ist der genaue Sinn des im Texte stehenden Satzes.

33. Helmholtz, Populäre wissenschaftliche Vorträge, Bd. 3, S. 69 ff. (in dem Aufsatz „Optisches über Malerei").

34. Hume im 2. Kapitel seines Enquiry concerning human understanding. — Lotze, Grundzüge der Psychologie. 2. Aufl. Leipzig 1882. S. 15.

35. Auch auf die Bühne könnte ich hinweisen. Die dramatische Dichtung hat auf die Bühnenaufführung Rücksicht zu nehmen, und diese steht unter bestimmten, teils technischen, teils psychologischen Bedingungen.

Unter den Bedingungen dieser zweiten Art verstehe ich solche Anforderungen, die erfüllt werden müssen, wenn die Vorgänge auf der Bühne in zweckentsprechender Weise gesehen und gehört werden und auf Stimmung und Phantasie die gewünschte Wirkung ausüben sollen. Diese Anforderungen laufen oft der Wirklichkeit schnurstracks zuwider, und doch werden sie nicht als störend empfunden. Veit Valentin hat in seiner Schrift „Der Naturalismus und seine Stellung in der Kunstentwicklung" (Kiel und Leipzig 1891) hierüber gute Bemerkungen gemacht. Die Nacht muß auf der Bühne als Dämmerung dargestellt werden, denn sonst würde man die Vorgänge eben nicht sehen. Ein Heer von Tausenden wird durch vierzig oder fünfzig Mann dargestellt. Niemand behält auf der Bühne, wenn er stirbt, die Augen offen; und wenn er sich durch einen Dolchstoß die tödliche Wunde beibringt, so läßt er keineswegs rote Flüssigkeit fließen, die er etwa in einer unter dem Kleide versteckten Blase bereit hält (S. 18 ff.).

36. Christian Ehrenfels, Wahrheit und Irrtum im Naturalismus (Freie Bühne, 2. Jahrgang [1892], S. 738).

37. Um einzusehen, welcher Menge individueller Unterschiede das Sehen fähig ist, muß man sich auch vergegenwärtigen, daß sich das Sehen je nach der Richtung der Aufmerksamkeit anders gestaltet, und daß die Aufmerksamkeit einen höchst veränderungsfähigen Faktor des Sehens bildet. Das Betonen und Darüberhinwegsehen, das Zusammenfassen und locker nebeneinander Liegenlassen kann sich auf sehr verschiedene Seiten an dem Wahrnehmungsinhalt beziehen und kann außerdem in verschiedenen Graden auftreten. Der Text giebt hierfür einige Beispiele. Sodann aber darf man nicht vergessen, daß ein weiterer höchst veränderlicher und das Sehen stark bestimmender Faktor im Fühlen und Glauben liegt. Was wir sehen, zerlegt sich stets in zwei Bestandteile: in das thatsächlich Gesehene, das aller kritischen Selbstbesinnung gegenüber standhält, und in das, was wir zu sehen glauben. Es giebt Stimmungen, Überzeugungen, Gewohnheiten, die wir in das Gesehene hineinfühlen und nun als einen eingeschmolzenen Bestandteil des Gesehenen unmittelbar mit zu sehen glauben. So ist ja schon die Größe, in der uns entfernte Gegenstände erscheinen, nicht nur durch den entsprechenden Gesichtswinkel, sondern wesentlich auch durch die gewohnte Überzeugung von der uns bekannten Größe der Gegenstände bestimmt. Durch diesen zweiten Faktor geschieht es, daß wir einen entfernten Baum oder Kirchturm viel größer zu sehen glauben, als wir ihn thatsächlich sehen. In ähnlicher Weise legen wir auch Stimmungen, Erweiterungen und

Einengungen des Gemütes, Ruhe und Unruhe, Lebhaftigkeit und Gleich=
giltigkeit u. dgl. in das Gesehene hinein und bewirken damit je nach
unserer individuellen Eigenart eine gewisse Umwandlung des Charakters
der Formen und Farben. Vgl. auch Anmerkung 52.

38. Auf dem völlig entgegengesetzten Standpunkte steht grund=
sätzlich Fechner. Vgl. Vorschule der Ästhetik, Leipzig 1876, Bd. 2,
S. 51: „Durch welches Motiv immer die Kunst veranlaßt werden kann,
von der Naturwahrheit abzuweichen, so trägt deren Verletzung an sich
selbst überhaupt nirgends etwas zum Gefallen bei." Fechner betrachtet
die Abweichungen der Kunst von der Natur als Nachteile, die wir uns
nur dann „gefallen lassen", wenn sie mit überwiegenden Vorteilen in
Verbindung stehen. Wir erwarten natürlicherweise von der Kunst über=
all getreue Nachahmung der Natur. Fechner geht so weit, daß er das
Gefallen an der gelungenen Wiedergabe eines Naturgegenstandes, z. B.
einer Landschaft, als einen wesentlichen Teil der reinen Kunstfreude
ansieht. Ja er schrickt nicht davor zurück, auch die Befriedigung darüber,
daß eine wohlgelungene Nachahmung in mir die genaue Erinnerung an den
entsprechenden Naturgegenstand entstehen läßt, zu den ästhetischen Gefühlen
zu zählen (ebenda S. 47). Es mischen sich eben bei Fechner im ästhetischen
Gefallen Bestandteile ästhetischer mit solchen gänzlich außerästhetischer Art.
Übrigens müßte Fechner, wenn er sich die Menge gewaltiger Abweichungen
der Kunst von der Natur zum Bewußtsein gebracht hätte, von seiner Auf=
fassung aus, die jede Abweichung als eine Quelle von Unlust ansieht, zu
dem Eingeständnis kommen, daß es auch nicht im entferntesten möglich sei,
die aus den zahlreichen ungeheuren Abweichungen sich zu gewaltiger
Größe summierende Unlust durch Lust zu überbieten.

39. A. W. Schlegels Vorlesungen über schöne Litteratur und
Kunst. 1. Teil. Heilbronn 1884. S. 101.

40. Grillparzers sämtliche Werke. 5. Ausgabe in 20 Bänden.
Stuttgart. Bd. 15, S. 26, 30; vgl. S. 25.

41. Adolf Hildebrand, Das Problem der Form in der bildenden
Kunst. Straßburg 1893. S. 63. — Auch über das Panorama giebt
Hildebrand eine bemerkenswerte Betrachtung (S. 41 ff.).

42. Eduard von Hartmann, Philosophie des Schönen. S. 435 ff.,
631 ff., 646 ff.

43. Grillparzers sämtliche Werke, Bd. 15, S. 61. Auch Goethe
fand darin die „wahre Idealität", daß Kunstwerke, die keine Spur von
Wirklichkeit haben, die Täuschung hervorbringen, als wäre das von
ihnen Dargestellte wirklich (Eckermann, Gespräche mit Goethe. 5. Aufl.
Bd. 2, S. 86). Ähnlich äußert sich Gutzkow: der „leichte Schein des

Natürlichen und sich wie von selbst Verstehenden" mache das Kunstwerk (Vom Baum der Erkenntnis. 2. Aufl. Stuttgart 1869. S. 203).

44. Friedrich Vischer, Ästhetik, § 524.

45. Man denke z. B. an eine Kleinigkeit von Maupassant „Das Kind". Die auffallenden, überraschenden Begebenheiten dieser Erzählung werden kaum motiviert, auf das seelische Leben der Personen wird kaum eingegangen. Dennoch glaubt man den erzählten Ereignissen. Und der Grund davon liegt in der im Text charakterisierten Art des Erzählens.

46. Jean Paul in der Vorschule der Ästhetik (Werke, Bd. 42, S. 62).

47. Eine gute Bemerkung hierüber findet sich in dem schon erwähnten Schriftchen von Ola Hansson „Der Materialismus in der Litteratur", S. 21. Das Ausschlaggebende hinsichtlich der dramatischen Glaubwürdigkeit — so heißt es hier — liege nicht in solchen Fragen wie die, ob Monologe anzuwenden oder zu vermeiden seien; dies seien Adiaphora; es komme letzten Endes auch etwas rein Subjektives, auf die Intensität des Vortrags an, auf Instinkt und unmittelbare Gewißheit. — Auch weise ich auf meinen Aufsatz „Dichtung und Wahrheit" (Allgemeine Zeitung 1890, Nr. 4, 6 und 7) hin, wo mancherlei von dem, was diese Vorträge enthalten, berührt wird.

48. Vgl. Fechner, Vorschule der Ästhetik, Bd. 2, S. 36.

49. A. W. Schlegels Vorlesungen über schöne Litteratur und Kunst. 1. Teil, S. 94 f. — Vgl. Hartmann, Philosophie des Schönen, S. 239: „Wenn die Kunst nichts Besseres zu bieten hätte, als die Natur auch schon bietet, so wäre alle auf sie verwandte Mühe rein vergeudet und sie selbst eine völlig zwecklose Spielerei." — Ebenso Georg Simmel, Die Probleme der Geschichtsphilosophie. Leipzig 1892. S. 83: Wenn die Kunst nur eine Wiederholung der uns bekannten Natur wäre, so würde man „nicht wissen, was denn diese bloße Noch=einmal=Wirklichkeit auf der Leinwand oder auf der Bühne für einen Zweck hätte."

50. Vgl. Friedrich Vischer, Ästhetik, § 607, wo die Art und Weise, wie die Natur der verschiedenen vom Bildner benutzten Stoffe in die ideelle Oberfläche fördernd oder störend eingeht, aus der Erfahrung eines sinnlich und geistig feintastenden Auges heraus dargestellt ist.

51. Vgl. oben S. 50 f. — Man darf sagen, daß unser Auge auf das Ästhetische hin organisiert ist, den Anforderungen des ästhetischen Betrachtens entgegenkommt. Wäre unser Sehen so eingerichtet, daß alle Dinge für uns durchsichtig wären, daß also unser Sehen ein Durch=

undburchsehen wäre, so wäre es um das ästhetische Betrachten schlimm bestellt. Was bekämen wir nicht alles zu schauen, wenn wir den menschlichen Leib in seiner Innenbeschaffenheit mit unseren Blicken bloßzulegen imstande wären! Dränge unser Auge überall in die Dinge hinein, so wäre das Absehen von dem Stofflichen, das im Texte gefordert ist, kaum auszuführen. Um den Eindruck der reinen Form zu erhalten, müßten wir dann im Sehen von einer Masse wirklich gesehenen Inhalts absehen. Wie wäre es aber möglich, sich beim Anblick eines marmornen Gebildes von der sich als gleichzeitige Wahrnehmung aufdrängenden inneren Struktur des Marmors oder beim Anblick einer lebendigen Menschengestalt von dem gleichzeitig wahrgenommenen Leibesinnern loszumachen? Bei der thatsächlichen Beschaffenheit unseres Sehens dagegen handelt es sich nur um das Absehen von Vorstellungen, die zu dem wirklich Gesehenen mehr oder weniger eng hinzuassoziiert sind. Unser Sehen ist eben, soweit es sich nicht um durchsichtige Körper handelt, ein an der Oberfläche haftenbleibendes Sehen. Unser Auge begünstigt sonach das Zustandekommen des ästhetischen Betrachtens in hohem Grade.

52. David Hume hatte Recht, auf die umformende Kraft des Gefühls und Glaubens ein so großes Gewicht zu legen, wenn sich auch die Benutzung dieses Prinzips zur Erklärung der Kausalitätsschlüsse und der Annahme einer Außenwelt nicht rechtfertigen läßt. Ich glaube, daß die Art und Weise, wie die sinnlichen Wahrnehmungen durch Gefühl und Glauben scheinbar umgeformt werden, in der Psychologie noch nicht genügende Berücksichtigung gefunden hat. Es ist häufig so, daß wir den psychologischen Thatbestand mit Worten von folgender Art beschreiben müssen: wir nehmen etwas wahr und nehmen es doch eigentlich auch wiederum nicht wahr; wir nehmen wahr, als ob es wäre; wir legen glaubend in unser Wahrnehmen etwas hinein, was, kritisch betrachtet, im Wahrnehmen selber nicht enthalten ist. Vgl. auch Anmerkung 37.

53. Schon in meiner 1876 erschienenen Schrift „Der Symbol-Begriff in der neuesten Ästhetik" habe ich darauf Gewicht gelegt, daß sich die Einheit von Schauen und Beseelen des Geschauten nicht aus bloßer Vorstellungsassoziation erklären lasse (S. 74 ff., 86 ff.). Der Hauptsache nach erscheint mir auch jetzt noch das dort Gesagte richtig; nur würde ich jetzt die Begründung etwas anders führen und auch zum Teil andere Ausdrücke anwenden. So spreche ich dort von „intuitiver Phantasie"; jetzt würde ich lieber den Ausdruck „Verschmelzung" gebrauchen. Es soll damit eine elementare Bewußtseinsfunktion bezeichnet sein, die auch abgesehen von dem, was man Phantasie nennt, vorkommt.

In jeder uns geläufigen Sprache z. B. kommt uns zugleich mit dem Wortklang die Bedeutung des Wortes zum Bewußtsein, ja das Wort sieht nach seiner Bedeutung aus, trägt für uns das Gepräge seiner Bedeutung sinnlich an sich. In dieser Physiognomie, die das Wort an sich trägt, in diesem Aussehen nach seiner Bedeutung scheint mir ein innigeres Verhältnis als nur Assoziation vorzuliegen. Und der Name „Verschmelzung" scheint mir dafür passend zu sein.

54. Vgl. oben S. 29 ff.

55. Vgl. oben S. 7 f., ferner Anmerkung 26.

56. Im Anschluß an Schopenhauer, und doch auch wieder ihn umkehrend, faßt Oskar Bie, ein Ästhetiker der modernen Bewegung, das ästhetische Verhalten als überindividuelles Wollen, als Bethätigung unseres Urwollens auf (Freie Bühne, 5. Jahrgang [1894], S. 357 f., 365, 479). Ich weiß nicht, wie dann sittliche Begeisterung, Erglühen für Gutes, Edles, Aufschwung zu selbstlosen Thaten vom ästhetischen Verhalten geschieden werden solle. Hier ist überindividuelles, unegoistisches Wollen vorhanden, das aber doch offenbar nicht ästhetischer Art ist. Mit solchen einfachen und radikalen Schnitten, wie sie von Bie vorgenommen werden, wenn er alles Erkennen vom Ästhetischen abtrennt und dieses der Seite des Wollens zuteilt und im Wollen egoistisches und ästhetisches Wollen unterscheidet, läßt sich den mannigfach verwickelten Beziehungen zwischen ästhetischem Verhalten und Wollen nicht beikommen. Ich verweise in dieser Beziehung auf den ersten Vortrag.

57. Die Ästhetik hat sich nicht wenig damit geschadet, daß sie der Kunst ohne weiteres die Aufgabe stellte, das Göttliche, die Idee, die metaphysische Wesenheit der Dinge zu offenbaren, und so den Künstler zum intuitiven Metaphysiker machte. Auch Hartmanns Ästhetik sieht in dem Schönen durchweg Erscheinung der Idee. Wenn er vom Schönen „mikrokosmischen" Charakter fordert, so meint er damit, daß jede schöne Gestalt Abbild der Weltidee im kleinen sei und auf die einheitliche ideale Totalität, in der die in ihr dargestellte Individualidee ein Glied ist, hindeute (Philosophie des Schönen 194 ff.). Wie will man von einer solchen Voraussetzung aus einer Vase, einem Erker, den Genre- und Landschaftsbildern, den Lustspielen und Novellen gerecht werden? Aber auch von den schwerer wiegenden, gedankenhaltigen Kunstwerken gilt mit wenigen Ausnahmen, daß sie nur durch gewaltsames Hineindeuten, durch willkürliches philosophisches Weiterspinnen des in ihnen dargestellten Inhaltes zu Offenbarungen des Wesens und Grundes der Welt gemacht werden können. Und würde

ferner damit die Kunst nicht in den Streit der metaphysischen Meinungen gezogen und die weitaus größte Zahl der Menschen vom ästhetischen Genießen ausgeschlossen werden? Nur dem, der sich den künstlerischen Genuß durch philosophische Grübeleien verdirbt, können beim Lesen vom „Sommernachtstraum" oder von „Minna von Barnhelm" Ahnungen über den idealen Wesensgrund der Welt aufsteigen. Will man der Kunst gerecht werden, so muß man ihren Zweck erscheinungsmäßiger und menschlicher auffassen. Und dies geschieht nach meiner Überzeugung am besten, wenn man sich des Ausdrucks „menschlich=bedeutungsvoll" bedient. Mit diesem Ausdruck ist das Überschreiten der platten Oberfläche zu unbestimmt weiter Tiefe gemeint. Manche Dichtungen, wie Goethes Faust oder Byrons Kain, bringen die letzten Fragen des Daseins deutlich und ausdrücklich an uns heran; andere, wie etwa Goethes Gedicht „Wer nie sein Brot mit Thränen aß" oder seine Novelle lassen uns ahnend an sie heranstreifen; andere wieder, wie der Erlkönig oder der getreue Eckart, Clavigo oder Egmont führen uns einfach das Menschliche nach gewichtvollen, charakteristischen Seiten vor, ohne die letzten Daseinsrätsel auch nur wie einen fernen Hintergrund zu berühren.

58. Vgl. die eindrucksvolle Charakterisierung Millets in der Geschichte der Malerei des 19. Jahrhunderts von Richard Muther (München 1893; Bd. 2, S. 393 ff.).

59. Unter den Stimmen, welche die möglichste Unabhängigkeit des Kunstwerks von der Künstlerindividualität fordern, führe ich Adolf Hildebrand an. Er hebt nachdrücklich die um allen Zeitenwechsel unbekümmerten, ewigen Gesetze der Kunst hervor, hinter denen die Subjektivität des Künstlers verschwinden müsse (Das Problem der Form in der bildenden Kunst, S. 66, 105 ff., 125). Ganz anders Goethe, der bei Eckermann (Bd. 2, S. 182) sagt, daß in der Kunst und Poesie die Persönlichkeit alles ist.

60. Jean Paul in der Vorschule der Ästhetik (Sämtliche Werke Bd. 41, S. 121).

61. Jean Paul in dem Aufsatz „Über die natürliche Magic der Einbildungskraft" (Werke Bd. 45, S. 82 ff.). Ebenso in der Vorschule der Ästhetik (Werke Bd. 41, S. 47 f.).

62. Fechner, Vorschule der Ästhetik, Bd. 2, S. 85. In dem anregungsreichen Abschnitt „Stil, Stilisieren" behandelt Fechner den Stil fast nur als Wertbegriff. Über den Unterschied von Manier und Stil hat niemand treffendere Worte als Friedrich Vischer gesagt (Ästhetik

§ 526). Was er „Manier im berechtigten Sinne" nennt, rechne ich noch zum „Stil".

63. Eine treffliche Analyse des malerischen Stiles giebt Heinrich Wölfflin in seinem Buche „Renaissance und Barock" (München 1888), S. 17 ff.

64. Fechner, Vorschule der Ästhetik, Bd. 2, S. 107 ff.

65. Grillparzers sämtliche Werke, Bd. 15, S. 57.

66. Anton Springer sagt über Michelangelos Stil: was die Macht der Empfindung oder die Kraft der Bewegung dämpfen könnte, zeige sich in der Seelenschilderung zurückgedrängt; von innerer Erregtheit übermannt, steigere Michelangelo die Stimmung seiner plastischen Gestalten weit über das gewöhnliche Maß hinaus und lasse sie ihre Thätigkeit mit rückhaltsloser Leidenschaft äußern. „Michelangelos Gestalten setzen eine viel stärkere Kraft ein, als dieses in der wirklichen, stets sparsamen und der Ruhe geneigten Natur geschieht, und während in der Antike alle Aktionen als Äußerungen freier Persönlichkeiten auftreten und in jedem Augenblick in den Schoß der letzteren zurückgenommen werden können, erscheinen die Männer und Frauen Michelangelos als die widerstandslosen Geschöpfe einer inneren Empfindung, welche die einzelnen Glieder nicht harmonisch und gleichmäßig belebt, die einen vielmehr mit der ganzen Fülle des Ausdrucks ausstattet, die anderen dagegen beinahe nur schwer und leblos bildet" (Raffael und Michelangelo. 2. Aufl. Leipzig 1883. Bd. 2, S. 247). Diese Worte bringen an dem Beispiel Michelangelos das Eigentümliche des potenzierenden Stils zu gutem Ausdruck.

67. Ausdruck Robert Vischers (Studien zur Kunstgeschichte [Stuttgart 1886], S. 128).

68. Friedrich Schlegel, Über Goethes Meister (in der Ausgabe seiner prosaischen Jugendschriften von Minor, Bd. 2, S. 165 und 182).

69. Friedrich Vischer, Altes und Neues. Erstes Heft. Stuttgart 1881. S. 73 ff.

70. Deutlich ist dies z. B. in Wagners Schrift „Oper und Drama" (Gesammelte Schriften und Dichtungen, 2. Aufl. Bd. 4, S. 86 ff.) ausgesprochen. Auch Friedrich Nietzsche übrigens läßt nur den potenzierenden Stil gelten. Ihm erscheint sogar das „Studium nach der Natur" als ein schlechtes Zeichen in der Kunst. „Dies Im-Staube-Liegen vor petits faits ist eines ganzen Künstlers unwürdig" (Götzendämmerung. Leipzig 1889. S. 75 f.).

71. Ich stellte im zweiten Vortrag (S. 71 f.) für die Kunst überhaupt die Forderung auf, daß, wenn sie den Schein der Wirklich-

keit hervorbringen wolle, alle Gestalten und Vorgänge als aus der Thatsachenwelt natürlich herausgewachsen erscheinen müssen. An jener Stelle hob ich insbesondere die Geltung dieser Formel für den potenzierenden Stil hervor (wenn ich auch diesen Ausdruck nicht gebrauchte); denn von dem potenzierenden Stil könnte man weit eher als vom Thatsachenstil glauben, daß er sich dieser Formel entziehe. Ich brauche hier kaum ergänzend hinzuzufügen, daß diese Formel auch für den Thatsachenstil gilt. Dagegen will ich ausdrücklich bemerken, daß für den Thatsachenstil noch mehr gilt, als jene Formel besagt. Das im Thatsachenstil gehaltene Kunstwerk erhebt Anspruch darauf, daß der in ihm dargestellte Vorgang auch in der Thatsachenwelt geschehen sein könnte. Dies gilt vom ideal gestimmten, romantischen, phantastischen Kunstwerk nicht; für dieses ist es genug, wenn es aus dem Thatsachenboden, durch Erhöhung seiner Kräfte, organisch herausgewachsen zu sein scheint. Kunstwerke dagegen, denen wir Thatsachenstil zusprechen, werden in uns auch den Eindruck hervorrufen, daß der Boden der gewöhnlichen Thatsachen geeignet ist, Vorgänge von der Art, wie sie diese Kunstwerke enthalten, zu erzeugen. Jene allgemeine Formel nimmt für den Thatsachenstil diese Zuspitzung an.

72. Siehe oben S. 25 f. Vgl. auch Anmerkung 18. Der schwerwiegenden Bedeutung der ästhetischen Antinomie sucht der sechste Vortrag in prinzipieller Weise gerecht zu werden (S. 215 ff.).

73. Wenn mir jemand entgegenhalten sollte, daß es nicht unmöglich, sondern nur überaus schwierig sei, die Vorzüge beider Stile zu verbinden, so will ich dem nicht widersprechen. Habe ich doch schon im Texte diese vorsichtigere Auffassung als zulässig angedeutet. Damit würde aber das von mir hervorgehobene antinomische Verhältnis keineswegs hinfällig. Denn da das überaus Schwierige jener Synthese zugegeben würde, so läge darin doch, daß jede der beiden Normen in sich die Tendenz trage, die andere Norm beiseite zu drängen, sich einseitig, auf Kosten der anderen, zur Herrschaft zu bringen.

74. Fechner, Vorschule der Ästhetik, Bd. 2, S. 107 ff., 135 ff. So sehr sich Fechners Erwägungen durch Feinheit und Vorurteilslosigkeit des Blicks und durch Beweglichkeit der Gesichtspunkte auszeichnen, so gebricht es ihm doch anderseits an Einheitlichkeit des Betrachtens, an Unterscheidung des Wesentlichen und Unwesentlichen. Man erhält bei ihm vom Ästhetischen den Eindruck, als ob es aus einem Haufen von äußerlich zusammengeratenen Gesichtspunkten bestünde. So leiden auch seine Betrachtungen über das „Idealisieren" daran, daß er es

nicht als etwas durch das Wesen der Kunst selber Aufgegebenes ansieht. Dazu kommt nun aber noch, daß er, wie der Text andeutet, das Steigern der Wirklichkeit sich einseitig als ein verschönerndes und daher zum Glätten und Eintönigmachen geneigtes Idealisieren vorstellt.

75. Jean Paul in der Vorschule der Ästhetik (Sämtliche Werke, Bd. 42, S. 73).

76. Beispielsweise erinnere ich an die Ausführungen, in denen Schopenhauer das „Idealisieren" als Bedingung für das Darstellen von Charakteren schildert (Aus Arthur Schopenhauers handschriftlichem Nachlaß. Herausgegeben von Frauenstädt. Leipzig 1864. S. 364 ff.).

77. Ich weise nur darauf hin, mit welcher verständnisvollen Liebe Hegel von Dürer, von den beiden van Eyck und den späteren niederländischen Malern spricht. Mit prächtigen Worten kommt er zweimal in seiner Ästhetik in ausführlicher Weise auf Rembrandt und die Maler des niederländischen Volkslebens zu sprechen. Freilich, so meint er, dürfe man an diese Maler „nicht mit der Vornehmigkeit einer hohen Nase von Hof und Höflichkeiten her aus guter Gesellschaft herankommen" (Vorlesungen über die Ästhetik. 2. Aufl. Bd. 2, S. 212 ff.; Bd. 3, S. 98, 118 f., 121 ff.). Den Düsseldorfern dagegen wirft er Phantasielosigkeit vor (Bd. 3, S. 84 ff.).

78. Grillparzers sämtliche Werke, Bd. 15, S. 65, 76 f.

79. Otto Ludwigs Gesammelte Schriften. Leipzig 1891. Bd. 5, S. 65.

80. Ganz in meinem Sinn sagt Robert Vischer: „So rufen die entgegengesetzten Stilprinzipien einander hervor, fordern einander heraus, warnen einander, es entstehen Ausgleichungen, sie ergänzen sich, jedes von beiden lebt sich aus, um dem andern wieder Platz zu machen, auf relative Verschmelzung folgen neue Entzweiungen, auf diese wieder neue Formen der Ausgleichung. Es ist dies die innere, bewegende Seele der Kunstgeschichte" (Studien zur Kunstgeschichte, S. 132).

81. Ich spreche hier von Stücken, die mehr sein wollen als bloße Schwänke und Possen. Für einen feineren Geschmack ist es unerträglich, ein sogenanntes Lustspiel von dem Widerspruche durchsetzt zu finden, daß dieselbe Person in einigen Szenen vom Dichter ernst genommen, als verständig und normal hingestellt wird, in anderen Szenen dagegen als ein wahrer Spielball des nach Witzen und Situationskomik haschenden Dichters erscheint und sich thöricht, abgeschmackt, verrückt benimmt, kurz aus der soeben noch festgehaltenen Psychologie gänzlich herausfällt. Und dabei läßt der Dichter die Personen des

Stücks immer noch so reden und handeln, als ob der zum Hanswurst oder Trottel umgewandelte Mensch normal wäre, die Eigenschaften, die zu seiner gesellschaftlichen Stellung gehören, besäße, als ob er ein denkbarer Umgang für anständige und vernünftige Leute wäre, als ob kein Grund vorläge, ihn auszulachen, hinauszuwerfen, ins Narrenhaus zu schicken. Dieser Widerspruch wirkt in den Erzeugnissen Mosers, Schönthans und anderer in hohem Grade störend. Entweder müßte den Personen eine einheitliche, konsequent festgehaltene Grundgestalt gegeben werden — dies ist der Weg zum Lustspiel; oder der Dichter müßte bei seinen Personen von aller ernsthaften Haltung und Psychologie durchgehends absehen — dies ist der Weg zum Schwank. Schwänke, die durchweg nichts als Karikatur und Unwahrscheinlichkeit sind, stehen wegen des einheitlicher festgehaltenen Unsinns-Standpunktes auf einer künstlerisch höheren Stufe als die Ernst und Unsinn unpsychologisch und widerspruchsvoll durcheinanderwerfenden Moseriaden. Übrigens leiden an diesem Widerspruch auch die meisten der feineren deutschen Lustspiele. Es ist eines der großen Verdienste des Naturalismus, daß er der Sucht des Publikums nach Lach- und Rührstoff zuliebe die natürliche psychologische Entwicklung der Charakter und Szenen nicht unterbricht. Auch hat sich unter seinem Einfluß das Gefühl des Publikums für schlichte, wahre, d. h. aus den inneren und äußeren Voraussetzungen des Stückes naturgemäß erfolgende Entwickelung beträchtlich verfeinert.

82. Der Einfachheit wegen habe ich im Text immer nur die Behandlung der **Charaktere** im Auge gehabt. Es läßt sich indessen dieser Unterschied auch in der Darstellung der **Schicksale** aufweisen. Der Gang der Begebenheiten kann mehr in typisierender oder mehr in individualisierender Weise dargestellt werden. Das erste ist der Fall, wenn in der Schilderung des Ganges der Dinge die Herrschaft allgemeiner Gesetze hervortritt. Wenn z. B. der Dramatiker die Schicksale wesentlich aus den inneren Charakterbedingungen der Personen sich entwickeln läßt, so fällt diese Darstellungsweise unter den typisierenden Stil. Dies ist auch der Fall, wo der Dichter in dem Lauf der Ereignisse das Dasein einer moralischen Weltordnung u. dgl. mit Vorliebe und Nachdruck zur Geltung bringt. Dagegen werden wir von individualisierendem Stile reden, wenn in dem Gang der Dinge vorzugsweise das Eigensinnige, Launenhafte, überraschend Eingreifende des Schicksals hervortritt. Die große Kunst besteht hier darin, daß der Dichter uns den irrationellen Eigensinn des Schicksals dennoch als glaublich darzustellen, den Leser zum naiven Hinnehmen all der Zu-

fälligkeiten und Abenteuer zu stimmen wisse. Lesen wir die Dramen des jüngeren Dumas, von Feuillet, Sardou u. s. w., so fühlen wir aus dem überraschenden Lauf der Dinge mehr den auf Bühneneffekte ausgehenden Dichter als das sich selbst überlassene Schicksal heraus. Grillparzers Dramen zeigen deutlich, wie der Dichter von der typisierenden zur individualisierenden Behandlung des Schicksals übergeht. Im Treuen Diener, in „Weh dem, der lügt", in der Jüdin kommt weit mehr die bunte Vielgestaltigkeit, das eigenlebige, immanent herauswachsende Weiterrollen des natürlichen Geschehens, das auf Schritt und Tritt Überraschendes darbietet, zum Ausdruck als in der Ahnfrau oder Sappho. Man glaubt in seinen späteren Stücken viel mehr zu belauschen, wie die vielgestaltigen, zufallverstrickten Ereignisse kommen und gehen. Auch Otto Ludwig wollte einen solchen Eindruck erzeugen. Nur wird bei ihm das Eigenartige oft zum Absonderlichen und Ausgeklügelten. Dies ist mir besonders in den beiden Dramen „Die Pfarrrose" und „Die Rechte des Herzens" entgegengetreten. Übrigens besaß Ludwig von dieser seiner übertriebenen Neigung zum Absonderlichen eine scharfe Selbsterkenntnis (Gesammelte Werke, Bd. 15, S. 469).

83. Zu klarer Entwicklung kommen die beiden behandelten Stilgegensätze nur auf dem Gebiete der Bildhauerkunst, der Malerei und der Dichtung. Auf die übrigen Künste lassen sie sich nur in ungefährer Weise anwenden. Die Natur der hier dargestellten Gegenstände bringt es mit sich, daß die Gegensätze hier keinen geeigneten Boden zu ihrer Entfaltung finden. Baukunst und Musik haben zu ihren Gegenständen menschliche Stimmungen, Gefühle, Strebungen, Leidenschaften. Das Gerüste bestimmter Dinge, Charaktere, Handlungen, Begebenheiten fehlt. Daher kommt es, daß es sich hier nicht so unzweideutig sagen läßt, ob die Darstellung den Thatsachen treu geblieben ist oder sie gesteigert hat, und ob der Nachdruck auf dem Typischen oder auf dem Individuellen liegt. Doch wird man immerhin z. B. in der Gotik und im Barock eine stärkere Ausprägung des potenzierenden Stils erblicken können als in dem romanischen Stil und in der Renaissance. Und ebensowenig wird man im Zweifel sein, daß im Durchschnitt Beethoven weit mehr im potenzierenden Stile schafft als Mozart. Und was den zweiten Stilgegensatz betrifft, so wird man z. B. die Bauweise der griechischen Antike im ganzen dem typisierenden, das Rokoko dem individualisierenden Stil zuteilen können. Auch wird niemand zweifeln, daß Schumann und Chopin im Vergleiche etwa zu Haydn Künstler des individualisierenden Stiles sind. Übrigens ist von den übrigbleibenden Künsten wiederum die Bildhauerkunst für das Aus-

einandertreten der beiden Stilgegensätze nicht so günstig wie Malerei und Dichtung. Manche, z. B. Hartmann (Philosophie des Schönen, S. 639 f.) gehen sogar so weit, für die Bildhauerkunst nur den Typenstil gelten zu lassen.

84. Noch von einem dritten Stilgegensatz hätte gehandelt werden können: von dem **objektiven und subjektiven Stil**. Einigermaßen wenigstens spielt auch dieser Gegensatz in den gewöhnlich als Realismus und Idealismus bezeichneten Unterschied hinein. Der objektiv schaffende Künstler geht in den dargestellten Sachen auf, läßt seine Wünsche, Kämpfe, Auffassungen, Ideale hinter dem dargestellten Inhalt zurücktreten, er versteht auf fremde, seiner Eigenart fernliegende Charaktere derart einzugehen, daß seine eigene Lebensstimmung dabei nicht unmittelbar vernehmbar wird. Das Wirkliche tritt uns hier verhältnismäßig losgelöst von der Subjektivität der schaffenden Künstlerseele entgegen. Daher pflegt man die im objektiven Stil schaffenden Künstler Realisten zu nennen. Subjektiver Stil dagegen ist dort zu finden, wo der Künstler in allen Gestalten zugleich sich selbst ausspricht und verkündet. Der Künstler kommt hier von seinem Glück und Unglück, seinen Wünschen und Protesten, seiner Moral und Philosophie so wenig los, daß er sie fühlbar in seine Charaktere und Handlungen hineinarbeitet. Wir haben daher seinen Gestalten gegenüber nicht in dem Maße, wie im vorigen Falle, das Gefühl, daß sie einfach und unbedingt auf sich stehen. Man hört überall den subjektiven Aufschwung des Dichters heraus. Besonders gewisse Fälle dieses subjektiven Stils legen die Benennung „Idealismus" nahe. Wenn man Shakespeare mit Byron, den gereiften Schiller mit dem jugendlichen, Scott mit Dickens, Zola mit Ibsen vergleicht, so hat man Beispiele für diesen Stilunterschied.

85. Wenn man Zolas Aufsätze Le roman expérimental, Lettre à la jeunesse, Du roman u. s. w. (unter dem Gesamttitel Le roman expérimental, 2. Aufl., Paris 1880) liest und dabei fortwährend den Dichter als Weiterführer der Physiologie und als Soziologen gepriesen, alle Romantik als Phrasenwerk verworfen, die Phantasie als abgesetzt hingestellt findet, so kommt man aus der Verwunderung darüber, wie Zola sein eigenes dichterisches Schaffen so sehr mißverstehen konnte, nicht heraus.

86. In Bahrs „Studien zur Kritik der Moderne", in Karl Woermanns Buch „Was uns die Kunstgeschichte lehrt" (Dresden 1894), in Muthers Geschichte der Malerei des neunzehnten Jahrhunderts und in zahlreichen anderen Schriften bildet der Übergang des Naturalismus

in Symbolismus u. dgl. einen oft wiederkehrenden Gegenstand. Die Zeitschrift „Freie Bühne" kommt, teils preisend, teils beklagend, gleichfalls oft darauf zu sprechen (2. Jahrgang [1891], S. 383 ff.; 3. Jahrgang [1892], S. 400 ff., 1089 ff.; 4. Jahrgang [1893], S. 1 f., 25, 681 ff., 908 ff.).

87. Über das Unpassende und Unklare der Bezeichnung „naturwissenschaftliche Weltanschauung" habe ich schon anderswo gesprochen (Vorträge zur Einführung in die Philosophie der Gegenwart, S. 204 f.). Besonders gern scheinen sich dieses Ausdruckes solche zu bedienen, die den Geist im Vergleich zu der äußeren Natur für nichts Gleichwertiges, für nichts eigentlich Wirkliches, für nichts Rechtes halten, sondern in ihm ein unselbständiges Anhängsel der körperlichen Vorgänge erblicken. Diese unklaren, sich zuweilen mit Kant und moderner Erkenntnistheorie aufputzenden parallelistischen Anschauungen sind im Grunde verschämter Materialismus. Eine besondere Seite an der „naturwissenschaftlichen Weltanschauung" bildet die gegenwärtige Modemeinung, daß auch die Geisteswissenschaften nach naturwissenschaftlicher Methode zu behandeln seien. Ich gebe gerne zu, daß die Geisteswissenschaften von der naturwissenschaftlichen Methode mancherlei lernen können und auch wirklich gelernt haben; z. B. Genauigkeit des Beobachtens, das Legen einer genügend breiten und sicheren Erfahrungsgrundlage, die vorsichtige Anpassung der allgemeinen Schlußfolgerungen an die Beschaffenheit der vorliegenden Thatsachen u. dgl. Aber in solchen Allgemeinheiten besteht doch nicht das Eigentümliche der naturwissenschaftlichen Methoden. Auch ergeben sich diese allgemeinen Forderungen genau so ursprünglich und natürlich aus der Beschaffenheit der Geistesgebiete wie aus der der Naturvorgänge; nur daß die Betrachtung der Naturvorgänge diesen Forderungen zu einer Zeit Gehorsam geleistet hat, wo sie in den Geisteswissenschaften noch nicht durchgedrungen waren. Sieht man dagegen auf das Eigentümlichere der naturwissenschaftlichen Methoden, so erweist sich deren Übertragung auf das geisteswissenschaftliche Gebiet sofort als ein Unding. Man denke z. B. an das Beobachten. Der Naturforscher beobachtet erstens mit den äußeren Sinnen. Er beobachtet zweitens Gegenstände, die nicht nur für einen, sondern für viele in gleicher Weise zugänglich sind. Er beobachtet drittens ein von der Subjektivität des Beobachters (Temperament, Stimmung, Gemütslage u. dgl.) fast gänzlich abgelöstes Gebiet. Sein Beobachten läßt viertens sich unmittelbar zum exakten Messen verfeinern u. s. w. In allen diesen wesentlichen Beziehungen ist das Beobachten von Bewußtseinsvorgängen das völlige Gegenteil. Der Psychologe beobachtet erstens vermittels Selbst-

wahrnehmung, und diese Selbstwahrnehmung läßt sich großenteils nur auf einem Umweg, nämlich im Anschluß an die Erinnerungsbilder von den eigenen Bewußtseinsvorgängen, zustande bringen. Der zur Beobachtung vorliegende Gegenstand ist zweitens immer nur einem einzigen Beobachter, demjenigen nämlich, dessen Bewußtsein er angehört, zugänglich; die Bewußtseinsvorgänge fremder Menschen lassen sich nur auf Grundlage von Analogieschlüssen beobachten. Drittens stellt sich der beobachtete psychologische Gegenstand als mannigfach von der wechselnden Subjektivität des Beobachters beeinflußt dar. Viertens läßt sich das Wahrnehmen der eigenen Bewußtseinsvorgänge als solches niemals zum exakten Wahrnehmen von Größenverhältnissen verfeinern. Die Verschiedenheit des Beobachtens auf beiden Gebieten übertrifft daher die Ähnlichkeit wohl um ein Gewaltiges. Und was vom Beobachten gilt, gilt auch von den anderen Mitteln der Methode. Die naturwissenschaftliche Methode besteht überall in dem Zurückführen von unmittelbar qualitativen Veränderungen auf reine Bewegungsveränderungen; sie zielt auf das Eliminieren des Qualitätsbegriffes los, sie unterbaut der in eine zahllose Menge von Qualitäten auseinandergehenden Sinnenwelt eine transsubjektive Quantitätswelt. Die Methode der Psychologie dagegen — und sie ist die Grundwissenschaft der Geisteswissenschaften — will die Bewußtseinsvorgänge als solche kennen lernen und untereinander verknüpfen; von einer Ableitung dieser aus Bewegungsvorgängen kann keine Rede sein; sie kommt daher auch aus dem Reiche qualitativer Unterschiede nicht heraus. Und damit hängt zusammen, daß die psychologische Methode eine völlig andere Stellung zur Erfahrung, zum Überschreiten der Erfahrung, zur Ergänzung des Erfahrenen durch unerfahrbare Elemente besitzt; und weiterhin, daß kausale Verknüpfung, Gesetz, Substanz, kurz die grundlegendsten, für die Durchbildung und Ausübung der Methoden wichtigsten Begriffe hier und dort eine wesentlich verschiedene Bedeutung haben. Wohin ich blicke, stellen sich mir, neben einigen oberflächlichen Gemeinsamkeiten, tieftrennende Unterschiede zwischen den beiden Methoden dar. Ich halte es daher für verkehrt und verwirrend, das Heil der Geisteswissenschaften von der Anwendung der naturwissenschaftlichen Methode abhängig zu machen. Auch scheint es mir, daß das Verkünden und Preisen der Übertragung naturwissenschaftlicher Methode auf Philosophie und Geisteswissenschaft überhaupt nicht selten mit dem Wunsche zusammenhänge, die so hochangesehene Naturwissenschaft zu günstigem Urteil über die Ansprüche und Leistungen der Philosophie und Geisteswissenschaften zu stimmen. Für besonders verwirrend halte ich es, wenn angesehene Philosophen

— denn die Philosophie sollte sich doch am allergenauesten über die Methode Rechenschaft geben — jene Übertragung als das Zeichen wahrer Philosophie hinstellen. So hat erst kürzlich wieder der Philosoph Franz Brentano programmartig verkündigt: die wahre Methode der Philosophie ist die der Naturwissenschaften (Über die Zukunft der Philosophie. Wien 1893. S. 2, 24). Um so mehr muß man sich hierüber wundern, wenn man sieht, eine wie scharfe Erkenntnis der verschiedenen Arten von Unfug, die mit dem Anwenden naturwissenschaftlicher Methoden auf geistigem Gebiet getrieben werden, Brentano an den Tag legt (S. 68 ff.). Auch gewinnt das so entschiedene Auftreten für „das Forschen nach naturwissenschaftlicher Methode" ein etwas sonderbares Gesicht, wenn man wahrnimmt, wie sich dem Verfasser dieser stramme Ausdruck unter der Hand in den laxen und elastischen Ausdruck „Verfahren nach Analogie der Naturwissenschaft" verwandelt (S. 38, 40). Es würde sich fragen: wieviel bleibt denn von dem Eigentümlichen und Unterscheidenden der naturwissenschaftlichen Methode noch übrig, wenn man nach Analogie mit ihr die Methode der Geisteswissenschaften einrichtet? Auf diese entscheidende Frage geht Brentano mit keinem Wort ein. — Nachträglich lese ich in Windelbands sein durchdachter Rektoratsrede (Geschichte und Naturwissenschaft. Straßburg 1894), daß er, wenn auch nicht die Methode der gesamten Philosophie, so doch die der Psychologie als naturwissenschaftliche Methode angesehen wissen will (S. 9 ff.). Meine oben versuchte Begründung der gegenteiligen Ansicht ist gerade mit Rücksicht auf die Psychologie gegeben. Ich glaube nicht, daß meinen Gründen gegenüber Windelbands Behauptung aufrecht erhalten werden kann, daß hinter der Gleichheit der naturwissenschaftlichen und psychologischen Methode die Unterschiede weit zurücktreten, und daß in methodischer Hinsicht der Abstand der Psychologie z. B. von der Chemie kaum größer sei als der der Mechanik von der Biologie (S. 10).

88. Strindberg spricht in diesem Roman durchweg so, als ob die Gehirnzellen das Denken machten, der Mensch nur ein heraufgezüchtetes Tier wäre, und dergl. Seine ganze Ausdrucksweise ist hiernach eingerichtet. Die seelischen Vorgänge drückt er mit Vorliebe in physiologischer Vermummung aus (er spricht von Rückenmarksgedanken, Ganglienräsonnement, von den „schlaffen Halbgedanken des noch weichen Gehirns unter dem Druck von Blutgefäßen und Testikeln" u. s. w.) und meint, damit etwas besonders Klares gesagt zu haben, während er doch damit einen Umweg durch das Unklare, Uneigentliche, Rätselhafte genommen hat. Übrigens ist der felsenharte, steile, grausame, stolze In-

tellektualismus, der sich in diesem Roman mit der naturwissenschaftlichen Weltanschauung verbindet, nicht ohne Größe und Freiheit.

89. Ich habe die im ersten Akt vorkommende Ausforschung im Auge, welcher Sabine, der weibliche Arzt, den Musikus Ritter darauf hin unterwirft, ob bei ihm Lues vorliege.

90. Es verbindet sich in den Memoiren eines Jägers von Turgenjeff eine Naturschilderung, die durch genaue Wiedergabe bestimmter Einzelheiten höchst individuelle Stimmungen von ganz besonderen Mischungen und Abbiegungen zu erzeugen weiß, mit trefflichster Menschenschilderung. Zumeist führt uns der Dichter seltsame, krummgewachsene Menschenexemplare vor, die nach dieser oder jener Seite hin sonderbar betont, nach den übrigen Seiten dagegen verkümmert sind. Immer aber steckt in ihnen irgend eine Pointe, durch die sie interessant werden. Und ebenso eigenartig ist der durch die Skizzen hindurchgehende Grundton. Sie wollen uns sagen, wie wunderlich traumhaft es im Leben hergehe, wie launenhaft, sinnlos und doch geistreich die Natur Menschen schaffe und zusammenwürfle, wie sich die allschaffende Natur ins Eigensinnige und Unregelmäßige verrenne und uns zugleich etwas Unergründliches hindurch ahnen lasse. Das menschliche Leben erscheint als etwas, was uns zu vielsagendem, skeptischem Sinnen zu stimmen geeignet ist. Über der Welt, wie sie die Skizzen schildern, liegt ein trüber und doch durchsichtiger Duft, wir vernehmen ein leises Wehen und Wogen, Stimmen gedämpften Leides und gedämpfter Lust.

91. Hermann Grimm in der ersten Vorlesung seines Buches über Goethe.

92. In zutreffender Weise wird dieser Gegenstand von Ernst Elster in seiner Antrittsrede: „Die Aufgaben der Litteraturgeschichte" (Halle 1894), S. 17 ff. berührt.

93. Siehe oben S. 159.

94. Bis zur lächerlichen Verrücktheit zeigt sich das Haschen nach Empfindungsabsurditäten bei Max Dauthendey gesteigert (Moderner Musenalmanach von 1893 S. 261 ff., von 1894 S. 205 f.). Er spricht nicht nur von süßätzendem Nebel, von steifem, plattem Licht, von aschenweichen Buchenwäldern, von stahlblauer Stille, sondern er sagt auch: „Eine gellende Schneide jagt in die faulige Stille", oder: „Weinrot brennen Gewitterwinde".

95. Siehe oben S. 152 f.

96. Vgl. S. 57, 93 f., 99 f., 103 f., 126 f.

97. Daß sich in so jammervollen, verkrüppelten Verhältnissen ein so edles, tapferes Mädchen wie Toni entwickeln kann, ist sicherlich der

Darstellung wert. Allein in der Familie Selicke wird der Jammer, die Heruntergekommenheit, die Verlumptheit, die in der Familie herrscht, mit einer unerschöpflichen Breite, mit einer wahren Lust am Geistlosen und Nichtssagenden geschildert. Die schöne Gestalt der Toni versinkt in einen wahren Ozean von Trivialität. Das Stück ist auch merkwürdig wegen der unverhältnismäßigen Dürftigkeit des Geschehens (d. h. der vorwärts schreitenden Willensakte) gegenüber der Breite der Zustandsmalerei und wegen des grundsätzlichen Verlaufens ins Ungewisse und Abschlußlose. Auch ist der einzige tiefere Gedanke des Stücks, der Zerfall des theologischen Kandidaten Wendt mit seinem Berufe, oberflächlich und unglaubhaft behandelt.

98. Ich finde in Halbes Jugend den Studenten zu unbedeutend und geistlos gehalten, als daß es gerechtfertigt wäre, ihm ein dreiaktiges Drama zu widmen. Es ist langweilig, fortwährend zu lesen, wie dieser grüne Bursch vor Sinnlichkeit die Fäuste ballt, hin- und herrennt und fast platzt. Und dann die Trivialität des Gesprächstons! Ich finde das beständige Wiederholen gewisser Worte und Sätze, die Abgerissenheit der Rede, das fortwährende Hereinziehen des Polnischen und dergl. als viel zu wenig für die Eigenart dieser Leute charakteristisch. Übrigens scheint mir auch eine falsche moralische Tendenz durch das Stück zu gehen. Ich habe den Eindruck, als wollte der Dichter die Verirrung des Studenten als etwas darstellen, was mit irgend welchen berechtigten Strömungen und inneren Kämpfen innerhalb unserer Jugend zusammenhinge. Diese Tiefe des Zusammenhanges aber besitzt der Fehltritt nicht, so wie der Dichter ihn schildert. Die Dummheit und der Leichtsinn des Studenten wird als etwas viel zu Wichtiges behandelt. — Als weitere Beispiele des Trivialismus erwähne ich die unter dem Pseudonym Holmsen veröffentlichten Novellen von Arno Holz, die Komödie „Das Lumpengesindel" von Ernst von Wolzogen und die Erzählung „Die taubstumme Katze" von demselben Verfasser. Auch Hartlebens Geschichte vom abgerissenen Knopfe gehört hierher: der Verfasser will komisch wirken, bleibt aber im Läppischen.

99. Viktor Hehn, Gedanken über Goethe. Berlin 1887. S. 179 ff. und sonst.

100. Wie setzt die schöne Form ungefähr gleich der Konvention, Pose und Schablone. Nur ein oberflächlicheres Publikum könne in Formenreiz und Linienspiel die höchste Kunst erblicken. Der moderne Künstler strebe einzig nach Ausdruck, Charakteristik, individueller Subjektivität. „Italien ist unser Feind, England unser reinster Freund" (Freie Bühne, 4. Jahrgang (1893), S. 1349 ff.).

101. Einige Erzählungen aus Conrads Novellensammlung „Totentanz der Liebe" berechtigen dazu, den Verfasser zu den Pornographen zu rechnen. Seine evangelische Erzählung „Das Weib am Brunnen" ist von erschreckender Geschmacksroheit. Bleibtreu hat etwas vom Genie, aber vom wüsten. Hart neben kühnen Schönheiten stehen oft überflüssige Schilderungen ordinärsten Schmutzes.

102. Siehe oben S. 14.

103. Ein geistig und moralisch tief erkranktes, halb somnambul durch die Welt gehendes Mädchen, träumerisch und frech, aus allen Fugen gerückt und doch sich wie die helle, gesunde, lachende Natur gebärdend, wird von Ibsen in der Person der Hilde Wangel als Ideal hingestellt. Und auch sonst ist es eine von mystischen und verrückt willkürlichen Beziehungen durchflochtene Welt, die aber doch wieder diese unsere gewöhnliche Welt sein soll, wohin uns Ibsen versetzt. Und hinter den Personen stecken lauter Abstraktionen und Symbole. Ich verkenne das Gewaltige des Problems in diesem Drama keineswegs; ebensowenig den darin zum Ausdruck kommenden Drang nach sonniger, stolzer Sittlichkeit, nach der Menschlichkeit der lachenden Jugend. Aber dieser edle Drang ist mit Querköpfigkeit, perversem sittlichem Gefühl und allerhand nervösen Velleitäten in unerträglicher Weise verknüpft.

104. Siehe oben S. 20.

105. Sehr verständig wird hierüber in dem auch sonst viel Beherzigenswertes enthaltenden Aufsatze von P. D. Fischer „Betrachtungen eines in Deutschland reisenden Deutschen" (Deutsche Rundschau, Bd. 79 [1894], S. 35 f.) geurteilt.

106. In seinem Werk „Oper und Drama" kommt Wagner ausführlich auf den Gegensatz von Individuum und Staat zu sprechen, und zwar in dem Sinne, daß der Staat durch das Individuum zu vernichten sei (Gesammelte Schriften und Dichtungen. 2. Aufl. Bd. 4, S. 62, 66 ff.).

107. Freilich setzt sich der Individualismus der Nietzschischen Philosophie mit sich selbst in Widerspruch. Der Gegner alles Sollens, der Verkündiger des Jenseits von Gut und Böse tritt anderseits doch wieder der Welt mit manchem sehr heftigen „Du sollst", mit einem neuen Kodex sittlicher Werte und Unwerte gegenüber. Nur ist dieser neue Kodex von vornherein durch den zügellosen Individualismus ins Schwanken gebracht.

108. Ich habe diesen Zusammenhang des philosophischen Positivismus in meiner Abhandlung „Das Denken als Hilfsvorstellungs-

Thätigkeit und als Anpassungsvorgang" (Zeitschrift für Philosophie und philosophische Kritik, Bd. 96 [1889], S. 54ff.) etwas näher dargelegt.

109. Zur Eitelkeit der modernen Dichter gehört es auch, daß sie nicht genug früh und nicht genug oft ihr Bildnis dem Publikum darbieten können. Es hat einen guten Sinn, wenn ein bedeutender Mann, nachdem er durch seine Schöpfungen weiten Kreisen lieb und vertraut geworden ist und für sie eine bestimmte geistige Physiognomie gewonnen hat, sich auch im Bildnis dem Publikum zeigt. Dagegen sieht es aufdringlich und ungebildet aus, wenn ein angehender Dichter schon den ersten tastenden Versuchen sein Bild beigibt.

110. Die „Wahrheitsliebe gegen sich selbst" wird z. B. von Oskar Bie als Hauptmerkmal der modernen Kunst hingestellt (Freie Bühne, 4. Jahrgang [1893], S. 1350f.).

111. Goethe in den Sprüchen in Prosa (unter der Überschrift „Verschiedenes Einzelne über Kunst").

112. Jakob Burckhardt, Die Kultur der Renaissance in Italien. 4. Aufl. Leipzig 1885. Bd. 1, S. 16, 41ff.; Bd. 2, S. 173ff.

113. Bruno Wille, Philosophie der Befreiung durch das reine Mittel. Berlin 1894. Der Standpunkt Willes ist überaus abstrakt. Auf die menschliche Natur und ihre Entwicklung nimmt er so wenig Rücksicht, wie nur irgend ein deutscher spekulativer Philosoph. Wille ist ein Fanatiker der Vernunft; als Vernunft aber gilt ihm vor allem die Verwerfung jedweden Zwanges. Im Gegensatze zu Nietzsche begegnen wir hier einer furchtsamen, schwächlichen Humanitätsbegeisterung. Vgl. auch den Aufsatz Willes „Moralische Stickluft" (Freie Bühne, Jahrgang 4 [1894], S. 816ff.).

114. John Henry Mackay, Die Anarchisten. Kulturgemälde aus dem Ende des neunzehnten Jahrhunderts. Zürich 1891. S. X, 362ff.

115. Mit leichtem Spott kämpft Hartleben gegen die sittlichen Normen als gegen philisterhafte Beschränktheiten. Seine — der Form nach geistreich behandelte — Komödie „Die sittliche Forderung" stellt die geschlechtliche Hingabe nach Lust und Laune als das Höhere gegen die pedantische Geschmacklosigkeit sittlicher Normen hin. Nach derselben Richtung weist auch sein ernsteres, freilich recht unklar wirkendes Stück „Hanna Jagert".

116. Ich habe über diese Dichtung in dem von Guido Weiß herausgegebenen Wochenblatt „Die Wage" (5. Jahrgang [1877], S. 602ff., 617ff.) ausführlich geurteilt.

117. Aus den beiden Erzeugnissen, die ich von Przybyszewski kenne, „Totenmesse" und „Himmelfahrt", spricht ein vor Geilheit fast

zerplatzender Geist. Zunächst ist man über diese Poesie der raffinierten Selbstbefleckung mit ihrem verruchten Wahnwitz empört, dann aber, wenn die geistigen Orgien zu toll werden, muß man über diese metaphysischen Schweinereien lachen. Die von mir angewandten Ausdrücke sind noch viel zu gelinde, um diese Erzeugnisse zu kennzeichnen.

118. Es ist höchst ungerecht, wenn von Zola gesagt wird, — und gerade bei Neu-Idealisten habe ich in der letzten Zeit mehrfach diese Behauptung gelesen — daß seine Werke aus Dokumenten zusammengesetzt seien. Man hat bei Zola fast nirgends das Gefühl, bloß einen merkwürdigen Einzelfall vor sich zu haben; er leuchtet mit seinen Einzelfällen stets in weite Zusammenhänge des wirklichen Lebens und des Lebensrätsels hinein. Und außerdem wird bei ihm das einzelne Werk durch eine gewaltige, ins Gigantische hinaufwachsende Grundintuition der Phantasie zusammengehalten, die ihr Leben in alle Adern des Werkes gießt.

119. Vgl. hierzu meine Schrift über den Symbolbegriff S. 31 ff. Der Gebrauch des Wortes „symbolisch" in dem weiteren Sinn des Hochbedeutungsvollen, Ideenerfüllten, im Einzelfall eine „Totalität" Darstellenden kann sich insbesondere auf Goethe und Schiller berufen, die in ihrem Briefwechsel (vgl. die Briefe vom 23. Juni, 17. August, 7. September, 28. November, 29. Dezember 1797) dem Symbolischen diese Bedeutung geben. Der Symbolismus in diesem Sinne ist seit jeher aller geisterfüllten Kunst eigen gewesen. Wenn daher manche für die modernste Kunst das Symbolische in diesem weiten Sinne als unterscheidendes Merkmal aufstellen, so legen sie hiermit eine arge Verständnislosigkeit für die Geschichte der Kunst an den Tag.

120. Auch Emil Reich hebt in seinem Buch „Ibsens Dramen" (Dresden und Leipzig 1894) den Symbolisierungsunfug bei Ibsen richtig hervor (S. 174 f., 252 f.). Dieses Buch ist reich an tief eindringenden Analysen. In vielen Beziehungen allerdings faßt es Ibsen zu harmlos auf. — Auf den Zusammenhang der phantastischen, mystischen, symbolistischen Richtungen in der Kunst mit der gegenwärtigen Kultur und deren zukünftiger Gestaltung habe ich nicht eingehen können. Auch bemerke ich ausdrücklich, daß es gänzlich außerhalb des Zweckes dieses Vortrages liegt, die einzelnen Dichter des Naturalismus zu charakterisieren. Sie sind lediglich als Beispiele herangezogen worden. Die Bemerkungen, die sich zerstreut über diesen oder jenen Dichter finden, dürfen in ihrer Zusammenstellung nicht als erschöpfendes, allseitig gerecht werdendes Urteil gelten.

121. Was ich im vierten Vortrag (S. 132 ff.) als Eigentümlichkeit der beiden Stile mehr nach der **gegenständlichen** Seite angegeben habe, ebendies habe ich hier geflissentlich nach der Seite der **seelischen Thätigkeiten** ausgedrückt. Übrigens enthält die psychologische Beschreibung im Texte, wie ich sehr wohl weiß, keineswegs eine Auseinanderlegung in die einfachsten dabei in Frage kommenden seelischen Elemente. In so wenig Worten können nur gleichsam zusammenballende Andeutungen des seelischen Thatbestandes gegeben werden.

122. In der letzten Zeit hat mir Franz Brentanos Vortrag über das Genie (Leipzig 1892) gezeigt, wie wenig genügend die Erklärungen ausfallen, wenn man die ästhetischen Vorgänge auf Vorstellungsassoziationen zurückführen will. Brentano erklärt die Eingebungen des Genies aus der Einwirkung eines besonders lebhaft entwickelten Gefühls für das ästhetisch Wirksame auf den Gang der Vorstellungsassoziationen (S. 31 ff.). Mir kommt vor, daß diese Erklärung im Vergleich zu der gewaltigen Erscheinung des Genies etwas Mageres hat. Und außerdem ist das von Brentano bis aufs Äußerste bekämpfte „Unbewußte" in dem von ihm unbefangen angenommenen „Gefühl für das ästhetisch Wirksame" und seiner Einwirkung auf die Vorstellungsassoziationen in vollen Haufen enthalten. Auch ruhen seine Ausführungen auf einer unhaltbaren Voraussetzung. Indem er das Unbewußte mit Stumpf und Stiel ausmerzen will, hat er es durchgängig als eine wunderartig in das Seelische hineinplatzende, gesetzlos „spukende" Macht vor Augen. Wer sich unter dem Unbewußten kein derartiges Zerrbild vorstellt, für den verlieren die Beweisführungen Brentanos allen Boden. Wir haben es mit derselben Vergröberung zu thun, deren sich Locke in seinem Kampf gegen die angeborenen Vorstellungen schuldig macht.

123. Außer Köstlins Ästhetik (Tübingen 1869) habe ich seine beiden wertvollen (in Form von Programmen erschienenen) Abhandlungen „Über den Schönheitsbegriff" (1878) und „Prolegomena zur Ästhetik" (1889) vor Augen.

124. Hier ist auch die Einleitung in die Ästhetik von Karl Groos zu erwähnen. Die hier versuchte psychologische Erörterung der Grundbegriffe der Ästhetik enthält viel Hübsches und Richtiges, wenn freilich auch häufig scharfe Unterscheidung fehlt. Als einen Schriftsteller, der sich der psychologischen Behandlung der Ästhetik entgegenstellt und die „Schönheitsgesetze" in den „objektiven Substraten" aufzuzeigen bemüht ist, nenne ich Theodor Alt (Vom charakteristisch Schönen. Mannheim 1893. S. 28).

125. Als Beispiel einer sauberen und scharfsinnigen Anwendung der Methoden der experimentellen Psychologie auf die Ästhetik erwähne ich Ernst Meumanns Untersuchungen zur Psychologie und Ästhetik des Rhythmus (Leipzig 1894).

126. Ich habe bei dieser Schilderung besonders Georg Hirths Aufgaben der Kunstphysiologie (München und Leipzig 1891) im Auge. Wiewohl der Verfasser die Vorgänge des künstlerischen Schaffens „physiologisch" erklären, auf „Naturgesetze" zurückführen will, findet thatsächlich, wenn man den Ausführungen des Buches auf den Grund sieht, eine Verwertung physiologischer Erkenntnisse hierfür nur in sehr geringem Umfange statt. Was Hirth zu Grunde legt, ist in Wahrheit eine mit verschiedenen physiologischen Zuthaten ziemlich äußerlich versehene Psychologie von recht ungefährem Charakter. Trotz diesen Einwendungen erkenne ich gern an, daß das Werk viel Gesundes, Kernhaftes, Gutgesagtes enthält. Es weht ein kräftiges, naturfreudiges, staub- und moderfreies Temperament hindurch, das angenehm berührt. Auch Karl Woermann fabelt in seinem Buche „Was uns die Kunstgeschichte lehrt" von einer „physiologischen Ästhetik", die das Kunstschöne physiologisch erkennen und nicht aus allgemeinen Begriffen vernünfteln werde (S. 6 f., 131, 148, 199). — Meumann spricht in seiner in der vorigen Anmerkung genannten Schrift mit Recht von Schriftstellern, „die, durch das moderne Übel der Popularisierung der Physiologie angesteckt, mit lauter mißverstandenen physiologischen Daten arbeiten" (S. 21). Er hat dabei insbesondere musikwissenschaftliche Werke im Auge, die sich als Physiologie der Tonkunst, Physiologie der Melodie, Physiologie des Rhythmus u. s. w. bezeichnen. Doch ist dieses Übel viel weiter verbreitet.

127. Taine, Philosophie der Kunst. Paris u. Leipzig 1885. S. 17 ff.

128. Georg Brandes, Die Litteratur des neunzehnten Jahrhunderts in ihren Hauptströmungen. Leipzig 1892. Bd. 1, S. 2 f., 220 f. und sonst.

129. Wilhelm Scherer, Poetik. Berlin 1888. S. 61 ff. Vgl. meine Kritik über Scherers Poetik in dem Litteraturblatt für germanische und romanische Philologie, 10. Jahrgang [1889], Nr. 8. — Dilthey nimmt eine schwankende Stellung ein. Er erklärt: es gebe in der Kunst keine wahre Richtung im Gegensatze zu den falschen; es gebe in der Kunst kein Richteramt; auch dürfe die Ästhetik keinen Begriff von Schönheit als Maßstab aufstellen. Und dennoch stellt er in demselben Zusammenhang, in dem diese Sätze ausgesprochen werden, eine ganze Anzahl Normen auf, welche die Kunst nicht ungestraft ver-

letzen dürfe. Er stellt ein für alle Zeiten und alle Genies geltendes Ziel der Kunst auf: die Kunst soll die Lebendigkeit des Gemütes erhöhen, die Seele erweitern, den Genießenden dauernd erfüllen. Er sagt ausdrücklich: auch das größte künstlerische Genie stehe nicht über diesem Gesetz. Er findet, daß „zum größten Schaden der Kunst" gewisse „unweigerliche" Kunstgesetze mißachtet werden. Hiermit ist Dilthey doch offenbar als ästhetischer Richter aufgetreten, er hat falsche und wahre Kunstrichtungen unterschieden, er hat auch einen Schönheitsbegriff als Maßstab aufgestellt (nur daß er ihn an seinen subjektiven Merkmalen gefaßt hat). Alle Stellen, die ich hier im Auge habe, finden sich in seinem Aufsatz „Die drei Epochen der modernen Ästhetik und ihre heutige Aufgabe" (Deutsche Rundschau, 72. Bd. [1892], S. 225 f., 229, 231).

130. Hierher gehört Bahr. Zuerst macht er sich ein Zerrbild von der normativen Ästhetik zurecht, und dann erklärt er es für „grenzenlos dumm, grotesk und abgeschmackt", überhaupt an ästhetischen Normen festzuhalten und Ästhetik in einem anderen Sinne als in dem der „ästhetischen Naturgeschichte" zu fassen (Studien zur Kritik der Moderne, S. 3 ff.). Und ähnlich hat er schon in seinem früheren Buche „Zur Kritik der Moderne" (Zürich 1890) gesprochen. Brahm und Bierbaum stimmen ihm hierin freudig zu (Freie Bühne, 1. Jahrgang [1890], S. 371 f.; 4. Jahrgang [1893], S. 1142 f.). In der Freien Bühne begegnet man auf Schritt und Tritt dem Bekenntnis, daß die Ästhetik keine Normen anerkennen dürfe. Ich schlage z. B. zwei Aufsätze über Hauptmanns Webertragödie auf, den einen von Bölsche, den anderen von Schlenther: da wie dort stoße ich auf Abweisung alles ästhetischen Sollens (3. Jahrgang, S. 180 ff.; 4. Jahrgang, S. 269 ff.). Der Dichter Garborg bekennt sich gleichfalls zum ästhetischen Chaos. Er sagt: „So lassen wir denn jeden Künstler machen, was er Lust hat, und so gut er es kann; und dann mögen nachher die Ästhetiker kommen und Hürden errichten und Einteilungen schaffen" (Freie Bühne 1. Jahrgang, S. 663). Muthers ästhetisches Glaubensbekenntnis zeichnet sich nicht gerade durch Klarheit aus; doch geht die Ablehnung alles ästhetischen Sollens deutlich aus ihm hervor (Geschichte der Malerei im neunzehnten Jahrhundert, Bd. 1, S. 165).

131. Von anderen Gesichtspunkten aus hat kürzlich Alfred Berger in seinen Dramaturgischen Vorträgen (Wien 1891 S. 67 ff.) die normative Ästhetik zu rechtfertigen gesucht. Mit der Behauptung der Ästhetik als einer normativen Wissenschaft befinde ich mich in Übereinstimmung mit Wundt (Essays. Leipzig 1885. S. 369), Benno Erd-

mann („Die Gliederung der Wissenschaften" in der Vierteljahrsschrift für wissenschaftliche Philosophie, 2. Jahrgang [1878], S. 96f.), Fechner (Vorschule der Ästhetik Bd. 1, S. 1 und 5) und vielen anderen. Carriere bringt mit Recht den Widerwillen gegen die normative Ästhetik mit der Hinneigung zur materialistischen Weltanschauung in Zusammenhang (Materialismus und Ästhetik. Stuttgart 1892. S. 5ff., 20ff.).

132. Muther, Geschichte der Malerei im neunzehnten Jahrhundert, Bd. 1, S. 183.

133. Dilthey unterscheidet drei Methoden der Ästhetik: die rationale, die den ästhetischen Eindruck analysierende und die historische Methode, und diese letzte hält er für die richtige (in dem oben — Anmerkung 129 — citierten Aufsatz, S. 204ff.). Wiewohl ich diese Koordination nicht für durchführbar ansehe, so kann man in der Ästhetik doch sicherlich von einer „historischen" Betrachtungsweise sprechen. Nach meiner Auffassung verhält sich die geschichtliche Betrachtungsweise zu den beiden von mir unterschiedenen Formen der Ästhetik so, daß eine jede von ihnen sowohl geschichtlich, als ungeschichtlich betrieben werden kann. Die beschreibende Ästhetik kann auf die geschichtlichen Wandlungen des ästhetischen Fühlens und Urteilens Rücksicht nehmen oder diese Rücksicht beiseite lassen; und diese beiden Möglichkeiten sind auch für die normative Ästhetik vorhanden. Ich habe im Vortrage der normativen Ästhetik, nachdem ich sie zuerst im allgemeinen charakterisiert habe, hierauf durch die Einführung des Begriffes des relativ Berechtigten die besondere Form der — um mit Dilthey zu sprechen — „historischen Methode" als das Richtige zuerteilt. Die Normgebung soll — dies ist mit dem Begriff des relativ Berechtigten gesagt — die Vielgestaltigkeit der ästhetischen Erscheinungen, wie sie im Laufe der geschichtlichen Entwicklung hervorgetreten sind, in ausgedehntem Maße berücksichtigen. Genauer könnte ich so sagen: fragt man nach den Mitteln, durch die es dem Ästhetiker möglich werde, wohlbegründete Normen aufzustellen, so wird die geschichtliche Betrachtungsweise mit Nachdruck zu nennen sein. Sollen die Normen nicht willkürlich ausfallen, so muß der Ästhetiker die geschichtlichen Wandlungen der künstlerischen Ideale kennen, und nicht bloß kennen, sondern sie auch in ihrer Eigentümlichkeit nachzufühlen, nachzuerleben imstande sein, derart, daß es ihm innerlich verständlich wird, wie die verschiedenen Ideale ganze Zeiten und Völker bezaubern konnten. M. a. W.: er muß das positiv Wertvolle aus den mannigfaltigen Kunstidealen herauszufühlen imstande sein. Nicht nur mit seiner Einsicht also, sondern auch mit seinem Gefühl und Geschmack muß er durch die geschichtliche Entwicklung

des ästhetischen Fühlens und Urteilens gleichsam hindurchgegangen sein. Nur ein auf diese Weise bereichertes und vielseitig wandlungsfähiges ästhetisches Gefühl befähigt zum Ästhetiker. So ungefähr stelle ich mir die geschichtliche Seite an der normativen Methode vor. — Nebenbei bemerkt: ich weiß nicht, was von den vier bei Dilthey genannten „Momenten" der historischen Methode (S. 221 f.) die drei ersten mit dieser Methode zu schaffen haben.

134. Eckermanns Gespräche mit Goethe. 5. Aufl. Bd. 3, S. 100. Auch sonst hat Goethe gegen Eckermann seinem Ärger über die Ästhetik Ausdruck geben (Bd. 1, S. 154, 249; Bd. 2, S. 87). Doch schrieb Goethe auch das Wort (in seinen „Aphorismen" zur Kunst): „Wer gegenwärtig über Kunst schreiben oder gar streiten will, der sollte einige Ahnung haben von dem, was die Philosophie in unsern Tagen geleistet hat und zu leisten fortfährt." — Kaum ein Dichter hat wohl so viel an der Ästhetik herumgenörgelt wie Grillparzer. Vgl. hierüber meine Besprechung über das Buch von Emil Reich „Grillparzers Kunstphilosophie" (Zeitschrift für Philosophie und philosophische Kritik, Bd. 104 [1894], S. 139 ff.).

135. Man denke an Hebbels Erzählungen „Herr Haidvogel und seine Familie", „Anna", „Die Kuh". Auch von Heinrich Kleists Erzählungen gehören einige mehr hierher als in das Tragische; z. B. Das Erdbeben in Chili.

136. Vgl. die Bemerkungen in meinem Buche „Franz Grillparzer als Dichter des Tragischen" (Nördlingen 1888), S. 99 ff.

137. Fechner, Vorschule der Ästhetik, Bd. 2, S. 118, 122 und sonst. Fechner wird durch seine häufig unbekümmert eklektische Art, mit der er den ästhetischen Eindruck aus verschiedenen Bestandteilen sich zusammensetzen läßt, daran verhindert, die Beweglichkeit und Weite seiner ästhetischen Gesichtspunkte sich bis zum Begriff der ästhetischen Antinomie zuschärfen zu lassen.

138. Jean Paul, Vorschule der Ästhetik (Sämmtliche Werke, Bd. 41, S. 98 f.)

139. Von dieser Antinomie war schon im ersten Vortrag die Rede (S. 25 f.). Vgl. auch S. 128 f. und 142 f.

140. Firenzuolas Schönheitsideal wird von Jakob Burckhardt im 2. Bande seines Werkes über die Kultur der Renaissance in Italien S. 63 ff. geschildert.

141. Worte Heinrich Wölfflins (Renaissance und Barock S. 24.).

142. Vgl. die meisterhafte Charakterisierung, die Nietzsche von

Wagners Ouverture zu den Meistersingern giebt (Jenseits von Gut und Böse. Leipzig 1886. S. 195f.).

143. Auf dem entgegengesetzten Standpunkt steht z. B. Adolf Hildebrand, der es sich möglichst angelegen sein läßt, alle Formen auszuschließen, die etwas für die einfachen Bedürfnisse des Auges Wehethuendes in sich enthalten (Das Problem der Form in der bildenden Kunst, S. 95 ff., 103 ff.).

144. Der Text streift hier die schwierige Frage von dem Verhältnis des sinnlich Angenehmen und Unangenehmen zu dem ästhetischen Verhalten. Mir scheint die Grenze für das Eingehen sinnlich angenehmer Eindrücke in das ästhetische Verhalten darin gegeben zu sein, daß es uns leicht möglich sein müsse, die sinnliche Lust oder Unlust dem geistigen Vorgange einzugliedern, sie als Mittel und Ausdruck geistiger Erregungen zu empfinden. M. a. W.: nur solange es uns gelingt, die sinnliche Lust und Unlust unmittelbar ihres stofflichen Charakters zu entkleiden, sind sie ästhetisch verwertbar.

145. In der neuesten Entwicklung der Ästhetik macht sich hier und da unter dem Einfluß Schopenhauerscher und Wagnerscher Ideen Hinneigung zu metaphysischen Ausblicken bemerkbar. So in der schon erwähnten Schrift von Hausegger „Das Jenseits des Künstlers" und in den Aufsätzen von Oskar Bie. Hier wünscht man sogar, es möchte die Vorliebe für das Urmäßige (Urwollen, Urgesetz, Urwesen, Urgrund, urelementar — alles auf einer Seite [Freie Bühne, 5. Jahrgang, S. 609]) etwas weniger hervortreten.

www.ingramcontent.com/pod-product-compliance
Lightning Source LLC
Chambersburg PA
CBHW032139230426
43672CB00011B/2393